国家社科基金一般项目结项成果：16BZX002

《国家与革命》的汉译传播及当代价值研究

何建华　高华梓　著

人民出版社

目　录

前　言

1964年，美国著名的新闻记者兼作家路易斯·费希尔在《列宁的一生》这部被誉为"世界上写得最为精彩的一部列宁传记"中曾这样介绍说："《国家与革命》这部列宁的影响最大的著作，成了共产党员们的革命课本。在这部著作中，列宁研究了两个问题：(1)怎样实现革命；(2)革命胜利后建立什么样的国家。"①诚如斯言，问世于十月革命前夕的这一著作，聚焦国家政权这一"革命的根本问题"②，既在理论层面实现了国家问题的拨乱反正、正本清源，痛击了国际国内机会主义者对马克思主义国家学说革命锋芒的抹杀，更在实践层面明确了无产阶级社会主义革命对国家的态度问题的"政治实践的意义"和"最迫切的意义"，为"做出革命的经验"这一"更愉快、更有益"的伟大事业锻造了行动指南。尤为令人称道的是，在社会主义革命从俄国走向世界、无产阶级和被压迫民族实现"从资本的枷锁下解放"的艰辛历程中，《国家与革命》还为各国马克思主义者回答革命革什么？怎样革？等有关革命的主体、对象、道路等根本问题提供了丰富的思想资源和科学的行动方略，"直到今天仍然是共产党

---

① 路易斯·费希尔：《列宁的一生》(上)，彭卓吾译，北京图书馆出版社2002年版，第193页。

② 《列宁选集》第3卷，人民出版社2012年版，第86页。

员们的圣经"①。

马克思列宁主义经典的传播史表明,欧美、日本等诸国均早于中国完成了《国家与革命》的译介,早期中国先进的知识分子也正是受益于上述渠道才在第一时间触碰到了这一经典。但是,继俄国之后,列宁以"革命"阐释和建构"国家"的新路却是在半殖民地半封建的中国生根开花并结出累累果实。之所以如此,同中国共产党人和《国家与革命》之间更为自觉、更加深刻、更富新意也更趋持久的互动息息相关。自20世纪20年代初开始,中国先进的知识分子就走上了译介、研读、应用与发展《国家与革命》的思想征程,并在革命主体和经典文本的双向互动中不断破解中国社会的时代之问、人民之问,在实践中开辟了一条有中国特色的无产阶级革命之路,在理论上接续书写了《新民主主义论》、《论人民民主专政》等中国版的《国家与革命》,实现了马克思列宁主义的中国化时代化。正如毛泽东的图书管理员徐中远所回忆的,列宁的《国家与革命》,"是毛泽东几十年里读了又读、读了多遍的马列经典著作",直到生命的最后几年,他还"爱不释手,时常翻阅"。② 以毛泽东等人为代表的中国马克思主义者绍介、研读和运用《国家与革命》的光辉历史,构成了中国共产党百年奋斗史的重要组成部分。

对于这样一部具有重大且普遍的实践和理论价值的列宁主义经典,自问世以来的百多年间,关于它的翻译、学习、应用和研究可谓高潮迭起,而该文本本身也在指导社会主义革命、建设和改革中逐渐实现本土化和大众化。因此,反思百年来国人选择、接受、研究、应用与塑造该文本的多维互动的曲折历程,是一件具有重要理论和实践意义的事情。迄今为止,

---

① 路易斯·费希尔:《列宁的一生》(上),彭卓吾译,北京图书馆出版社2002年版,第191页。

② 徐中远:《毛泽东晚年读书纪实》,中央文献出版社2012年版,第17页。

国际国内的学者对该文本的多个版本，文本与中国革命和中国共产党的关系，文本的传播历程和传播规律等问题进行了多角度的考察、分析，形成了许多重要理论成果。但是，以往的研究比较疏于对中华人民共和国成立前《国家与革命》的文本考证以及各文本间相互关系的梳理，也没有将不同版本的《国家与革命》的汉译传播嵌入中国革命、建设和改革的宏大历史场景加以剖析，尤其是很少从哲学世界观和方法论角度阐发该文本的叙述风格、传播特点以及中国化的基本经验。我们认为，对于《国家与革命》汉译传播史的深化研究而言，还有若干重要问题有待进一步思考。其一，中国知识分子关于该经典的早期阅读史的考证，由此可以得窥李大钊、陈独秀、毛泽东、蔡和森、李达、瞿秋白、梁启超、胡适、张东荪、陈嘉异、陈启修等人研读这一经典的多重维度；其二，沈雁冰 1921 年首译文以及柯柏年 1923 年摘译文、1927 年摘译文和 1929 年全译本的面世、传播的系统梳理，各版本之特征以及彼此间历史和逻辑联系的分析，尤其是沈雁冰译文对中国共产党创建，柯柏年译本对中国共产党人因应"如何破坏旧世界""建设什么样的新世界""如何建设新中国"等时代课题的思想导引意义的剖析；其三，在中国革命、建设进程中，以毛泽东同志为主要代表的中国共产党人对《国家与革命》之立场、观点和方法的坚持和发展，包括富有鲜明中国特色和时代特征的马克思主义阶级国家观、总体革命观的建构，作为无产阶级专政之中国形态的人民民主专政这一国家政权的构思和实践，"把心交给人""说理透彻""说真话""不吞吞吐吐"等《国家与革命》之叙事风格的感悟和概述，如此等等，都需要结合新民主主义革命和社会主义革命的历史考察，尤其是需要展开对《中国革命和中国共产党》《新民主主义论》《论人民民主专政》等文本和《国家与革命》之间既一脉相承又与时俱进之内在联系的剖析；其四，百年来国际国内关于《国家与革命》之价值评价的再认识，这种再认识既需要在理论层面更加积极、更加深入地反思批判诸多否定性议论，也亟待在实践层面更加主动、更具新意地回应和满足国家治理体系和治理能力现代化的时代所需，由此才能在中国和世界、事实与价值、历史和现实、政治和学术的统一中实现《国家与革命》之时代价值的再认识。

在马列经典文本的研究领域，《国家与革命》汉译传播的专题研究尚属首次。尽管我们为自己确定了增强研究的系统性、贯通性和创新性的目标，力求将《国家与革命》的汉译传播置于马克思列宁主义中国化时代化的历史语境中，通过分析不同版本与中国革命、建设和改革的多维互动，从哲学方法论角度反思国人解读经典的历史逻辑、理论逻辑和实践逻辑，总结马克思列宁主义中国化时代化的基本经验，但囿于诸多主客观的局限，对于该经典文本的译介、传播史的考察和分析仍存留诸多问题有待进一步回答。例如，就传播环境而言，相较于欧美、日本、朝鲜等诸国，20世纪20年代的中国究竟为《国家与革命》的落地提供了何种天时地利人和的合力？就传播主体而言，刘少奇、周恩来、任弼时、恽代英、张闻天、博古、张太雷等人在译介和传播《国家与革命》进程中发挥了何种具体和独特的作用？就传播受众而言，各个时期中国广大的劳动大众是如何学习、接受、运用列宁《国家与革命》的思想学说的？在这个过程中，中国共产党早期组织创办的《劳动界》、《劳动音》、《工人周刊》、《劳工月刊》、《劳动与妇女》等通俗杂志又发挥了怎样的“大众化”之功能？就传播内容而言，除阶级、革命、专政等核心观点之外，《国家与革命》所蕴含的无产阶级文化领导权以及秩序与效率、国家与社会、管理与治理等若干重大矛盾关系问题的论述，中国共产党人又是如何坚持和发展的？就传播价值而言，《国家与革命》对20世纪30年代前后中国社会性质论争的学理和思想启迪是什么？对延安整风运动的实践意义何在？对社会主义革命和建设的指导又有哪些经验和教训需要汲取？尤其是，当代中国已经开启全面建设社会主义现代化国家的新征程，面对深刻复杂变化的发展环境以及仍然突出的发展不平衡不充分等问题，如何坚持用贯穿于《国家与革命》之中的立场、观点、方法推进国家治理体系和治理能力现代化，以中国共产党人的总体人民观和革命观科学阐释和丰富发展马克思主义国家观，建构具有鲜明中国特色和时代特征的人民江山论，这是21世纪中国马克思主义者肩负的永恒课题。为此，我们必须坚持向列宁学习，立足不断变化的世情、国情，沿着《国家与革命》开辟的道路创造性地前行，在满足人民日益增长的美好生活需要的伟大实践中不断书写中国版的《国家与革命》。

第一章

《国家与革命》的早期传播和列宁文本中国阅读的三重维度

对于马克思主义经典文本的中国传播史研究而言，文本汉译之前的流布、研读与应用，是一个不能忽略的重要分析视角。经典文本之所以能够被选择与接纳，并对中国社会施以广泛、深入和持久的影响，本质上是由于其所思所论与中国时代语境的内在契合。而文本与现实之契合性的发现与证实，在历史长河中则呈现出几种不同的路径：其中既有如《共产党宣言》一类的经典，因其享誉世界的权威性而在革命兴起之初即被整体性移入中国并恒久地熏陶着中国人的心灵；也有如《国家与革命》这类经典，虽然长时间未曾以整体面貌亮相于世人面前，但得益于各类知识分子对其外语文本的研读，对其所议问题的争论，对其核心思想的爬梳，对其内在方法的运用等而早早地奠定了它在中国革命思想史中的崇高地位。正因此，关于经典文本传播史的研究，就不能仅仅满足于考察汉译全本面世之后的思想轨迹，还应该将目光投向文本的早期阅读。这里所指的"早期阅读"，指的是文本进入中国视野而汉译全本尚未问世之间的一段阅读和传播史。

众所周知，作为率先进入中国的列宁主义经典，《国家与革命》的早期阅读对中国知识分子的思想信仰和实践走向产生了深刻影响，并由此在马克思列宁主义文本的中国传播史中成为引人瞩目的重大历史性事件。据大多数论者考察,完整中文版的《国家与革命》要迟至1929年才与中国读者见面,然而在此之前,持各种思想倾向的早期中国知识分子已经通过英文本、日文本、俄文本以及中文摘译的广泛阅读、观点阐释与方法梳理,得以在全译本尚未问世的20世纪20年代基本掌握了列宁主义的主要观点、方法以及实践运用,为他们投身各种思想论战提供了理论武器,而文本阅读所衍生的问题及其由此展开的争论又不断催育新观点的生长;不仅如此,这一文本的阅读还帮助早期中国知识分子逐渐明晰了十月革命及其之后的俄国社会主义的制度性实践的理论逻辑和历史逻辑,在此基础上,一大批先进知识分子完成了思想转变;更重要的是,这一文本以其蕴含的集基本理论、实践纲领与行动方略为一体的鲜明特色,一方面为中国革命提供理论指导,另一方面又在同具体实践的磨合中催生中国版的《国家与革命》,从而不断推进着马克思列宁主义的中国化进程。由此,《国家与革命》也被视为中国革命的实践纲领和行动方略,成为融理论、纲领和方略于一体的中国共产党人理论支撑的重要资源。在这一章,我们将首先尝试从中国知识分子对《国家与革命》的早期阅读入手,探究列宁文本中国阅读的三重维度。

第一节　中国知识分子认知列宁主义的核心读本

1917年,俄国十月革命爆发并取得史无前例的光辉胜利。在西方资本主义世界重重包围之下且具有深厚封建军事传统的俄帝国,革命何以会发生又如何能够取得成功?这一革命对于具有类似封建传统的中国走上一条别开新面的现代化新路、摆脱落后挨打的悲惨局面,又具有何种理论和实践启迪?简言之,如何释解俄国革命之谜进而回答“中国怎么办?”等时代课题,是摆在20世纪20年代中国知识分子们面前亟待解决的重大问题。实际上，十月革命爆发后不久，李大钊、陈独秀、李达等人就非常敏锐地捕捉到了十月革命的世界影响和中国意义。1918 年 11 月，李大钊在《庶民的胜利》一文中指出："一七八九年的法国革命，是十九世纪中各国革命的先声。一九一七年的俄国革命，是二十世纪中世界革命的先声。"①李达在《劳农俄国研究》中通过近代历次革命的比较分析，认为"在现代世界大漩涡底中心的，是俄国革命"。在近世史中，可以和俄国革命相比较的，只有法兰西大革命。但法国革命，和俄国革命比较，那历史的意义，在许多地方还是很受限制的。俄国革命是法国革命以后近代史的总括，"是战后一切问题底出发点。各国底对内政策、对外政策和一切世界底形势，若漠视了俄国革命底事实就不能理解"②。而梁启超也给予十月革命以高度评价，认为"俄国过激派政府，居然成立，居然过了两年。不管将来结局如何，假定万一推翻，他那精神毕竟不能磨灭，从前多数人嘲笑的空理想，却已结结实实成为一种制度，将来历史价值，最少也不在法国大革命之下，影响自然是及于别国"③。不同思想倾向的早期知识分子提出的如上判断，表明他们一开始就自觉地将这一革命与世界发展的大趋势紧密地挂起钩来，认为它已经并且将在更大范围、更大程度上改变世界面貌，由此也对中国产生了极为重大而深刻的影响。

正是基于这一认识，1925 年，中国共产党人在《中国共产党第四次全国大会对于列宁逝世一周年纪念宣言》中明确号召："努力了解列宁主义，实行列宁主义，因为只有列宁主义才是我们自己解放自己的唯一武器。"④对于早期中国先进知识分子的这一自觉选择以及由此而掀起的宣

① 《李大钊全集》第二卷，人民出版社 2013 年版，第 359 页。

② 《李达全集》第二卷，人民出版社 2016 年版，第 198 页。

③ 梁启超：《欧游心影录》，载《饮冰室合集 · 专集》第五册，中华书局 2015 年版，第 5694 页。

④ 《建党以来重要文献选编（1921—1949）》第二册，中央文献出版社 2011 年版，第 269 页。

传列宁主义的思想运动,后来的胡适也曾较为客观地回忆道:“欧战以后,苏俄的共产党革命震动了全世界人的视听;最近十年中苏俄建设的成绩更引起了全世界人的注意。于是马克思列宁一派的思想就成了世间最新鲜动人的思潮,其结果就成了‘一切价值的重新估定’:个人主义的光芒远不如社会主义的光耀动人了;个人财产神圣的理论远不如共产及计划经济的时髦了”①。为了解这一“世界最新鲜动人的思潮”,选择《国家与革命》这一列宁主义的经典之作乃是一种逻辑必然。例如著名心理学家郭任远也主动跨界进入社会科学领域,自述“我在这几年来花了好几块钱,买了很多的书,和花了许多的光阴去研究那个震动全球的列宁主义”②。而梁启超在探讨俄国社会革命的根源时则这样分析道:俄国过激派之革命何以能够又如何展开?关键是由于当时社会的两极分化愈来愈严重,“有些有学问的人,推本穷源,说这种现象,都是从社会组织不合理生出来,想救济他,就要根本改造……有一派连现在国会咧政府咧,都主张根本打破,亲自耕田的人准他有田,在那个厂做工的人就管那个厂的事。耕田做工的人举出委员,国家大事就由他一手经理”③。这里所提及的“根本改造”“根本打破”旧的社会组织,建立工农自我管理的苏维埃等,主要源出于《国家与革命》等文本。梁启超的这一心路历程昭示了早期中国知识分子接触《国家与革命》等列宁主义经典的主要缘由,也代表了时人较为普遍的一种心理趋向。这也表明,在 20 世纪初的中国知识场,《国家与革命》首先扮演了通达列宁主义之理论桥梁的角色。换言之,《国家与革命》成为中国知识分子认识俄国革命和列宁主义的主要媒

① 参见胡适:《新中国成立问题引论》,《独立评论》第 77 号,1933 年 11 月 19 日。

② 郭任远:《马克思主义是科学的吗?》,《中央半月刊》第 56 期合刊,1927 年 9 月 1 日。

③ 梁启超:《欧游心影录》,载《饮冰室合集·专集》第五册,中华书局 2015 年版,第 5694 页。

介,这是我们把握列宁经典中国阅读的第一重维度。

一、中国知识分子早期阅读的四类文本

《国家与革命》成文于1917年十月革命前夕,1918年俄文版正式与读者见面。作为俄国革命的理论奠基和实践指南,它出版后即风靡世界,英文版、德文版、日文版等纷纷问世。在中国,全文本虽然迟至1929年才经柯柏年翻译由上海华兴书局以中外研究会的名义出版,但是作为理论基石的第一章第一节和第二节的主要内容经P生(沈雁冰)由英文版译出,刊登于1921年5月出版的中国共产党机关刊物《共产党》杂志第4期。更重要的是,在熟悉和亲近列宁主义的思想历程中,身处不同语境的中国知识分子,通过《国家与革命》的多种文本在短时间内了解和掌握了它的核心观点和基本方法,加深了对列宁主义和俄国革命的思想认识。所以,从经典文本传播的角度观察,《国家与革命》在中国首先是以列宁主义和俄国革命媒介物的身份开启它的思想旅程的。具体而言,早期中国知识分子阅读的文本主要可以分为四类:

第一类为英文本。1920年第1期的《共产党》杂志刊登了震寰所译的《列宁的著作一览表》,共19种,其中第17种即为《国家与革命》,还附有英文版书名。据沈雁冰自述,他1921年汉译所据的即是维经斯基从美国带回的英文本。当时身居法国的许多先进知识分子,阅读到的也大多属于英语文本的《国家与革命》。1920年8月13日,蔡和森在致毛泽东的信中说道,自己正在"猛看猛译"作为"无产阶级革命运动之四种利器"的有关党、工团、合作社以及无产阶级革命后的政治组织等列宁的大量思想材料①,用了不到半年时间就据英文本翻译了《国家与革命》等名著的重要段落并在旅法学生中广为流传。作为马克思列宁主义在中国传播的

① 参见《蔡和森文集》上册,人民出版社2013年版,第56页。

杰出代表,李大钊也较早地接触到了列宁这一经典的英语文本。1921 年 7 月 1 日,李大钊在《俄罗斯革命的过去及现在》中介绍了列宁的革命及其著作,共有 19 种,即《俄罗斯社会民主党问题》(1897 年出版)、《俄罗斯资本主义发达史》(1899 年圣彼得堡出版)、《经济的札记和论丛》(同上)、《什么是要做的?(吾党运动的难问题)》(1902 年德国出版)、《告贫乏的农民(为农民对于社会民主党的宗旨而作》(1903 年瑞士出版)、《进一步退两步(论本党的危机)》(1904 年瑞士出版)、《民主革命中的社会民主党两个政策》(1905 年瑞士出版)、《社会民主实业史略的大纲》(1917 年彼得格拉出版)、《解散旧国会和无产阶级之目的》(1906 年俄国出版)、《一九〇五年至七年俄罗斯第一次革命中的俄国社会民主党的大纲》(1907 年著,1917 年彼得格拉出版)、《经验批评主义的唯物哲学》(1910 年出版)、《帝国主义是资本主义的末日》(1915 年著,1917 年彼得格拉出版)、《俄国政党和无产阶级之目的》(1917 年彼得格拉出版)、《论进行方法的文书》(1917 年彼得格拉出版)、《革命的教训》(同上)、《农业中资本发达律的新论据》(卷一论美国农务经济中的资本主义,1917 年彼得格拉出版)、《国家与革命》(1917 年彼得格拉出版)、《苏维埃政府的要图》(1918 年彼得格拉出版)、《无产阶级的革命与考慈基汉奸》(1918 年彼得格拉出版)。最后还特意补充说:"列宁的著作译成英文的,我只看见有《无产阶级的革命》(是集合列宁与托罗士基最近的演说而成的,纽约共产党印书社印行)、《苏维埃政府的要图》(纽约 Rand School 印行)和《国家与革命》三种。"①而在《周恩来年谱》中有记载,1921 年 10 月,周恩来在法国先后研读了英文版的《共产党宣言》《国家与革命》等大量马克思主义经典著作。②

---

① 参见李大钊:《俄罗斯革命的过去及现在》,《新青年》第 9 卷第 3 号,1921 年 7 月 1 日。

② 参见《周恩来年谱(1898—1949)》(修订本),中央文献出版社 1998 年版,第 52 页。

第二类为日文本。这一文本的中国读者很多,思想倾向也各不相同。据《李达全集》的编撰者介绍,1918 年秋至 1920 年夏,李达在日本“发愤学习了《共产党宣言》、《资本论》第一卷和《国家与革命》等马列原著和许多介绍马克思主义的书籍,成了马克思主义的笃信者”①。在后来发表的包括《马克思派社会主义》、《劳农俄国研究》、《社会主义与江亢虎》等论著中,他依据日文本等其他材料系统介绍了《国家与革命》的思想。值得注意的是,1930 年 1 月昆仑书店出版李达所译的《农业问题之理论》一书,作者为日本学者河西太一郎。原书名为《马克思主义农业理论之发展》。书中引用了 1918 年出版的德文版 *Staat und Revolution*(《国家与革命》),引用的是“参加革命的经验,较之叙述革命更加愉快而有益”一语。1930 年 6 月昆仑书店出版李达等人所译的《马克思主义经济学基础理论》一书,作者为日本学者河上肇,该书上篇第二章“辩证法”部分,引用了 1926 年出版的德文版《国家与革命》的相关论述,用来说明由量到质的转化法则。相关引文为:“由公社所破坏的旧国家的各种机关,在外观上,好像‘单纯的’,由比较完全的德谟克拉西——即废止常备军和对于一切官吏完全行使选举权与罢免权——所替换了。但是这所谓‘单纯的’用语,在实际上,却含有代替一种制度的另一制度,在原则上,是具有另一性质的这样巨大变革的意味。所以在这个地方,毕竟不可不认为由‘量到质的转化’的一个例证。在这个观点之下,最完全而最彻底地被实现的德谟克拉西,是由布尔乔亚的德谟克拉西转化到普罗列达里亚的德谟克拉西,是从国家(这是对于一定阶级的独裁的特殊的独裁的国家)转化到不复是旧有的国家的另一种组织。”②在这里,《国家与革命》在两重意义上被应用:其一,被用来作为辩证法之量变质变理论的例证,即由资

---

① 《李达全集》第一卷,人民出版社 2016 年版,第 3 页。

② 《李达全集》第七卷,人民出版社 2016 年版,第 124—125 页。

产阶级民主进到无产阶级民主，是国家形态的一种质的变革。这种变革的哲学意义已经首先被列宁自己所揭晓了。应该说，这样一种运用形式，在《国家与革命》的传播历程中，还是比较罕见的。一般是直接用来说明马克思主义的国家观，或者用来说明这一国家观、革命观背后的理论支撑，即唯物史观，很少有作者从辩证法角度加以解读。其二，更加具体地说明资产阶级民主和无产阶级民主的根本区别，并告诫世人，要善于从量的变化进一步提升到质的变化的高度来认识社会问题，不能仅仅停留在量的层面看问题，否则就很难揭示事物的真正本质。

作为"东方文化派"重要代表的陈嘉异在《东方杂志》1920年第17卷翻译了日本学者室伏高信的《李宁之乌托邦》一文，该文大量引用《国家与革命》的论点并详加引申，成为中国知识分子绍述《国家与革命》的最早文献之一。这篇文章的一个重要价值就是大量引用《国家与革命》的原文，向读者介绍了该书的基本面貌和主要观点。文章在十处直接引用《国家与革命》的原文，分别介绍和评述的观点有：其一，列宁著《国家与革命》一书的目的是实现国家问题的正本清源。"当此曲解马克斯主义流行之时，吾人第一职务，即在就国家一问题，以苏生马克斯教义之真面目"。其二，《国家与革命》描绘了马克思列宁的共产主义法则或理想，即各尽所能，各取所需。作者引用马克思《哥达纲领批判》的一个观点："于共产主义之最高相，必为依分业原理所起之人间隶属（即阶级）消灭之时，同时为精神劳动与体力劳动无对抗之时，劳动仅视为支持生活之手段，而自身人格乃生活第一要件之时，个人完全发达，生产力亦随之完全发达，而一切社会富之所有力注出连绵之急流之时——此其时始全然超出中产阶级法律之狭隘的地平线，而得大书次之文句于其旗帜曰：'各尽所能，各取所需'。"其三，《国家与革命》阐述了国家与自由、民主的关系。在列宁看来，"国家存在之间无自由，自由存在之时无国家""民主主义而有完全之一日者，即其接近必要之终熄之一瞬也"。其四，《国家与革命》

揭示了国家的本质。在列宁看来,“强力为国家之本质,国家乃以阶级存在为前提。如黑格尔辈谓有实现伦理的理想之国家者,实不过幻想而已”。其五,《国家与革命》揭示了国家之死灭。“国家之破坏,实包含民主主义之破坏,所谓国家之死灭亦然。”又曰“民主主义而有完全之一日者,即其接近必要之终熄之一瞬也。”民主主义的完成即为国家之死灭。其六,《国家与革命》揭示了共产主义社会的实现是预见的产物而非契约的产物。列宁所说的主义,“非对于共产主义之最高相为其契约者,乃其预见者而已”。又说,“伟大之社会主义者自能预见如此最高社会之必现”。其七,《国家与革命》揭示了无产阶级革命的若干阶段。“李宁于其《国家与革命》一书内,谓无产阶级之革命,须几经梯段。民主主义者即其所指为梯段之名。故彼曰‘民主主义,乃由封建主义向资本主义由资本主义向共产主义所发展径路中之梯段之一者也’。”在列宁那里,梯段有三:第一梯段,由封建主义向资本主义之一梯;第二梯段,由资本主义向共产主义之一梯;第三梯段,由共产主义之第一相向其最高相之一梯。这是伟大社会主义者所预见之社会发展必致之最后状态也。其八,《国家与革命》分析了社会主义(即无产阶级专政)的国家制度。社会主义社会,是资产阶级民主主义的打破,但又不是完全的共产主义,列宁沿袭马克思的用法,叫作“无产阶级之革命的独裁政治”,此种国家,依然为武装之国家,“据李宁说,则谓决非彼之所理想,与彼之最后目的固相隔甚远者也”。而这篇文章的核心是要说明《国家与革命》所反映出的列宁主义的无政府主义的本质。在正文之前,译者概括了该文的核心观点,认为“李宁最后之目的,仍以无治主义为顶点”。所谓无治主义,即无政府主义。同时又认为,“惟与其所举政治进化之阶段,则以为不无可采”,列宁“亦未敢以无产阶级之独裁政治为满足”。① 作者认为,李宁画了一个完

① 陈嘉异:《李宁之乌托邦》,《东方杂志》第 17 卷第 23 期,1920 年 12 月 10 日。

整的乌托邦,用公式表示:由资本主义而向—迪克推多—社会主义—共产社会;用主义表示,就是从中产阶级民主主义—高级民主主义—完全民主主义—民主主义之死灭;用运用之方法表示,自(议会政治)—苏维埃—工团—无制度。译者在前言和文中对作者的思想意图有准确的概括性评述。这一观点对当时的中国知识分子影响甚大,也由此引发诸多知识分子的进一步思考。

第三类为俄文本。主要代表有瞿秋白、张太雷、陈启修以及在东方大学学习的中国留学生等。1924 年,《东方杂志》第 21 卷第 7 期发表了经济学家陈启修的《致北京大学同人书》,认为"列宁关于马克思经济学说之著作,(例如国家与革命)业已可成为不朽之作",并介绍自己在三个月内,从俄语会话书起,已经精读了包括列宁的《国家与革命》在内的八本俄国书。①

第四类为中文摘译本。除了前述沈雁冰所译的第一章第一、二节外,1923 年 10 月 25 日,上海《民国日报》副刊《觉悟》发表了李春蕃(柯柏年)所译的第五章译文,1924 年 11 月 26 日至 30 日,上海《民国新报》副刊《觉悟》发表张太雷所译的部分译文等。毛泽东 1926 年在广州农民运动讲习所阐释的《国家与革命》的观点,就源出于《共产党》等报刊的相关译文。

二、《国家与革命》视域中的列宁主义

对于 20 世纪 20 年代的知识分子而言,《国家与革命》不同文本的阅读,使他们较快地掌握了列宁主义的基本内容并由此加深了对十月革命的了解。

---

① 参见陈启修:《致北京大学同人书》,《东方杂志》第 21 卷第 7 期,1924 年 4 月 10 日。

首先,《国家与革命》的阅读使他们洞察了列宁主义的中心课题,即:建立什么样的国家?如何建立国家?这是区分马克思主义和非马克思主义的试金石。早在1920年,陈嘉异所译的《李宁之乌托邦》一文即转述了列宁在《国家与革命》第一章第一节所概括的写作宗旨:"当此曲解马克斯主义流行之时,吾人第一职务,即在就国家一问题,以苏生马克斯教义之真面目"。并认为"其《国家与革命》一书,即本此信念而著者也"。① 其目的是批判柯茨基(即考茨基)的错误观点,实现国家问题上的正本清源,还马克思主义以本来面目。1925年4月22日出版的《新青年》所发表的腊狄客(即拉狄克)的《列宁》一文也指出:"国家与革命这部猛烈的书,如火把一般,照耀着他的目的——无产阶级专政","国家与革命一书,可以说是把共产主义运动的目的指示给我们,或者精确点说,是将共产主义运动的大阶段指示给我们"。② 用布哈林的话说,该文本阐明的"对于国家政权的关系问题,当然是目前中心的问题,是一切问题的问题"③。很显然,《国家与革命》所昭示的列宁主义的中心课题与近代以来中国知识分子救亡图存的根本诉求是高度契合的。

其次,《国家与革命》的阅读使他们系统认识了马克思列宁主义国家观,破除了"国家崇拜"的陈旧观念。在《国家与革命》中,列宁以唯物史观为基石,将马克思恩格斯的论述同时代实际相结合,在与各种思潮的比较分析中展开国家之产生、国家之本质、国家之发展、国家之衰亡的理论逻辑。对于列宁的国家观,无论赞成者如陈独秀的《社会进化史》④、瞿秋

① [日]室伏高信:《李宁之乌托邦》,陈嘉异译,《东方杂志》第17卷第23期,1920年12月10日。

② [波兰]腊狄客:《列宁》,华林译,《新青年》(列宁号)1925年4月22日。

③ [苏联]布哈林:《马克思主义者的列宁》,郑超麟译,《新青年》第4号,1926年5月25日。

④ 参见陈独秀:《社会进化史》第三篇"国家之起源与进化",上海民智书局1924年版。

白的《列宁主义概论》①、恽代英的《政治学概论》②、布哈林的《马克思主义者的列宁》等,还是反对者如陈嘉异的《李宁之乌托邦》、苞桑的《列宁式共产不适于中国之原因》③、郭任远的《马克思主义是科学的吗?》等,在有关内容的叙述中都没有产生歧义。列宁关于国家问题的论述,不仅破除了弥漫在人们头脑中的"神圣国家"的观念,而且提炼出了"国家是阶级矛盾不可调和的产物""国家是阶级统治的机关,是一个阶级压迫另一个阶级的统治机关""国家是剥削被压迫阶级的工具""国家是会衰亡的""只有革命才能够破坏资产阶级的国家"等经典名言,深刻且恒久地烙印在国人的脑海中。

最后,《国家与革命》的阅读使他们进一步熟悉列宁主义的革命论和民主观,为掌握贯穿国家之破除—建立—建设全过程的阶级斗争和无产阶级专政学说提供了权威文本。包括梁启超、胡适、徐志摩、胡汉民、戴季陶、陈独秀、李大钊、毛泽东、恽代英、张东荪、张君劢、陈嘉异等各种思想倾向的知识分子普遍认识到,根据列宁主义的思想逻辑,人类走向共产主义要经过从资本主义走向社会主义以及从社会主义走向共产主义的若干历史阶段,其中尤为重要的是作为过渡阶段的无产阶级专政的历史时期。无产阶级专政是无产阶级对资产阶级的压迫的特殊力量,作为无产阶级的政权机关,它的实现必须通过暴力革命"破坏国家"并以社会的名义取得生产工具。也正是通过《国家与革命》的转述,中国知识分子熟悉了恩格斯的经典名言,"暴力便是旧社会的产婆"。对此,蔡和森在1921年2月11日致陈独秀的信中曾断言:作为"极端马克思派,极端主张:唯物史

---

① 参见瞿秋白:《列宁主义概论》,《新青年》(列宁号),1925年4月22日。

② 参见《恽代英全集》第八卷,人民出版社2014年版,第178—197页。

③ 参见苞桑:《列宁式共产不适于中国之原因》,《太平导报》第2卷第9期,1927年7月1日。

观;阶级战争;无产阶级专政"①。自由主义者梁启超则将列宁的这些思想称为"根本打破""根本改造"不合理的社会组织的过激派主张②。在此基础上,一些学者还进一步探讨了列宁的民主观,具体考察了苏维埃的制度建设,揭示了列宁主义关于平民政治(即民主主义)和工人政治的相互关系。1921 年 12 月 15 日至 17 日,李大钊在《晨报副刊》连载《由平民政治到工人政治——在北京中国大学的演讲》一文,他认为德谟克拉西(即民主主义或平民政治)既是一种政治制度,也是社会潮流,是渗透到社会生活各方面的一种时代精神。而后德谟克拉西,或者说一种新的德谟克拉西,则是一种"工人政治"(即伊尔革图克拉西,ergatocracy)。当下的俄国劳农政府"似还不能说是纯正的 ergatocracy,不过是无产阶级专政的制度而已。他们为什么须以此种阶级专政为一过渡时期呢?因为俄国许多资本阶级,尚是死灰复燃似的……将来到了基础确立的时候……各尽所能以做工,各取所需以营生,阶级全然消灭,真正的伊尔革图克拉西,乃得实现。这种政治完全属之工人,为工人而设,由工人管理一切事务,没有治人的意义,这才是真正的工人政治"③。"从实质上说,伊尔革图克拉西亦是德谟克拉西的一种。列宁氏于一九一九年四月在莫斯科第三国际大会里曾说过:今之德谟克拉西有两种,一种为中产阶级的德谟克拉西,一为无产阶级的德谟克拉西。后来在《国家与革命》的书里,亦屡屡称道无产阶级的德谟克拉西。看来伊尔革图克拉西,亦是由德谟克拉西的精神蜕化而来"④。后来这一演说又于 1922 年 7 月 1 日以《平民政治

---

① 蔡和森:《马克思学说与中国无产阶级》,《新青年》第 9 卷第 4 号,1921 年 8 月 1 日。

② 参见梁启超:《欧游心影录》,载《饮冰室合集·专集》第五册,中华书局 2015 年版,第 5694 页。

③ 参见李大钊:《由平民政治到工人政治——在北京中国大学的演讲》,《晨报副刊》1921 年 12 月 15、16、17 日。

④ 李大钊:《由平民政治到工人政治——在北京中国大学的演讲》,《晨报副刊》1921 年 12 月 15、16、17 日。

与工人政治》为题，发表在《新青年》第9卷第6号，内容有些调整，但大意未变。加了一段列宁有关资产阶级民主和无产阶级民主的论述，应是参考了《国家与革命》的思想。认为列宁对资产阶级的平民政治与无产阶级的平民政治作了区分，"后来在他所著的《国家与革命》里，并别的著作里，亦尝屡屡赞扬这无产阶级的平民政治。但列宁氏虽称道平民政治，却极反对议会政治。他以为议会制度纯是欺人的方法。此方法的妙处，在以人民代表美名之下，使此机关仅为饶舌的机关，为中产阶级装璜门面，而特权政治则在内幕中施行。列宁氏以为欲救此弊，要在使代表机关不但为言论机关，并须为实行机关。无代表制度固无平民政治，而无议会制度则依然可行平民政治，而且真实的平民政治非打破这虚伪的议会制度必不能实现"①。1923年1月，商务印书馆出版的《百科小丛书》第15种，其中包括李大钊的《平民主义》一书。此文细说平民主义的发展脉络、思想实质以及与其他学说的关系，再一次阐发了列宁关于工人政治和平民政治的思想，认为在列宁那里，"纯正的'平民主义'，就是把政治上、经济上、社会上一切特权阶级，完全打破，使人民全体，都是为社会国家作有益的工作的人，不须用政治机关以统治人身，政治机关只是为全体人民，属于全体人民，而由全体人民执行的事务管理的工具。凡具有个性的，不论他是一个团体，是一个地域，是一个民族，是一个个人，都有他的自由的领域，不受外来的侵犯与干涉，其间全没有统治与服属的关系，只有自由联合的关系。这样的社会，才是平民的社会，在这样的平民的社会里，才有自由平等的个人"②。

上述分析表明，20世纪20年代，尽管除《共产党宣言》之外，马克思列宁主义很多经典的全译本尚未面世，但并不能由此就得出结论认为，先

---

① 《李大钊全集》第四卷，人民出版社2013年版，第104页。

② 《李大钊全集》第四卷，人民出版社2013年版，第160页。

进知识分子“当时并没有读过许多马、列的书，他们所知道的，大都是从日本人写作和翻译的一些小册子中所介绍、解说的马克思主义和列宁主义”①。从知识分子对《国家与革命》的早期阅读可以发现，其中许多人已经通过多种文本的阅读，熟悉和掌握了列宁主义的根本问题、理论逻辑、主要观点和实践方法等。列宁文本的全译迟滞并没有窒碍列宁主义在中国的传播，否则就无法理解毛泽东所说的“十月革命一声炮响，给中国送来了马克思列宁主义”的经典论断。因为伴随十月革命进入中国的绝非仅仅是一个“马克思列宁主义”的概念，而是拥有丰富内容的理论体系。也只有基于对理论体系的真理性认知和价值性体悟，先进的中国知识分子才能真正解决以马克思列宁主义为思想信仰的大是大非问题。因此，如果说《共产党宣言》是先进知识分子认知马克思主义的经典文本，那么《国家与革命》就是他们理解列宁主义的核心文本。正是得益于对《国家与革命》等列宁文本的系统性阅读，先进知识分子得出了“走俄国人的路”的革命论断。

第二节　思想论战的武器与理论生长的阵地

20世纪20年代中国知识分子对马克思列宁主义文本的阅读，往往伴随着激烈的思想论战，这一特征也鲜明地体现在《国家与革命》的中国阅读之中。在各种思想论战中，该文本或者是正本清源之利器，或者成为被攻击的靶子。尤其是，它的阶级倾向、思想观点和理论风格在不同读者中间又触发了很多问题，通过彼此辩诘，催育理论的生长。因此，《国家与革命》既是思想论战的武器又是理论生长的阵地，这是把握列宁文本

① 李泽厚:《中国现代思想史论》，生活·读书·新知三联书店2008年版，第151页。

中国阅读的第二重维度。

一、作为思想论战之利器的《国家与革命》

在20世纪20年代的思想争论中,从问题的提出、视角的明确、论据的寻找直到方法的运用等,均能观察到《国家与革命》的工具性作用。以各派知识分子十分关注的社会主义问题而论,正如张鸣鼎所形容的,它“差不多有普及全世界之势。可是它流传愈广,而它的意义也愈加晦暗起来。对于它的意义的解释……就是社会主义者的局中人,也是坐井观天,各执一词”①。根据李达的分析,世界范围内的社会主义有马克思派社会主义和非马克思派社会主义之分,而在马克思派的社会主义内部也有正统派社会主义、修正派社会主义、工团主义、组合社会主义和多数主义之别②。各派之间激烈争论,考茨基等人就认为列宁及其领导的布尔什维克背离了马克思主义的正统。如何看待布尔什维克主义的社会主义属性?这是知识分子们非常关注的重大问题。《国家与革命》给了李达以思想启迪。在《马克思派社会主义》《现代社会学》等论著中,他明确提出,上述问题的解决必须坚持“由列宁的说明来说明”的原则,其中最重要的是《国家与革命》关于“劳动专政”的理论,认为我们“要了解多数主义是否马克思主义,只就劳动专政一事研究清楚就很够了”。在文中,李达首先引用了马克思在《法兰西内战》(原译为《法国内乱》)、《哥达纲领批判》(原译为《哥达纲领批评》)、《共产党宣言》中的三段话,揭示马克思劳动专政的思想。并且认为,“这几段话,就是多数主义行劳动专政的思想的源泉,经列宁引申立论之后,凡是曾经研究社会主义的人,都是不得不承认的,无论柯祖基(即考茨基)如何曲辩,而劳动专政发源于马克

① 张鸣鼎:《社会主义与教育》,《教育杂志》第20期第6卷,1928年6月20日。
② 参见李达:《马克思派社会主义》,《新青年》第9卷第2号,1921年6月1日。

思主义一事,已有确切的根据了"。这里所谓的"列宁引申立论",就是在《国家与革命》第一章中的相关引述。接下来,李达继续引用《国家与革命》等文本的大量论述阐释了列宁关于劳动专政的意义、本质、作用以及表现形式等理论,揭示列宁同马克思思想的一致性。

关于劳动专政的意义问题,其本质实为多数主义为何要反对现代的民主主义,并进而主张劳动专政?对此,列宁在《国家与革命》中给出了回答。他认为,民主主义都具有阶级性,而现代的资本阶级民主主义,也不过是资产阶级专制的表现,所以劳动阶级的民主主义—劳动专政—才要把资产阶级的民主主义打破。"依列宁在他所著的《国家与革命》一书上说:'劳动阶级革命的独裁政治,是被压迫的人为图谋粉碎施压迫的人而造成的先锋的支配阶级之组织。'……所以由列宁这些解释说起来,劳动专政的意义就是劳动阶级对于资本阶级运用的强力政治。"①关于劳动专政的本质问题,"据列宁说,劳动专政的本质,即是一阶级对于他阶级而行的革命的强有力的国家。换句话说,所谓劳动专政,就是劳动者的国家。至于劳动者的国家又是什么?列宁的解释,也和马克思恩格斯的意见相同……列宁因此引申他两人的说话,演出自己的国家观,他说,国家是阶级冲突的产物,是那些不调和性的表现,所以国家只限于在阶级冲突不能调协的时候发生的。反面说,国家所以存在,是阶级冲突不能调和的证明。所以依着发展的程序说起来,在资本阶级国家之次的是劳动者的国家;这种劳动者的国家,已不是真正的国家,要不外是在劳动专政的形式里实现社会主义。所以资本阶级的国家是资本阶级专政;劳动者的国家是劳动阶级专政"②。关于劳动专政的作用问题,"据列宁说:劳动专政的目的在征服资本阶级,根本铲除资本主义的一切思想、风俗习惯和制

① 参见李达:《马克思派社会主义》,《新青年》第9卷第2号,1921年6月1日。
② 李达:《马克思派社会主义》,《新青年》第9卷第2号,1921年6月1日。

度,确定社会主义的根基;一方面用强制的权力,破坏资本阶级压迫劳动阶级的机关,从资本阶级夺取武装,把劳动阶级武装起来,制服一切反革命的反动力,因此徐徐地经过这政治的过渡时期,巩固新社会的基础"①。关于劳动专政的形式,"依列宁说,劳动专政的形式,是成了劳动阶级和下等农民永久专政的典型的劳农会共和制度……依列宁说,一切劳动者和下等农民都包含在内,所以劳农会是劳动阶级运用主权征服资本阶级的机关,把一切立法上行政上的权力,一致结合,不以地方分别选举区域,而以工厂工作场等产业的单位为选举区域的"②。

文章最后例举了本文参考书,包括拉金的《马克思派社会主义》、列宁的《国家与革命》、柯祖基的《民治吗? 专政吗?》、列宁的《劳兵会论》以及室伏高信的《列宁主义批评》。上述有关劳动专政的思想,五年后的1926年,李达在他的《现代社会学》一书的第十四章"社会思想"部分中又一次作了重申,相比较于1921年的论述,此次在依据《国家与革命》叙述劳动专政的意义(内涵)、本质、作用、形式等内容之前,特别突出地强调,"布尔什维主义即纯粹的马克思主义,其指导的原理,即为劳工专政。劳工专政为马克思学说中之政治论……欲了解布尔什维主义,仅就列宁对于劳工专政之解释研究之可也"③。在一系列文章中,李达总是紧紧围绕《国家与革命》等论著,在论及劳动专政的本质、作用以及表现形式等重大问题时,均要提到"据列宁云""依列宁说"等,以此为据概述马克思列宁主义的相关思想,专题介绍无产阶级专政的理论,极大地方便了世人对马克思主义国家观、革命观、专政观、民主观等问题的全面了解。实际上,运用《国家与革命》的相关论断批判社会主义问题上的种种错误思潮,是当时包括陈独秀、李大钊、毛泽东、蔡和森、瞿秋白、恽代英、李达等

① 李达:《马克思派社会主义》,《新青年》第9卷第2号,1921年6月1日。
② 李达:《马克思派社会主义》,《新青年》第9卷第2号,1921年6月1日。
③ 《李达全集》第四卷,人民出版社2016年版,第154页。

先进中国知识分子的一种思想共识和理论自觉。

作为思想论战的武器,《国家与革命》还被广泛用于马克思列宁主义同国家主义、无政府主义、基尔特社会主义、自由主义等思潮的争论中。争论的主题集中围绕阶级、国家、革命等问题展开且主要以《共产党宣言》、《家庭、私有制和国家的起源》以及《国家与革命》为核心资源。尤其是在马克思主义者同国家主义者的斗争中,更多地涉及了《国家与革命》所讨论的国家观、革命观等问题。国家分析应着眼于经济还是心理、文化?坚持国家本位还是阶级本位?列宁主义是要取消国家吗?围绕这些问题,马列主义者和国家主义者分别以《中国青年》和《醒狮》周报为阵地,展开激烈争斗。国家主义思潮主要以曾琦、左舜生、李璜等人为代表,他们坚持"国家本位",标榜"国家至上",倡导对国家进行民族心理和文化层面的分析,反对阶级斗争,坚持以国家主义、全民政治、反共抗俄为号召,并且成立了奉行国家主义的中国青年党。1925 年,在《怎样布尔什维克化》一文中,任弼时描绘了当时马列主义和国家主义紧张对峙的情景:"现在国内国家主义盛倡一时,他们的宣传比我们更努力,故他们现在是我们有力量的敌人,各地的同志应开始作反对的宣传。然要求反对之有力量,必须按中国实际情形去解释我们的理论,庶可得到思想上的胜利。否则,对于我们的发展有很大的危险。"①如何战胜国家主义思潮?先进中国知识分子的选择是,向列宁的《国家与革命》等论著学习,按中国实际情形去运用马列主义的国家理论。为此,瞿秋白在《社会科学概论》,恽代英在《政治学概论》,李达在《现代社会学》等论著中,沿着《国家与革命》的逻辑,系统阐述了马列主义的国家观和革命观,并以此为据尖锐地批判了国家主义的错误观点。

1923 年 8 月 14、15、16、17、19、21 日,李达在长沙《大公报》副刊《现

---

① 《任弼时选集》,人民出版社 1987 年版,第 3 页。

代思想》上连载《社会主义与江亢虎》一文,将《国家与革命》有关国家、革命、专政的思想运用于同江亢虎的所谓"新社会主义""新民主主义"的论战,集中讨论了关于"社会主义"思潮的勃兴、关于主义的倡导、关于社会主义、关于中国的社会革命、关于资产阶级的民主主义和无产阶级的民主主义等重大问题。他认为,根据《国家与革命》第一章的根本观点,"国家是一阶级压迫他阶级的机关,是阶级冲突不可调和的结果"。所以,在资本主义的经济组织中,资产阶级是国家的主体,实行的是资本主义民主;而在社会主义的经济组织里,无产阶级做国家的主体,实行的是无产阶级的民主主义。江亢虎所说的新民主主义实际上是一种资产阶级的民主主义。我们"必须根据中国现时的经济的、政治的状态"来对中国社会革命作理论的说明。只有这样的说明,社会革命才有牢不可破的根据。"社会革命是无产阶级来干的,社会革命以后是无产阶级专政的"①。

作为批判国家主义的代表人物,恽代英在1924年至1926年的一系列文章②中分析指出,国家问题的分析要立足阶级、经济等因素展开。根据马克思列宁主义的观点,"国家是一阶级(无产阶级)压伏其他阶级的政治工具"③,国家是阶级的国家,不能像国家主义者那样拿国家观念压倒阶级观念;国家问题的解决要通过阶级争斗,从打倒中国的经济压迫入手,为农工的实际生活和全民族的解放而努力。不能像国家主义者那样从抽象的民族文化、民族心理入手,不顾农工的饥寒交迫,这是典型的历史唯心论;国家问题不能依赖国家主义者的"士大夫救国论"解决,必须

① 《李达全集》第三卷,人民出版社2016年版,第137页。

② 参见恽代英:《国家主义者的误解》,《中国青年》第51期,1924年11月1日;《苏俄与世界革命》,《中国青年》第52期,1924年11月8日;《与李璜卿君论新国家主义》,《中国青年》第73期,1925年4月4日;《评醒狮派》,《中国青年》第76期,1925年4月25日;《答〈醒狮周报〉三十二期的质难》,《中国青年》第82期,1925年7月18日;《国家主义是什么?》,《中国青年》第133期,1926年9月7日。

③ 《恽代英全集》第六卷,人民出版社2014年版,第562页。

通过宣传和组织下层民众，促使下层阶级为自己的利益而奋斗，建立无产阶级的国家。因此，国家主义对我们而言，既不合理，也不适用。究其实质，“国家主义乃是资本阶级用以愚弄人民，驱使一般压迫的工人平民，以蹂躏同运命的殖民地弱小民族的口号”①。从这些批判文章可以看到，《国家与革命》所阐释的马克思主义国家观已深刻烙印在先进中国知识分子的脑海中，并化为驳斥各种错误思潮的有力武器。这表明，对于先进知识分子而言，《国家与革命》所阐释的马克思主义国家观、革命观已成为驳斥错误思潮的锐利武器。

二、作为理论生长之阵地的《国家与革命》

在20世纪20年代的中国舆论场，《国家与革命》除了承担思想论战的工具之外，它还是催育理论生长的阵地。该文本所具有的思想的鲜活性、批判的尖锐性以及实践的贯通性等特点，使读者在阅读中产生了许多新问题。围绕这些问题展开的争论，又不断深化对文本的认识，催育理论的生长。类似的问题主要有：

其一，列宁主义是不是无政府主义？这是当时很多人持有的疑问。1921年李达在《马克思派社会主义》中曾提及，对于布尔什维克主义，“一般人不特不承认这是马克思派社会主义，反说是无政府主义”②。首先从《国家与革命》的角度提出这一问题的，是陈嘉异所译的《李宁之乌托邦》一文。作者室伏高信大量引述《国家与革命》的思想，认为列宁的社会进化论“由资本主义而向—狄克推多—社会主义—共产社会之最高相三梯段之次序”组成，这是列宁所画的完整的乌托邦。为更清晰地阐述己见，陈嘉异在文中特加一译者按，强调“李宁无治主义之思想，仍渊源于马克

① 《恽代英全集》第六卷，人民出版社2014年版，第560—561页。

② 李达：《马克思派社会主义》，《新青年》第9卷第2号，1921年6月1日。

斯”,他据唯物史观“以推测社会之进化,最后必实现无治主义,其意亦谓乃历史的自然演进之结果”①。针对这一质疑,陈独秀于1922年7月1日在《答黄凌霜(无产阶级专政)》一文中作出了回应。他认为,“这道理列宁在《国家与革命》里说得极明白透澈……现在共产党所争持的所努力的乃是怎样……使人人真能各尽所能……使人人真能各取所需。想努力实行这些理想,都非经过无产阶级专政不可”②。这就从目的和手段辩证关系的角度,阐述了马列主义同无政府主义的联系和区别。之后李达又在《现代社会学》等论著中,具体分析了高德文、蒲鲁东、施蒂纳、托尔斯泰等人的无政府主义思想,揭示了马列主义同它们的本质区别。

其二,列宁是不是唯意志论者?与此相关的问题还有:十月革命是否违背了唯物史观?列宁和马克思之间有思想断裂吗?等等。自列宁主义进入中国以来,质疑列宁具有唯意志论倾向的就大有人在,其中包括一些具有科学家背景的人。1928年,教育家何思源在《新生命》发表《从黑格尔到列宁》一文,认为马克思完成了黑格尔思想的反转,而“列宁反转马克思的思想。口头上说跟随马克思,而实际上则等于否认马克思的历史哲学及辩证法。列宁……不承认社会主义和革命思想,完全是物质条件发展所造成的。列宁承认思想和意志的势力,人的思想和意志可以变化社会制度……马克思与列宁之间,此种根本不同之点,处处都可看见。马克思说:‘我所观察的事物,都说明阶级争斗,自然而然的趋于无产阶级专政。’同样问题,到了列宁口里就说:‘马克思关于阶级争斗的学说使我们承认,只有无产阶级独专政权,然后方能推翻资产阶级。’(见State and Revolution)……他二人所用的方法正相反……我们可以说在精神上,列

---

① [日]室伏高信:《李宁之乌托邦》,陈嘉异译,《东方杂志》第17卷第23期,1920年12月10日。

② 陈独秀:《答黄凌霜(无产阶级专政)》,《新青年》第9卷第6号,1922年7月1日。

宁是反马克思的"①。何思源直接引用《国家与革命》的原话，认为列宁背离马克思思想，倡导意志决定论。在持同类观点的文章中，何思源的这篇文章注重与马克思的比较中展开列宁的理论探索，于思想方法处用力，将二者的对立概括为自然与反自然、辩证式与背辩证式的对立。他还从《国家与革命》中读出了所谓的列宁的唯意志主义、精英主义或权威主义，同时还提及英文版的《国家与革命》。通过分析，他否定了中国革命运动的历史必然性，这是文章的出发点和目的。著名心理学家郭任远在发表于 1927 年的《马克思主义是科学的吗?》一文中也从《国家与革命》等论著的分析中，提出了所谓列宁与马克思的思想分裂说。这种分裂表现为思想语境上的发达国家与落后国家的对立，价值追求上的人民福利与革命专政的对立，主观(思想意志)与物观(物质条件)的对立，精神与方法或目的与手段的对立，少数人专政(专制主义)与多数人专政(民主主义)的对立。通过多重比较，得出结论认为马克思对黑格尔实现了反转，而列宁对马克思又有翻转，翻转的结果是走向主观主义的非科学。列宁为了在经济落后的国家实现革命，通过"硬做"和"利用"的办法人为地制造革命的条件，抛弃了马克思的物观法，陷入了为革命而革命的大工具主义的境地，使得少数人专政多数人，走向主观主义的非科学。在作者看来，在经济落后的国家，"阶级斗争是不厉害而且不明显的，所以无须用这个方法来实现社会主义";经济落后的国家，工人占少数，千万不可以用劳工专政的形式或其他阶级专政的形式来达到社会主义的目的。②

中国马克思主义者敏锐地捕捉到了这些指责背后的思想实质，认为他们没有搞清楚唯物史观关于经济等物质因素同革命、阶级斗争的辩证

---

① 何思源:《从黑格尔到列宁》,《新生命》第 1 卷第 8 号,1928 年 8 月 1 日。

② 参见郭任远:《马克思主义是科学的吗?》,《中央半月刊》第 56 期合刊,1927 年 9 月 1 日。

关系。1921 年 2 月 11 日，蔡和森在致陈独秀的信的开篇即自称道：我是“极端马克思派，极端主张：唯物史观，阶级战争，无产阶级专政”①。这三条即是列宁《国家与革命》的主题。接下来他批判了“初期的社会主义”“乌托邦的共产主义”“不识时务穿着理想的绣花衣裳的无政府主义”“专主经济行动的工团主义”“调和劳资以延长资本政治的吉尔特社会主义”“修正派的社会主义”等，批判这些东西是阻碍革命的障碍物。然后他进一步概括了马克思主义的核心，认为其“骨髓在综合革命说与进化说”“马克思所以立于不败之地者，全在综合此两点耳”②。接下来他分析了社会革命为什么首先发生在东方的俄国。在这里他借鉴了列宁《国家与革命》的分析思路，即西方的资本主义国家可以通过对外掠夺，缓和自己国内的经济矛盾，从而对本国的工人阶级施以一定的“恩惠”，而落后的农业国则没有这个条件，社会经济矛盾必然导致冲突与革命。接下来进一步分析了中国社会革命的条件，并得出结论认为：“社会革命的标准在客观的事实，而不在主观的理想，在无产阶级经济生活，被压迫被剥削的程度之深浅，及阶级觉悟的程度之深浅，而不在智识程度、道德程度之深浅”。“马克思的革命学说完全立于客观的必然论之上，革命既是必然的，然而我们无产阶级的觉悟者何以要去唤醒同阶级的觉悟呢？（一）因为我们自身既已觉得痛苦之所由来（不由命运而完全由于私有财产制），便谗然不能终日。（二）对于同阶级的人有同病相怜的同情。（三）任其自然实现，时间延长，牺牲数量太大”。③ 1921 年 8 月 1 日，陈独秀在回复蔡和森的信中也详细阐发了这一问题。他指出，有些人认为马克思一面主张人为的革命说，一面又主张唯物史观，这两说不免自相矛盾。“鄙意以为唯物史观是研究过去历史之经济的说明，主张革命是我们创造将来

① 《蔡和森文集》上册，人民出版社 2013 年版，第 78 页。
② 《蔡和森文集》上册，人民出版社 2013 年版，第 78 页。
③ 蔡和森：《蔡和森文集》上册，人民出版社 2013 年版，第 80、81 页。

历史之最努力最有效的方法……我以为唯物史观底要义是告诉我们……(一)一种经济制度要崩坏时,其他制度也必然要跟着崩坏,是不能用人力来保守的;(二)我们对于改造社会底主张,不可蔑视现社会经济的事实;(三)我们改造社会应当首先从改造经济制度入手。在第(一)(二)教训里面,我们固然不能忘了自然进化的法则,然同时我们也不能忘了人类确有利用自然法则来征服自然的事实,所以我们在第(三)教训内可以学得创造历史之最有效最根本的方法,即经济制度的革命。照我这样解释,马克思主义并没有什么矛盾。"①在这里,陈独秀基于唯物史观对自然进化和制度革命、合规律性和合目的性等关系问题作出了精辟阐释。与此同时,瞿秋白、恽代英、士炎等人也从不同角度回应了这些问题。根据恽代英的分析,在《国家与革命》等论著中,列宁是把俄国同世界联系起来观察,而不是孤立地观察俄国落后的生产力状况,由此得出了在俄国进行无产阶级革命的结论。② 而士炎在《列宁主义之理论与实际》一文中则从无产阶级革命论、专政论、国家论、政党论等八个方面,对"比马克思主义更发展了"的列宁主义进行系统阐发,揭示了二者之间继承和发展的辩证关系。

其三,列宁在俄国搞的革命是否是独裁政治?世界各国非难、指责多数主义(即布尔什维克主义)的人很多,理由五花八门,当时有很多人从民主主义的立场进行批判,认为"表征俄国革命的是多数主义,表征多数主义的就是独裁政治"。在李达看来,这也是许多非难中唯一有力的非难,所以从这一点展开相关思想的研究,"是理解俄国革命的第一条件"。在 1922 年 8 月出版的《劳农俄国研究》一书中,李达依据列宁《国家与革命》等文本,具体分析指出:柯祖基(即考茨基)、乔治等社会民主党人的

---

① 陈独秀:《答蔡和森(马克思学说与中国无产阶级)》,《新青年》第 9 卷第 4 号,1921 年 8 月 1 日。

② 参见恽代英:《纠正对于马克思学说的一种误解》,《中国青年》第 67 期,1925 年 2 月 21 日。

攻击,割裂了俄国革命的目的和手段,他们的攻击主要集中在实现社会主义的手段或方法层面,认为俄国革命的独裁政治违背了民主主义的原则。实际上,“无产阶级独裁政治”这句话出自马克思1875年《哥达纲领批评》关于政治过渡时期的理论。而这一思想源于1861年的巴黎自治团,这是列宁经常提到的。这里李达引用了马克思在《法国内乱》(即《法兰西内战》)中的一段名言,这段话经列宁的《国家与革命》第一章的阐发而得以在中国知识分子中广泛传播。李达的翻译是:“劳动阶级军靠掌握现成的国家机关,来供自己目的底使用,是不可能的。”他们为此创立了自治团(即公社),“自治团在根本上是劳动阶级底政府,是生产阶级对于所有阶级底斗争底产物,可以成就劳动底经济的解放底政治形态”。而俄国的劳农会组织是巴黎自治团的继承者,不单是革命的团体,同时又创造了可以代替资本阶级政治组织的新国家的模型。所以俄国革命的独裁政治不是个人或少数人的独裁,而是劳农会底独裁,是有组织的民众的独裁。列宁继承马克思的传统,反对神化民主主义,认为民主主义是历史的具体的。资本阶级的民主主义是资本主义专制的形式,无产阶级的民主主义就是无产阶级对于作为剥削者的资本阶级的独裁政治,通过它才能真正实现真实的“普遍民主主义”。而人类社会的真实平等的实现,只有通过劳农会的组织,促使广大民众直接地不断地参与国家管理,由立法上行政上权力的结合,以单位、工厂等产业为选举区等手段才能达到,也就是服务于多数被剥削者的利益。这就意味着,劳农会的国家,具有两重性质,对于生产阶级的态度和关系上,是民主主义。对于资本阶级,是严格的而无所假借的独裁政治。这表明,俄国革命实行独裁政治,是基于对俄国的客观实际的考察而作出的革命战略。“多数党原来是把俄国阶级斗争实际上底发展作根据。主张无产阶级独裁政治的。”①

① 《李达全集》第二卷,人民出版社2016年版,第199、199、201、205、209页。

其四，列宁创制的苏维埃国家是社会主义的吗？在国际范围，正如在无产阶级专政问题上有许多误解、曲解一样，对列宁领导的苏维埃社会主义国家也有不少的模糊认识。例如，世界著名哲学家罗素于1922年7月8日、10日至13日在北京《晨报》刊载《先进国之社会主义观》一文，反对马列主义的阶级斗争学说，认为“吾人当考察工业文明之将来时，必视世界之阶级战争为文明之末路，而非新世界之门户也”，不仅如此，美国的国家资本主义与列宁的国家社会主义也大同小异。为此，1923年2月，瞿秋白撰写《评罗素之社会主义观》一文，同年6月刊发于《新青年》季刊第一期。首先，瞿秋白剖析了各国社会革命的客观必然性，认为罗素要反对的阶级斗争是不可避免的，无论在国际意义上还是国内意义上都是如此，即便是革命党执政了，如果没有阶级斗争这个过程，资本家也是不会安心听命于劳动者的。接着他批评了罗素将苏维埃社会主义同国家社会主义或国家资本主义简单画等号的谬误，运用列宁在《国家与革命》等论著中的理论阐述，结合十月革命后的俄国建设实际，具体分析了俄国的“平民国家资本主义”的由来及性质，认为它源自俄国的社会革命，其性质是苏维埃的。社会革命非但不会绝对的破坏工业，反而为工业的发展创造了经济、政治、行政等条件，激发了社会活力。俄国现行之国家资本主义仅仅是经济上的过渡制度，正如无产阶级的独裁制也仅仅是政治上的过渡制度而已。①

值得注意的是，因阅读《国家与革命》而提出的上述问题，不仅是中国的，也是世界性的；不仅属于20世纪20年代，而且贯穿社会主义发展的长过程。直至今日，围绕这些问题的争论远未终结，在不同时代这一问题以不同形式反复表现出来。如何立足《国家与革命》的时代性阅读，不断回答经典传播史研究中的上述重大问题，既是当代中国马克思主义者

① 参见瞿秋白：《评罗素之社会主义观》，《新青年》季刊第1期，1923年6月15日。

面临的艰巨挑战,也是在新的历史条件下深化文本研究、促进马列主义时代化的良好契机。

第三节　中国革命的实践纲领与行动方略

在现代政治思想史中,《国家与革命》被誉为共产党员的“圣经”①,是集革命理论、实践纲领与行动方略为一体的无产阶级的革命指南。在该书“序言”中,列宁曾坦言,该书是为了解决民众“怎样谋自己从资本的奴役之下的解放”的问题,它既是在“作文章”以“论革命的经验”,更是在“实地做革命”。因此,列宁自觉地“将其作为布尔什维克策略和俄国革命纲领的依据和指南”②。对于20世纪20年代的中国知识分子而言,阅读该文本的主要目的是解决中国如何革命?这一实践课题。这是我们把握列宁文本中国阅读的第三重维度。

一、《国家与革命》和中国革命的实践纲领

在20世纪20年代先进知识分子的视域中,《国家与革命》乃是在中国“实地做革命”的实践纲领,据此能够解决革命的主题、目的、主体、道路、手段等重大问题。对此,1926年5月至9月在广州主持第六届农民运动讲习所并讲授“中国农民问题”的毛泽东有过精辟阐述。在谈到国家问题时他说道:列宁著有《国家与革命》一书,把国家说得很清楚,历来的国家机关都掌握在少数人的统治阶级手里。“国家于革命后,一切制

---

① [美]路易斯·费希尔:《列宁的一生》上册,彭卓吾译,北京图书馆出版社2002年版,第191页。

② [美]特伦斯·鲍尔、[英]理查德·贝拉米主编:《剑桥二十世纪政治思想史》,任军锋、徐卫翔译,商务印书馆2016年版,第219页。

度都要改变的。巴黎公社所组织的政府，其失败原因之一，即不改旧制度。"①"国家是一个阶级拿了压迫另一个阶级的工具。我们的革命民众若将政权夺在手中时，对反革命者要用专制的手段，不客气地压迫反革命者，使他革命化；若不能革命化了，或赐以惨暴的手段，正所以巩固革命政府也。"②重新建设一切的中国现在的国民政府，若夺了政权，必定改革一切的，重新建设的。毛泽东的这段评述，概括了《国家与革命》的核心主题即国家政权问题，简述了列宁关于国家本质的观点，总结了巴黎公社的经验教训，特别突出地阐明改变旧制度的伟大意义。尤其是结合中国革命的具体实际，强调革命的主体即革命民众要通过改变旧制度，夺取政权，并用专制手段促使反革命者革命化以巩固革命政权。在毛泽东笔下，《国家与革命》就是一本解决中国革命主题、目的、主体、道路、手段等重大问题的实践手册。

当然，在该文本的早期阅读史中，认识到它对中国革命具有纲领意义的绝不仅仅只有毛泽东一人，而是一个庞大的读者群。从 1921 年底到 1923 年初，李大钊曾三次提及这一经典对于世界和中国革命的实践意义，认为它从价值追求高度为人们昭示了革命的目的。在《由平民政治到工人政治——在北京中国大学的演讲》、《平民政治与工人政治》、《平民主义》③等论著中，他结合列宁在该文本中的论述，通过剖析"democracy"（德谟克拉西或平民政治）和"ergatocracy"（工人政治）的具体内涵，指出中国革命的目的"就是把政治上、经济上、社会上一切特权阶级，完全打破，使人民全体，都是为社会国家作有益的工作的人……其间全没有统治

① 《毛泽东年谱（1893—1949）》上册，中央文献出版社 2013 年版，第 163 页。

② 《毛泽东年谱（1893—1949）》上册，中央文献出版社 2013 年版，第 163—164 页。

③ 李大钊：《由平民政治到工人政治——在北京中国大学的演讲》，《晨报副刊》1921 年 12 月 15、16、17 日；《平民政治与工人政治》，《新青年》第 9 卷第 6 号，1922 年 7 月 1 日；《平民主义》，《百科小丛书》第 15 种，商务印书馆 1923 年版。

与服属的关系,只有自由联合的关系。这样的社会,才是平民的社会,在这样的平民的社会里,才有自由平等的个人”①。为了实现这一崇高的价值追求,陈独秀、恽代英等人又依据《国家与革命》等论著,强调必须开展阶级斗争,通过革命性破坏,建设新世界。恽代英就直言,“旧社会的罪恶,全是不良的经济制度所构成。舍改造经济制度,无由改造社会。我们在旧社会的努力,无非是破坏。——有效力的破坏,有建设把握的破坏”②。在发表于1926年9月的《国民革命》中,恽代英还从中西文化相比较的角度出发,详细考察了社会革命的问题。认为“革命”意谓社会进化到某种程度,少数人得着进化的利益,多数人则受压迫,因而要求改变进化的途程从另一出发点再进化上去。所以革命是大多数被压迫民众打倒压迫者的奋斗。革命是要毁灭旧的制度文化,但这并不是说革命单是破坏,他是要从另一出发点产生出新的制度文化来。革命是被压迫民众不能用寻常手段解放自己时,所取的一种非常手段,所以这种行为是不能以法律习惯评判他的。③ 陈独秀则进一步提出,实行这些理想,“非经过无产阶级专政不可……无产阶级专政……不是容易可以实现的,尤其在中国更不容易实现……然而实行无产阶级革命与专政,无产阶级非有强大的组织力和战斗力不可,要造成这样强大的组织力和战斗力,都非有一个强大的共产党做无产阶级底先锋队与指导者不可”④。

与此相反,也有一些知识分子不赞同乃至反对《国家与革命》关于阶级斗争和无产阶级专政的理论。例如,梁启超在《无产阶级与无业阶级》一文中,提出中国只有有业阶级与无业阶级之分,没有无产同有产之分;

① 《李大钊全集》第四卷,人民出版社2013年版,第160页。

② 恽代英:《为少年中国学会同人进一解》,《少年中国》第3卷第11期,1922年6月1日。

③ 参见《恽代英全集》第八卷,人民出版社2014年版,第199—200页。

④ 陈独秀:《答黄凌霜(无产阶级专政)》,《新青年》第9卷第6号,1922年7月1日。

中国的阶级斗争,有业阶级战胜无业阶级,则天下太平,否则亡国灭种。①戴季陶在《孙文主义之哲学的基础》一文中也提出,列宁的阶级斗争思想有纠正之必要,我们要促起全国国民的觉悟,而不是促起一个阶级的觉悟。这些思想的核心,是反对阶级斗争在中国的适用性。对此,早期中国先进知识分子展开了尖锐的批判。例如,恽代英在《读〈孙文主义之哲学的基础〉》一文中就运用马克思列宁主义的国家观、革命观具体分析指出,在戴季陶看来,不相信中国固有文化的价值,便没有民族的自信力,不能创造文化,不能实现民族革命的胜利。实际上,中国文化在世界文化史上,犹如犹太文化埃及文化一样,当然有存在的意义,但这与民族革命的自信力没有必要的联系。"革命的能力,发源于主义的信仰与群众的党的组织……我们不应拿一国的文化来决定他的命运"②。戴季陶还试图否认阶级斗争的思想,强调我们要促起全国国民的觉悟,而不是促起一个阶级的觉悟。对此,恽代英指出,这不是一个价值判断的问题,不是戴季陶所认为的无产阶级的势力与阶级性发展是不好还是好的问题,核心是这种阶级势力或阶级性的发展是客观事实。例如,外国资本家移植于中国境内,剥削中国工人的问题;中国资本家对工人的压迫等等。戴季陶要治者阶级为被治者阶级的利益进行革命,这是一个空想,想靠少数士大夫包办革命的事,与靠人民自己来解决的原则是相反对的。③

除此之外,张君劢等人则从学理角度对阶级斗争提出批判。他认为,"天下往往有主义甚正当,徒以手段之误,而流毒无穷。亦有主义不完满,徒以手段不误,反得和平中正之结果者"。《国家与革命》所倡导

① 参见梁启超:《无产阶级与无业阶级》,《晨报副刊》1925 年 5 月 1 日。

② 参见恽代英:《读〈孙文主义之哲学的基础〉》,《中国青年》第 87 期,1925 年 8 月 8 日。

③ 参见恽代英:《读〈孙文主义之哲学的基础〉》,《中国青年》第 87 期,1925 年 8 月 8 日。

的主义不能说不好，但是以少数人之力推翻法定机关，这是为了目的不择手段；他还从民主和法治的角度指出，根据《国家与革命》的思想，只有劳动阶级才有参与政治的权利，其他阶级没有。推尊劳动阶级没有错，但由此排除其他阶级的民主权利，这就有违平等的意义了。① 这些批判的实质是反对列宁关于阶级斗争、无产阶级专政等思想在中国语境下的方法论意义，认为中国社会发展无能或无须采取这些过激的手段，这恰恰从反面佐证了《国家与革命》的论断对于中国革命的纲领性意义。

二、《国家与革命》和中国革命的行动方略

对于中国先进知识分子而言，如果说《国家与革命》关于阶级斗争、无产阶级专政等论述是形诸文字的革命纲领的话，那么渗透于文字之中的文本精神、文本思维乃至文本的书写方式等，则是指导中国革命的行动方略。

首先，在20世纪20年代的中国知识分子眼中，《国家与革命》体现了列宁伟大的精神品质，这就是崇高的信仰、深邃的眼光和坚定的毅力。早在1920年3月15日，梁启超就赞许说："以人格论，在现代以列宁为最，其刻苦之精神，其忠于主义之精神，最足以感化人。"②在《欧游心影录》中又感慨道："俄国过激派政府……不管将来结局如何……他那精神毕竟不能磨灭。"③与他一样对阶级斗争持反对意见的张君劢也认为，"有蓝宁之天才，有蓝宁之自信力，而后能致此震天撼地之业"④。反对共产

① 参见张君劢、张东荪：《中国之前途：德国乎？俄国乎？》（三封信），《解放与改造》第2卷第14期，1920年7月15日。

② 梁启超：《在中国公学之演说》，《申报》1920年3月15日。

③ 梁启超：《饮冰室合集·专集》第五册，中华书局2015年版，第5706页。

④ 张君劢、张东荪：《中国之前途：德国乎？俄国乎？》（三封信），《解放与改造》第2卷第14期，1920年7月15日。

主义的张相时也坦陈,"苏俄之共产,固为吾人所反对。其建设之精神,与其进步之神速,又不能不令吾人表示相当钦佩"①。而马克思主义者也从中感悟到了"绝不曾为别人的或自己的死公式所遮蔽,也绝不为幻想或有产阶级的玄学所迷惑"的"列宁的眼光"以及坚决实行的"革命毅力"②。

其次,在中国马克思主义者眼中,《国家与革命》蕴含着列宁最为重视的理论与实际相结合的思维方式。以《新青年》、《觉悟》为阵地,士炎、郑超麟等人选译了布哈林、拉狄克、多海麦等人关于列宁思维方式的文章。他们认为,"列宁主义与马克思主义一样,最重要的就是一个活的创造的方略,他将伟大的革命的毅力,与深刻的实际的分析相联结"③,列宁"比较马克思的任何学生都能联想马克思的科学到社会上来,他把这科学注入于他的血肉"④。列宁异常宝贵和积极的特点是"把马克思主义看成是一种方法"⑤。在此基础上,恽代英结合中国革命的经验指出,必须"根据民众实际生活研究宣传主义",否则"决不能号召革命运动"。⑥1922年6月1日,在《为少年中国学会同人进一解》一文中,恽代英进一步指出,要改造社会,必须"要研究唯物史观与群众心理",集合群众、发动他们的力量,这是我们改造唯一的武器,必须要做到"冷静、周到、敏捷、决断的指导群众","唤起被经济生活压迫的最利害的群众。并唤起

① 张相时:《苏俄第一次五年计划之成功及第二次五年计划之任务》,《国难半月刊》第3期,1932年8月20日。

② 多海麦:《列宁——理论家》,《民国日报》副刊《觉悟》第7卷第5期,1924年7月5日。

③ 多海麦:《列宁——理论家》,《民国日报》副刊《觉悟》第7卷第5期,1924年7月5日。

④ [波兰]腊狄客:《列宁》,华林译,《新青年》(列宁号)1925年4月22日。

⑤ [苏联]布哈林:《马克思主义者的列宁》,郑超麟译,《新青年》第4号,1926年5月25日。

⑥ 《恽代英全集》第八卷,人民出版社2014年版,第200页。

最能对他们表同情的人,使他们联合起来,向掠夺阶级战斗"。① 在《怎样研究社会科学》等文章中,恽代英具体介绍了相关的研究方法,认为研究要"从具体的事实下手",包含下述方面:"(一)研究社会的构造与各种势力的关系;(二)研究社会进化的原理;(三)研究各国与中国的财政与社会政策;(四)研究各国与中国农工商业的发达与衰败的原因及现状。"② 1925年,任弼时也在《怎样布尔什维克化》一文中告诫广大共青团员,中国革命的关键是"要能按实际情形而运用经验与理论"。"所谓按实际情形而运用经验与理论的意义,表示同志不应做一个不顾环境的模仿主义者""有许多同志只顾主义的原则,如封建社会崩坏,资本主义发展,因之无产阶级产生,阶级斗争发现,无产阶级革命是历史的必然现象等,而不注意分析中国的实际情形"。③ 而毛泽东在这个问题上更是提出了许多光辉思想,1926年在广州农民运动讲习所的演讲就是《国家与革命》的基本理论和中国具体实际相结合的典范。

最后,在中国马克思主义者眼中,《国家与革命》的书写方式为宣传群众提供了宝贵方法。在他们看来,《国家与革命》之所以能打动人,是因为列宁的文风朴实、清鲜,合于实际,有真确的逻辑又饱含深厚感情,充满了力量。例如,陈启修总结《国家与革命》的书写风格是以历史和现实的实际为基础,以事实判断为第一位,以价值判断为第二位,追求论理如自然科学一般的精密、明确,不闪烁迷离、藏头盖尾。④ 基于这一认识,恽代英提出,中国革命者要向列宁学习如何做好宣传工作,这是发挥群众革

---

① 恽代英:《为少年中国学会同人进一解》,《少年中国》第3卷第11期,1922年6月1日。

② 恽代英:《怎样研究社会科学》,《中国青年》第23期,1924年3月23日。

③ 《建党以来重要文献选编(1921—1949)》第二册,中央文献出版社2011年版,第324、325、325页。

④ 参见陈启修:《致北京大学同人书》,《东方杂志》第21卷第7期,1924年4月10日。

命能动性的重要法宝。1924 年 5 月 7 日，在《我们现在应该如何努力?》一文中他号召指出："我们现在要向田间去，要向农民社会里去"，"我们现在对于农民阶级所应努力的，便是接近农民，调查他们生活的实在情形，学习他们的谈话。知道了他们的情形，那么你所谈的方才不是他们所不要听的话；学会了他们说的话，那么你所谈的方才不是他们所听不懂的话。能如是，方才可以进而谈及旁的事情了"。① 在《怎样做一个宣传家?》一文中，他进一步从在宣传群众中做到坚强信念、明了所宣传的理论、坚信理论的正确性、用极普通的话传述观点、多用群众的土话、批判错误观点等六个方面介绍了如何做一个宣传家的主要经验，特别强调要向群众说明理由、解疑释惑，要充满自信又恰如其分，要会对群众说话，让群众清清楚楚、明明白白，善于运用群众的土话或其他流行的术语，要有理有据地反对错误观点，发挥好一张嘴，一支笔的妙用，宣传那些应当要求改造世界的人起来学我们一同改造世界。②

综上所述，通过阅读以《国家与革命》为代表的列宁文本，20 世纪 20 年代的中国知识分子快速了解了经俄国革命检验的列宁主义的基本理论、实践纲领和行动方略，促使一大批知识分子转变为马克思列宁主义的坚定信仰者，走上了改造中国和改造世界的革命之路。当然，马列经典的阅读是一个在与中国历史和现实实际的结合中不断中国化、时代化和大众化的永恒过程，它要求阅读者善于向列宁学习，做一个"实地做革命"和"论革命的经验"有机互动的战斗唯物主义者。一开始的列宁经典文本的阅读，出于救亡图存的时代之需以及知识工具贫乏的现实，早期中国知识分子一般满足于拿来主义，为克服理论饥渴症，把一整套在俄国得到检验的概念、原理和方法，例如生产力与生产关系、经济基础和上层建筑、

① 恽代英：《我们现在应该如何努力?》，《民国日报》副刊《觉悟》1924 年 5 月 7 日。

② 参见恽代英：《怎样做一个宣传家?》，《中国青年》第 84 期，1925 年 7 月 25 日。

国家、阶级、阶级斗争、无产革命、无产阶级专政、左翼、激进等,迫不及待地运用到中国的社会土壤之中,企求以行验知、行中释知和行中化知,初步解决了有关改造世界和改造中国的理论武装等重大问题。但是中国社会矛盾的错综复杂以及中国革命的坎坷历程,又凸显了进一步将上述概念、原理和方法具体化即中国化的紧迫性,不如此则不能彻底解决中国向何处去、中国之改造等根本问题。这就向先进知识分子提出了如何结合中国历史和现实实际具体化上述观念形态的问题,而要实现这种具体化,就既要深刻体察中国国情,又要善于开掘内含于或隐身于概念、原理背后的思想精髓、方法灵魂。这就需要解决如何科学认识马克思主义尤其是作为有机统一体的唯物史观和辩证唯物论的问题,需要运用科学的思想精髓和方法武器来对中国社会作出深刻的诠释并制定切实有效的革命斗争方略。正如时人彭康所说:“我们现时的任务就是研读、运用唯物辩证法,以求得解决一些紧迫的问题。”①中国共产党人和先进知识分子对《国家与革命》等经典的阅读阐释,就走过了类似的心路历程。首先解决“有”与“无”的问题,接着解决“表”与“里”(魂)的问题,然后解决“彼”(他)与“此”(己)的问题,致力于在中国社会的土壤基础之上自主地实现理论之“化”,用唯物史观和唯物辩证法研究中国社会、中国革命,找到中国革命的正确道路。为此,以毛泽东同志为主要代表的中国共产党人自觉地向布尔什维克和列宁学习,认真研读并切实践行《国家与革命》等经典的思想精髓,从中领悟革命理论的思想真谛和科学方法,将其作为中国革命的行动指南,或用其文,或师其意,或演绎阐发、相习成风,在此基础上孕育产生了以《中国革命和中国共产党》《新民主主义论》《论联合政府》《论人民民主专政》等文本为代表的中国版的《国家与革命》,使列宁主义这一“革命”的“行动”的马克思主义在中国大地上结出了累累硕果。

① 彭康:《前奏曲》,江南书店1929年版,第152页。

第二章

《国家与革命》首译文的问世与中国共产党的创建

如上所述,作为马克思主义者的革命圣经和战斗檄文,列宁的《国家与革命》自1917年8月至9月在拉兹里夫湖畔面世以后,即被誉为捍卫马克思主义革命与国家学说的思想利器,为俄国十月革命提供了科学的行动指南,也为世界各国被压迫被殖民民族的反帝反封建斗争锻造了强大的理论武器。1921年5月,列宁的《国家与革命》摘译文首次面世,登载在《共产党》月刊第4号。在20世纪20年代初的中国,《国家与革命》的首译文与《共产党宣言》等其他经典一道,成为早期中国马克思主义知识分子改造旧社会、创建共产党的"批判的武器"。在此,作为"论述""革命底经验"的《国家与革命》为中国马克思主义者"作出""革命底经验"贡献了最早的思想智慧和理论武器。

第一节 《国家与革命》首译文问世的时代背景

1921年5月,《国家与革命》译文在中国首次发表,刊于《共产党》月刊第4号,译者为沈雁冰,它为中国共产党的创立提供了重要思想资源。那么,这一文本何以以及如何进入中国?它为何能在中国落地生根、开花结果，成为中国早期先进知识分子观察国家命运、改造落后社会的强有力工具？上述问题的回答，有赖于对文本传播土壤或背景的具体分析。

一、救亡图存与民族国家问题的凸显

众所周知，自鸦片战争以降，先进的中国知识分子面对民族危亡开启了“中国怎么办”这一时代论题的多角度审思。但是，从龚自珍的“更法”“改制”，林则徐的“以夷攻夷”“以夷款夷”，魏源的“师夷长技以制夷”到曾国藩的“师夷智”，李鸿章的“自强求富”“治器之器”，张之洞的“中学为体、西学为用”，再到冯桂芬的“采西学”“制洋器”，王韬的“自强之道，自治为先”，郑观应的“知其治乱之源、富强之本，不尽在船坚炮利，而在议院上下同心，教养得法此其体也”以及康有为的“观大地诸国，皆以变法而强，守旧而亡”，谭嗣同的“唯变法可以救之”，梁启超的“伸民权”“设议院”等，先进的中国知识分子所设计的救国方案皆以失败告终。究其原因是多方面的，其中一个重要原因是他们囿于历史局限及主体局限未能破解时代论题的重要变量即民族国家问题。

从历史与世界的维度看，自 14 世纪伊始，文艺复兴的兴起和新航路的开辟推动了欧洲资本主义的萌芽与发展，尤其是 18 世纪后期至 19 世纪后期，随着英、法、德、美、日、俄先后完成第一次工业革命，“资产阶级在它的不到一百年的阶级统治中所创造的生产力，比过去一切世代创造的全部生产力还要多，还要大”①。经济基础决定上层建筑，与之相应，西方传统的政治共同体“城邦”“帝国”逐渐为“民族国家”②（nation—state）

---

① 《马克思恩格斯文集》第 2 卷，人民出版社 2009 年版，第 36 页。

② 民族国家指的是在种族基础上形成的一个心理、血缘、地域和文化的共同体。在欧洲从中世纪向近代过渡时期，存在多种彼此竞争的政治效忠单位，民族国家凭借暴力与资本的相互强化机制，在竞争中脱颖而出，成为民众政治忠诚的集中对象。在此意义上而言，民族即是国家，民族国家的兴起也表现为国家的全新产生过程（参见陈学军：《中国近代中学组织结构演变研究》，上海教育出版社 2015 年版，第 66 页）。

所取代。对此，列宁就曾明确提出："在西欧大陆上，资产阶级民主革命时代所包括的是一段相当确定的时期，大致是从1789年到1871年。这个时代恰恰是民族运动以及建立民族国家的时代。这个时代结束后，西欧便形成了资产阶级国家的体系，这些通常都是单一民族国家。"①由此可见，"民族国家"已然演绎为一个19世纪的欧洲现象，当然它的辐射范围亦不止于此。

从本质上看，资本逻辑中存在"生产力按几何级数增长，而市场最多也只是按算术级数扩大"②的矛盾运动。因此"资本主义如果不经常扩大其统治范围，如果不开发新的地方并把非资本主义的古老国家卷入世界经济的漩涡，它就不能存在与发展"③。在此意义上，资本主义国家之所以连续发动第一次、第二次鸦片战争、中法战争以及中日甲午战争皆源于此，而中国在此期间也逐渐被迫沦为半殖民地半封建社会并卷入世界资本主义市场。一方面，随着《南京条约》《瑷珲条约》《马关条约》等不平等条约的签订，中国的国家主权和领土完整遭到了严重的破坏；另一方面，"外国资本主义对于中国的社会经济起了很大的分解作用……破坏了城市的手工业和农民的家庭手工业……促进了中国城乡商品经济的发展"④。显然，彼时深刻变化的国情与世情皆使得"民族国家"这一19世纪的欧洲现象在中国具有了迫切的理论价值和实践意蕴。然而，近代早期中国的知识分子对此缺乏应有的客观认知，更没有作出相应的国家层面的政策调整。不管是龚自珍、林则徐、魏源等晚清地主阶级革新派提出的"师夷长技以制夷"，抑或曾国藩、李鸿章、张之洞等洋务派主张的"中体西用"，或者是冯桂芬、王韬、郑观应等早期资产阶级改良派提议的"采

① 《列宁选集》第2卷，人民出版社2012年版，第379—380页。
② 《马克思恩格斯全集》第44卷，人民出版社2001年版，第34页。
③ 《列宁选集》第1卷，人民出版社2012年版，第232页。
④ 《毛泽东选集》第二卷，人民出版社1991年版，第626页。

西学”，虽然都在努力探索一条富国强兵之路，但就其根本而言仍是为了巩固清王朝的封建统治，维护传统知识分子心目中的所谓“天下”。

关于中国传统社会的“天下观”，根据王赓武的分析，“自商周以降……不管儒家也好，法家也好，多多少少有一种天下观念，而没有……民族、国家的观念”①。究竟何谓传统社会的天下观？清代乾隆修订《皇朝文献通考》时曾对“天下”有过如下描述：“中土居大地之中，瀛海四环，其缘边滨海而居者，是谓之裔；海外诸国亦谓之裔。裔之为言边也。”②根据何芳川的分析，“‘华夷秩序’是自汉代直至晚清以中华帝国为核心的古代型的国际关系体系……‘华夷’秩序所倡导的，是以中华帝国为中心的辐射关系，也是以中华帝国君临天下的垂直型国际关系体系”③。正是基于此，龚自珍虽然提出“自古及今，法无不改，势无不积，事例无不变迁，风气无不移易”④，“我劝天公重抖擞，不拘一格降人才”⑤“废八股、改科举”等“更法”“改制”的重大举措，但其思想主旨仍是秉持并极力维护“天下有亿万年不夷之道”⑥。同样，作为早期近代知识分子提出君主立宪的第一人⑦，王韬虽然一面强调“我国今日之急务，在治中驭外而已。治中不外乎变法自强”，但是另一面他又倾向于“器则取诸西国，道则备自当躬，盖万世而不变者”。⑧ 然而，伴随西方资本主义的侵入以及对传统中国社会结构的巨大冲击，传统的“天下观”开始面临重大挑战，而近

---

① 王赓武：《更新中国：国家与新全球史》，浙江人民出版社2018年版，第131页。

② 乾隆官修：《清朝文献通考》卷二百九十三，浙江古籍出版社1988年影印，第7413页。

③ 何芳川：《“华夷秩序”论》，《北京大学学报》（哲学社会科学版）1998年第6期。

④ 《上大学士书》，《龚自珍全集》下册，上海古籍出版社1999年版，第319页。

⑤ 刘逸生：《龚自珍己亥杂诗注》，中华书局出版社2019年版。

⑥ 潘富恩、施昌东：《论龚自珍的哲学思想》，《浙江学刊》1984年第3期。

⑦ 王国平、唐力行主编：《苏州通史·清代卷》，苏州大学出版社2019年版，第216页。

⑧ 《弢园文录外编》卷一，上海书店出版社2002年版。

代中国社会也被迫开始走上了“一个使‘天下’成为‘国家’的过程”①。

据学界的研究表明,中日甲午战争以后,梁启超第一个提出了“中华民族”的概念。1901 年,梁启超在《中国史绪论》中将近 10 次提到“中国民族”的概念②,“自黄帝以迄秦之一统,是为中国之中国。即中国民族自发达、自争竞、自团结之时代也……”③1902 年,梁启超首次提出了“中华民族”这个概念。在《论中国学术思想变迁之大势》中,梁启超写道:“上古时代,我中华民族之有海思想者厥惟齐。故于其间产出两种观念焉:一曰国家观,二曰世界观。”④之后,在 1905 年的《历史上中国民族之观察》中,他再次提及“中华民族”的概念,“今之中华民族,即普通俗称所谓汉族者……中华民族,号称同化力最大”⑤。正是基于这种认知,梁启超认为“民族国家”是解决“中国向何处去”的关键,故而指出“民族主义者,实制造近世国家之原动力也”⑥,“欧洲所以发达,世界所以进步,皆由民族主义(Nationalism)所磅礴冲激而成……”“凡国而未经过民族主义之阶级者,不得谓之为国”⑦,“故今日欲抵当列强之民族帝国主义,以挽浩劫而拯生灵,惟有……实行民族主义于中国”⑧。需要注意的是,梁启超后期在理论上强调的“民族主义”实际上类似于“国家主义”⑨,维新变法失

① [美]约瑟夫·R.列文森:《儒教中国及其现代命运》,郑大华等译,中国会科学出版社 2000 年版,第 87 页。

② 参见孙江、陈力卫主编:《亚洲概念史研究》第 2 卷,商务印书馆 2018 年版,第 50 页。

③ 梁启超:《饮冰室全集》第三册,上海文化书局 1939 年版,第 46 页。

④ 梁启超:《饮冰室合集·文集之七》,中华书局 1989 年版。

⑤ 梁启超:《饮冰室合集·专集之四十》,中华书局 1989 年版。

⑥ 《梁启超全集》第四卷,北京出版社 1999 年版,第 887 页。

⑦ 梁启超:《饮冰室合集·文集之六》,中华书局 1989 年版,第 22 页。

⑧ 梁启超:《新民说》,中国文史出版社 2013 年版,第 12 页。

⑨ 参见罗检秋:《新会梁氏·梁启超家族文化史》,山东画报出版社 2018 年版,第 106—108 页。

败以后他在革命实践中又开始倾向于保皇派并宣扬“光绪圣德”。而据王赓武的分析，孙中山应该是最早用政治行动把“民族”带到中国大地的人，他“……加上共和国、民权、民生等，他介绍许多新的概念，而且把他们政治化，用于建立一个新的国家”①。1894 年，孙中山以“专为振兴中华”②的宗旨在美国檀香山创立了兴中会，意图以革命的手段推翻清王朝的统治。1905 年，孙中山又以“驱除鞑虏，恢复中华，创立民国，平均地权”为革命纲领于日本东京成立同盟会，而后在同盟会机关报《民报》的发刊词中首次阐析其关于民族国家（三民主义）的构想。然而，随着辛亥革命胜利果实的被窃取以及军阀割据的衍生，早期革命知识分子逐渐意识到推翻清王朝的封建专制只是因应“中国怎么办”的第一步，重要的还在于从世界观和方法论层面找到观察国家命运的工具和改造国家的道路，这是 20 世纪 20 年代《国家与革命》等列宁主义经典进入中国话语场的社会和文化背景。

二、救国方案的设计与列宁主义的输入

为了从世界观和方法论层面找到观察国家命运的工具和改造国家的道路，先进的中国知识分子张开胸怀拥抱各种西学，并由此在中国大地上拉开了近代中国思想解放的大幕，各式各样的社会思潮纷涌而至。其中，黄凌霜、区声白等无政府主义者以克鲁泡特金的无政府主义思想为基石。在克鲁泡特金看来，近代西方资产阶级建立的民族国家实际上是“王权与资产阶级的妥协品”③，而他构想的是一个以“互助论”为核心的无政府共产主义社会，即“一个由基本自给自足的公社组成的社会，在这个社

① 王赓武：《更新中国：国家与新全球史》，浙江人民出版社 2018 年版，第 133 页。

② 王德锋、傅炳旭主编：《中国近现代史参考资料》，吉林人民出版社 1993 年版，第 194 页。

③ 克鲁泡特金：《一个反抗者的话》，毕修勺译，上海平明书店 1948 年版，第 208 页。

会里，自由交往的生产者提供货物以满足各种基本需要"①。受此影响，黄凌霜提出："无政府共产党想将国家的组织改变，由平民自己建立各体会社……他们所主张的劳动原则，就是'各尽所能'四个大字；他们所主张的分配原则，就是'各取所需'四个大字"②。张东荪、梁启超等研究系学者则支持罗素最初提出的基尔特社会主义（行会社会主义）。张东荪曾援引罗素访华时的观点"中国除了开发实业以外无以自立"③，继而指出"在我看来……基尔特社会主义最晚出的，所以他在比较上是最完满的"④。梁启超也赞同"将原有生产机关由直接在该机关内服劳役之人共同管理也……提倡各种协会（组合）以从事于互助的生产也"⑤。胡适等自由主义者则大力推崇杜威强调的实用主义教育思想。在胡适看来，杜威 1919 年至 1920 年在中国大小 200 多次的讲演实质上"也要算教育的演讲为最多"⑥，而 1922 年制定的壬戌学制便是基于此。

事实上，正如瞿秋白所言，时人观察彼时的社会思潮如同"隔着纱窗看晓雾"，但却"常常引起我们无限的兴味"⑦，于是他们开始在实践层面试行诸如此类的"改良主义"救国方案。其中，比较有代表性的当属工读互助团。1919 年 12 月，少年中国学会成员王光祈组织了北京工读互助小组，并在其发表的《城市中的新生活》中公布了工读互助团的宗旨，"人人工作，人人读书，各尽其能，各取所需"；1920 年 2 月，上海工读互助团

---

① 孙林、黄日涵主编：《政治学核心概念与理论》，天津人民出版社 2017 年版，第 26 页。

② 葛懋春等编：《无政府主义思想资料选》（下），北京大学出版社 1984 年版，第 559 页。

③ 张东荪：《由内地旅行而得之又一教训》，《时事新报》1920 年 11 月 6 日。

④ 张东荪：《一个申说》，《改造》1920 年 11 月 15 日。

⑤ 梁启超：《复张东荪书论社会主义运动》，《改造》1921 年 2 月 15 日。

⑥ 胡适：《杜威先生与中国》，《民国日报·觉悟》副刊 1921 年 7 月 13 日。

⑦ 瞿秋白：《饿乡纪程》，转引自《五四运动文选》，生活·读书·新知三联书店 1959 年版，第 429 页。

也成立并制定了《上海工读互助团章程》,即“教育与职业合一,学问与生活合一”,①这些工读互助团实质上皆衍生于克鲁泡特金的无政府共产主义以及日本白桦派学者的新村主义。类似的组织还有新村。1919 年 7 月,周作人携妻子一起赴日实地感受新村,回国后便在自宅成立北京新村支部②,同时于《新青年》发布《新村北京支部启示》③,而对此,蔡和森、恽代英、陈时起初亦是积极响应并投身其中。

但是,上述改良主义的理论设计与试验运动究竟能否因应彼时的“中国之问”? 1919 年至 1920 年的现实逻辑很快给出了答案。国际上,巴黎和会的失败,《凡尔赛条约》的签订迅速消解了时人关于构建资产阶级民主共和国的迷梦;在国内,工读互助团、新村主义、联省自治等的失败也宣告了种种改良主义的破产。而俄国十月革命的胜利以及《加拉罕宣言》的发布则给国人以极大的心理震撼。尤其是,俄国与中国相互之间极大的相似性也给了国人许多启迪:一方面,二者在经济上皆有小农经济的大量成分;另一方面,二者在政治上又受到帝国主义与封建主义的双重压迫,因此彼时俄国已经解决的问题恰是中国正在面临的论题。正是基于此,李大钊明确表示,“Bolshevism 这个字,虽为俄人所创造,但是他的精神,可是二十世纪全世纪人类人人心中共同觉悟的精神”④。陈独秀也指出:“我承认用革命的手段建设劳动阶级(即生产阶级)的国家……为现代社会第一需要。”⑤蔡和森也认为,必须要经过俄国革命的方法建立无产阶级专政,才是当务之急。毛泽东亦指明:“我看俄国式的革命,是

① 张允侯、殷叙彝等:《五四时期的社团(二)》,生活·读书·新知三联书店 1979 年版,第 453 页。

② 参见北京鲁迅博物馆编:《苦雨斋文丛·周作人卷》,辽宁人民出版社 2009 年版,第 364 页。

③ 参见江勇振:《舍我其谁:胡适》第 2 部,浙江人民出版社 2013 年版,第 350 页。

④ 《李大钊文集》第二卷,人民出版社 1999 年版,第 246 页。

⑤ 陈独秀:《谈政治》,《新青年》1920 年 9 月 1 日。

无可如何的山穷水尽诸路皆走不通了的一个变计，并不是有更好的方法弃而不采，单要采这个恐怖的方法。”①也正因此，进入20世纪之后，列宁主义在众多社会思潮中逐渐脱颖而出而为中国知识界所普遍关注。其中，资产阶级民主派创办的《民国日报》于1917年11月10日至11日接连刊载《突如其来的俄国大政变》、《俄国大政变之情形》等文章，首次将俄国十月革命的情况绍介给国人，并且在1918年元旦社论中直言道：“吾人对于此近邻的大改革，不胜其希望也。”资产阶级改良派创办的《东方杂志》也于1918年3月转载日本学者布施胜治原载于《东京日日新闻》题为《述俄国过激派领袖李宁》的译文，首次刊发列宁的生平及其“政权全部当归劳兵会掌之”等理论主张。此后，类似文章也见之于《劳动》（无政府主义者吴稚晖创办）以及《民心周刊》（后更名为《民主》），前者于1918年第2号刊载了《俄罗斯社会革命之先锋李宁事略》，后者于1918年第11号登载了《列宁之人物》等文章。而北洋法政专门学堂创办的《言治》于1918年7月刊发了李大钊的《法俄革命观之比较》，热情颂扬俄国十月革命的世界历史意义，认为“俄罗斯之革命，非独俄罗斯人心变动之显兆，实二十世纪全世界人类普遍心理变动之显兆”②。资产阶级革命派创办的《星期评论》于1919年9月至11月也刊印了戴季陶转译的《李宁的谈话》、《俄国的近况和联合国对政策》，这对于彼时国人“要想得一点”“关于布尔色维克方面的记事”“可以作参考的材料”“尤为难得”。资产阶级学者张东荪主办的《解放与改造》则于1919年第1期第1号首次刊载了由译者金侣琴根据英文底本翻译的列宁在中国的首部译著作《鲍尔雪佛克之排斥与要求》（俄国的政党以及无产阶级的任务）。早期马列主义者创办的《新青年》、《共产党》自1920年起增设“俄罗斯研究专

① 《毛泽东书信选集》，人民出版社1983年版，第5—6页。

② 《李大钊全集》第二卷，人民出版社2006年版，第228页。

栏”,刊发大量有关俄国革命的译文,其中就有张慰慈译的《俄罗斯苏维埃政府》、汉俊译的《俄罗斯同业组合运动》、震浦译的《民族自决》(列宁演说)、A.T.译的《俄国共产党的历史》等。这一切无不表明,马克思列宁主义所倡导的革命主义迅速成为时人探索救国之道的行动指针,而彼时“救亡压倒启蒙”的情势也为马克思列宁主义的落地提供了独一无二的传播土壤。在此基础上,作为俄国十月革命的理论先导,《国家与革命》在中国的问世即成为水到渠成之事。

第二节 沈雁冰和《国家与革命》首译本的选择

如上所述,正是在绍介十月革命和列宁主义的时代大潮中,《国家与革命》在中国开启了它的汉译、传播之路。1921 年 5 月,《国家与革命》首译文发表,刊于《共产党》月刊第 4 号,译者 P 生即沈雁冰。以著名作家身份享誉海内外的沈雁冰何以成为列宁经典的中国拓荒者?关于这一文本的选择又发生了哪些值得进一步探究的问题?这是本节需要探讨的重点。

一、沈雁冰译介《国家与革命》的心路历程

说起沈雁冰,他广为人知的身份是现代著名作家、文学评论家“茅盾”,《子夜》《春蚕》《白杨礼赞》《林家铺子》《霜叶红似二月花》皆是其耳熟能详的名篇,而事实上,他的成就远非止于文学领域。作为同一个党支部的同事,革命家郑超麟在自己的晚年回忆录①中曾打趣道,他只能谈共产党员沈雁冰,而不能谈作家茅盾,此番话不仅折射出沈雁冰政治家和文学家的双重身份,更是凸显其作为职业革命家的形象。那么,

① 郑晓方:《郑超麟谈沈雁冰》,《新文学史料》1991 年第 2 期。

作家茅盾是如何成为共产党员沈雁冰继而致力于传播列宁的“革命主义”的呢？

沈雁冰，甲午战争的两年后出生于浙江桐乡乌镇的一个绅缙人家，原名沈德鸿，字雁冰，其弟为早期杰出的马克思主义理论宣传家沈泽民。1901年，年仅5岁的沈雁冰在母亲的教诲下开始学习《字课图识》、《天文略歌》、《地理歌略》等新学教材。5年后，他被父亲送入镇上第一所小学——立志小学后又转入植才高级小学，其间展示出过人的文学天赋。结业会考的作文里更是以“大丈夫当以天下为己任”的结语一鸣惊人。1910年春，沈雁冰考入湖州府中学堂，而在一次自由命题的作文中，他以一篇《志在鸿鹄》又惊艳四座并得到了“是将来能为文者”的评语。后转入嘉兴中学，因在校期间反对学监专制遭到开除，而后考入杭州安定中学。1913年，沈雁冰中学毕业考入北京大学预科文科类，虽然这并没有遵从维新派父亲作“理工人才”的遗嘱，但却并未辜负其母“从今誓守遗言，管教双雏”的决心。在校期间，沈雁冰更是异常发奋，除了在课堂学习外国语课程以及世界史课程以外，就连整个寒假也要留校自学二十四史等课外书籍，一改“书不读秦汉以下，诗宗盛唐”的认知。在北大预科的第3年，沈雁冰由于家境窘迫不得不辍学，离开北京来到上海开始肩负起家庭的重担。

1916年8月下旬，年仅16岁的桐乡青年迈进了五四时期新文化运动的中心——上海，并在商务印书馆开启了其政治家和文学家双重身份交替的人生。正如沈雁冰后来所言，其在商务印书馆工作的9年承载了世界、中国以及他个人的斗转星移。起初，沈雁冰进入商务印书馆编译所英文函授学社，负责修改学生课卷。这一时期，刚从北大预科班毕业的沈雁冰还只是怀揣着朦胧的人生理想，虽然对竞相涌现的社会思潮投以关注，但更多的仍是埋首于传统文化的古籍之中，白天为英文函授生批改函授考卷，晚上则熬夜在涵芬楼苦读《困学纪闻》、《辞源》等著集。彼时正值《辞源》发行,从小热爱思考的沈雁冰给商务印书馆总经理张元济写了一封信,短小精悍的200余字表明了他关于《辞源》的修缮建议,立即得到重视,后调入国文部做编译工作并与孙毓秀合译并出版《人如何得衣》、《人如何得食》等译著,而后发表了人生的第一篇英文译文——《三百年后孵化之卵》,署名雁冰。直至1917年10月,沈雁冰主编《学生杂志》时,其关注点才开始发生转向。彼时《学生杂志》主编朱元善是新文化运动的爱好者,他订购了大量陈独秀主编的《青年杂志》(《新青年》),而沈雁冰自然也有幸飨之并立即被其中文字投射出的民主与科学之光折服。1917年12月至1918年正月间,沈雁冰连续在《学生杂志》上发表《学生与社会》、《一九一八年之学生》两篇社论,主张学生要“革新思想”“创造文明”“奋斗主义”①,这足以表明他已经初露爱国主义和民主主义思想的端倪,而在此期间他亦结识到了志同道合的挚友,其中就包括弟弟沈泽民南京河海工程专门学校的同学、同样酷爱《青年杂志》的革命青年张闻天。

需要指出的是,五四新文化运动期间各种社会思潮层出不穷,就连早期马列主义者瞿秋白也曾明言:“社会主义的讨论,常常引起我们的无限兴味。然而究竟如俄国十九世纪四十年代的青年思想似的,模糊影响,隔着纱窗看晓雾,社会主义流派,社会主义意义都是纷乱,不十分清晰的。”②同样,沈雁冰也言道:“那个时候是一个学术思想非常活跃的时代,受新思潮影响的知识分子如饥似渴地吞咽外国传来的各种新东西,纷纷介绍外国的各种主义、思想和学说。大家的想法是:中国的封建主义是彻底要打倒了,替代的东西只有到外国找‘向西方国家寻找真理’。”③1917

① 沈雁冰:《一九一八年之学生》,《学生杂志》1918年第5号第1卷。

② 《瞿秋白文集》第一卷,人民文学出版社1953年版,第23—24页。

③ 宋应离、袁喜生、刘小敏编:《20世纪中国著名编辑出版家研究资料汇辑》第4辑,河南大学出版社2005年版,第31页。

年至1918年间，他一面为《劳动月刊》宣扬的克鲁泡特金的无政府共产主义着迷，原因在于“它讲的很痛快”①；一面受资产阶级改良学者张东荪之邀，为《解放与改造》撰写美国产业工人工会情况方面的书评。1919年以后，随着马克思列宁主义在中国的广泛传播，沈雁冰开始聚焦俄罗斯文学并于《学生杂志》发表《托尔斯泰与今日之俄罗斯》等绍介托尔斯泰的文学作品。在他看来，“十九世纪末年，欧洲文学界最大之变动，其震波远及于现在，且将影响于此后，此固何事乎，曰俄国文学之勃兴，及其势力之勃张是也……今俄之Bolshevism[布尔什维主义]，已弥漫于东欧，且将及于西欧，世界潮流，澎湃动荡……而托尔斯泰实其最初之动力”②。关于此番结论，沈雁冰后来也明言，虽然“现在看来是可笑的”，但“我的这篇《托尔斯泰与今日之俄罗斯》，是试图从文学对社会思潮所起的影响的角度来探讨这个问题的一点尝试”。③

在此期间，沈雁冰对革命实践活动也保有不断高涨的热情。1919年，他敏锐捕捉到北京学生联合会代表抵达上海，这可能与五四新文化运动有关，于是便主动走上街头，参加集会、聆听演说，而很少出门的沈雁冰为似火滔天的革命热情深深震撼。是年8月，沈雁冰立即付诸行动，带领夫人孔德沚、弟弟沈泽民以及同乡王会先（李达妻兄）等人在家乡组织了名为“桐乡青年社”的进步社团，并赋之以“提倡新思想、新文化，反对旧文化、旧道德和地方恶势力”的宗旨，同时他们还不定期地铅印配套杂志《新乡人》以深入宣传。与此同时，沈雁冰还将逐渐积累的革命实践的经验应用于实际工作之中。1921年元旦，他受命接管商务印书馆主办的《小说月报》，“作为上任条件……提出了三个要求并得到了商务首肯：

---

① 沈雁冰：《回忆上海共产主义小组》，载中共中央党史研究室、中央档案馆编：《中国共产党第一次全国代表大会档案文献选编》，中共党史出版社2015年版，第183页。

② 沈雁冰：《托尔斯泰与今日之俄罗斯》，《学生杂志》第6卷第4—5号。

③ 《商务印书馆九十年——我和商务印书馆》，商务印书馆1987年版，第171页。

'一是现存稿子(包括林译)都不能用……三是馆方应当给我全权办事,不能干涉我的编辑方针'"①,在此基础上,继而大胆提出摒弃原有的传统文风,取而代之以朝气蓬勃的革命文风,亦即"新文学要拿新思潮作源泉,新思潮要借新文学作宣传""中国现在正是新思潮勃发的时候,中国文学家应当有传播新思潮的志愿"②。事实上,彼时关于《小说月报》的革新是有难度的,商务印书馆同人章锡琛回忆道,"当时高举新文化运动的刊物,首先向商务出版杂志进攻"③,而出版家胡愈之后来亦言道:"当时,报纸副刊已用白话文,一切刊物杂志还是用文言文。我当时和雁冰同志都喜欢写白话文,但是怕所内老先生知道了不好,所以不敢用真名,而是用笔名投到报纸上发表。那时《东方杂志》的编辑杜亚泉先生虽然是研究自然科学较早的,他曾用下面这样几句话来讽刺白话诗……"④由此可见,此时时任《小说月报》主编的沈雁冰已然由一个初入商务印书馆的懵懂少年成长为五四新文化运动中不可忽视的冉冉新星。

那么,除了沈雁冰作为主体的能动性以外,究竟还有谁加速了沈雁冰由文学家向革命家的转向?据已有资料表明,这个关键人物是陈独秀。胡适晚年曾回忆道,"自1920年1月以后,陈独秀是离开我们北京大学这个社团了。他离开了我们'新青年'团体里的一些老朋友;在上海他又交上了那批有志于搞政治而倾向于马列主义的新朋友"⑤,而这其中就包括沈雁冰。据陈望道回忆:"陈独秀也从北京被赶到上海。我们人是被赶

---

① 章锡琛:《漫谈商务印书馆九十年》,《商务印书馆九十年——我和商务印书馆》,商务印书馆1987年版,第111页。

② 沈雁冰:《现在文学家的责任是什么?》,《东方杂志》1920年第17卷第1号。

③ 董丽敏:《商务印书馆与中国文化的"现代"转型(1902—1932)》,商务印书馆2017年版,第305页。

④ 董丽敏:《商务印书馆与中国文化的"现代"转型(1902—1932)》,商务印书馆2017年版,第304页。

⑤ 唐德刚注译:《胡适口述自传》,安徽教育出版社2005年版,第211页。

拢来的。……大家住得很近(都在法租界),经常在一起,反复的谈,越觉得有组织中国共产党的必要,便组织了'马克思主义研究会'……参加有:陈独秀、沈雁冰、李汉俊……"①沈雁冰自己也提到,"大概是一九二〇年年初,陈独秀到了上海,住在法租界环龙路渔阳里二号。为了筹备在上海出版《新青年》,他约陈望道、李汉俊、李达、我,在渔阳里二号谈话。这是我第一次会见陈独秀。他,中等身材,四十来岁,头顶微秃,举动随便,说话和气,没有一点大人物的派头"②。"约我给《新青年》写介绍苏联的文章。"③那么,这位大名鼎鼎的新文化运动领袖是如何注意到初出茅庐的沈雁冰呢?虽然目前现存资料并无明确记载,但我们可以大胆推测正是沈雁冰在商务印书馆期间所呈现的翻译素养以及革命精神使然。1920年5月,陈独秀与李达、李汉俊等人创办了上海马克思主义研究会,初步实现了3个月前在北京与李大钊商讨建立共产党组织的问题④,此后他们经常组织专题讲座为筹备中国共产党早期党组织作准备,沈雁冰也积极参与座谈会⑤。同年10月,沈雁冰受陈独秀之邀,由李达、李汉俊做入党介绍人正式加入上海早期党组织。是年年底,沈雁冰将更多的精力投入早期党组织的革命活动中之中,成长为《新青年》的主力供稿编辑之一。而陈望道忆道,当时《新青年》在老渔阳里2号的楼上编,马克思主义研究会在楼下开会,他同沈雁冰天天碰头,研究有关问题。⑥ 在此期

① 茅盾:《复杂而紧张的生活、学习与斗争(上)——回忆录(四)》,《新文学史料》1979年第4辑。

② 钟桂松:《起步的十年:茅盾在商务印书馆》,商务印书馆2016年版,第53页。

③ 李忠杰、段东升主编:《中国共产党第一次全国代表大会档案文献选编》,中共党史出版社2015年版,第184页。

④ 参见中共中央党史研究室:《中国共产党历史》第一卷上册,中共党史出版社2002年版,第72页。

⑤ 参见上海市地方志办公室编:《上海辞典》,上海社会科学院出版社1989年版,第199页。

⑥ 参见苏智良主编:《人物·思想与中共建党》,上海教育出版社2019年版,第88页。

间，沈雁冰还翻译绍介了《共产主义是什么意思》、《美国共产党纲领》、《美国共产党宣言》、《共产党的出发点》等多篇欧美党建的译文，刊于《共产党》月刊第2、3号。他对此亦坦言，正是通过这些翻译活动，“我算是初步懂得了共产主义是什么，共产党的党纲和内部组织是怎样的；尤其《美国共产党宣言》是一篇马克思主义理论及其应用于无产阶级革命实践的论文，它论述了资本主义的破裂，帝国主义，战争与革命，阶级斗争，选举竞争，群众工作，无产阶级专政，共产主义社会的改造等等”①。

另外，需要注意的是，沈雁冰等早期马列主义者在这一阶段也得到了共产国际使者的帮助。1957年4月，沈雁冰在其写的《回忆上海共产主义小组》中提到，“小组开会在陈独秀家里。会议不是经常开，主持人多是陈独秀。开会时，有一个苏联人，中国名字叫吴廷康（维金斯基），很年轻，好像是顾问，他是共产国际派来做联络工作的”②。那么，这位年轻的俄国使者究竟起了何种作用？据已有资料显示，由于当时的北京政府对苏俄的侨民采取了限制，维金斯基于1920年春以记者身份带着李大钊的介绍信③抵达上海，开展共产国际在远东的活动，继而与早期共产主义者建立了密切的联系，而袁振英对此也回忆道，“维经斯基到中国后，宣传共产主义，宣传组织共产党”，“同陈独秀密商组织共产党问题”④。维金斯基认为应当“在中国各工业城市建立与上海革命局相类似的局，然后借助于局代表会议将工作集中起来”⑤，因此他积极协助早期马列主义者在北京、上海、长沙、武汉、广州、济南创建了六个党支部。同时，维金斯基还帮助早期党组织改版并出版党刊：一方面，他协助陈独秀将《新青年》

---

① 茅盾：《我走过的道路》上册，人民文学出版社1997年版，第176页。

② 何立波：《红色记忆（1921—1949）》，首都经贸大学出版社2013年版，第31页。

③ 参见苏智良主编：《城市·空间与建党》，上海教育出版社2018年版，第200页。

④ 《“一大”前后》（二），人民出版社1985年版，第472页。

⑤ 《维经斯基给俄共（布）中央西伯利亚局东方民族处的信》，《联共（布）、共产国际与中国国民革命运动（1920—1925）》第1卷，第32页。

改组为上海早期党组织的机关刊物，并使之成为宣传马克思列宁主义的前沿阵地，这点亦可从《新青年》改版后的封面变化中探明，新封面上两只在地球上紧紧相握的大手代表了中国革命人民与十月革命后的苏维埃俄罗斯必须紧紧团结以及全世界无产阶级团结起来①；另一方面，维金斯基资助早期共产主义者于俄国十月革命三周年之际创办党内秘密刊物——《共产党》月刊。包惠僧就此也说过："后因魏金斯基回国，陈独秀赴粤，临时中央的经济来源中断，一切工作受到影响，《共产党》月刊也停了好几个月没有编印"②。上述分析表明，像当时许多青年知识分子一样，沈雁冰走上列宁主义的中国传播之路，是由多重主客观因素所决定且经历了较为复杂的心路历程。

二、《国家与革命》首译本的选择

为了破解"中国怎么办"的时代主题，在20世纪20年代初期，许多先进知识分子都非常渴望能够尽早且更多地阅读革命著作尤其是列宁主义的经典，以更好地理解和掌握革命的思想资源。但由于相应的书籍资源匮乏，实现这一诉求面临着重重困难。对此，邓颖超后来曾回忆说：当时"只知道列宁，苏联十月革命成功了；只知道他们的革命是把多数被压迫者解放了，要实现一个没有阶级的社会。引起了我们的同情和对十月革命的憧憬。那时，我们还得不到这类问题的读物啊！"③为了解决这一问题，中国早期的马克思列宁主义者开始将更多的精力投向经典文本的译介、传播等工作。1921年5月，为了宣传列宁关于社会主义国家政权建

① 参见[日]石川祯浩：《中国共产党成立史》，中国社会科学出版社2006年版，第42页。

② 刘朋主编：《中共党史口述实录》，中国古籍出版社2010年版，第24页。

③ 邓颖超：《五四运动的回忆》，载中国社会科学院近代史研究所编：《五四运动回忆录》，中华书局1979年版，第91—92页。

设的经验,时任《共产党》月刊主编的李达将《国家与革命》的英文底稿交付沈雁冰翻译,以期尽快刊载于《共产党》月刊第4号,而沈雁冰则利用其不断积累的理论素养努力完成了这项任务,从而为早期党组织的组织建设提供了宝贵的思想资源。在晚年回忆录中,沈雁冰曾吐露《国家与革命》的翻译底稿是英文版,这一细节值得寻味。一方面,既然1920年以后俄国十月革命以及列宁主义在中国的影响已经相当普及,那么早期革命知识分子在翻译《国家与革命》这一经典文献时,为何不选用俄文版?另一方面,在中国共产党建党前后,日本已然是中国早期革命知识分子选译马克思列宁主义文本的主要来源地。根据日本学者石川祯浩在《中国共产党成立史》一书中所列的附录一《日中社会主义文献翻译对照表》以及附录二《中国社会主义书籍简介(1919—1923)》中,在1919年至1922年间,早期马列主义者翻译的日文版社会主义文章约300篇,书籍约75本,①其中就包括陈望道译的《劳农俄国底劳动联合》、《马克斯底唯物史观》、《劳动运动通论》,李达编译的《劳农俄国研究》、《从开学的社会主义到行动的社会主义》、《唯物史观解说》,李大钊译的《"五一"May Day运动史》、《我的马克思主义观(上)》、《我的马克思主义观(下)》,施存统译的《社会主义底进化》、《见于〈共产党宣言〉中底唯物史观》、《唯物史观在马克思学上底位置》……而这恰恰表明日本是中国知识分子接收西方社会主义思想的策源地。因此,搞清楚《国家与革命》沈雁冰译本的底本为何不来自俄国、日本,而是来自欧美,对于揭示马克思列宁主义传播渠道的多样性特征,无疑有着重要的史料价值。②

如上所述《国家与革命》沈雁冰译文首次刊于《共产党》月刊1920年第4号,因此《共产党》月刊应该是我们探讨这一问题的重要线索。作为

---

① 参见[日]石川祯浩:《中国共产党成立史》,中国社会科学出版社2006年版。

② 参见何建华、高华梓:《沈雁冰和〈国家与革命〉的首次汉译——基于早期马列主义传播特点的分析》,《马克思主义研究》2015年第9期。

早期党组织的秘密期刊,《共产党》月刊在俄国十月革命三周年之际创刊,首次亮明"共产党"这一旗帜(毛泽东亦称赞它,"颇不愧'旗帜鲜明'")①,并在创刊《短言》中开宗明义指明,"经济的改造自然占人类改造之主要地位。吾人生产方法除资本主义及社会主义外,别无他途。代他而起的自然是社会主义的生产方式,俄罗斯正是这种方法最大的最新的试验场。……要想把我们的同胞从奴隶境遇中完全救出,非由生产劳动者全体结合起来,用革命的手段打倒本国外国一切资本阶级,跟着俄国的共产党一同试验新的生产方法不可"②。同时,据已有研究表明,作为上海共产主义小组的半公开机关刊物,《共产党》月刊主要负责传播并绍介欧美共产主义以及共产国际的动态进展。其封面很有特色,并没有标注编辑、印刷、发行地③,而是标明大写的黑体英文 *The Communist*,这种装帧风格并非首创,而是与英国共产党的 *The Communist* 期刊神似④。另外,《共产党》月刊虽然只问世了 6 期,但几乎每期都有来自欧美的社会主义文章,其中第 1 期的文章《英国共产党的成立》、《共产党未来的责任》,第 2 期刊载了《美国共产党党章》、《美国共产党宣言》,第 3 期刊发了《全欧共产党及独立社会党之联席会议》等,而这些皆表明《共产党》月刊有传播马克思列宁主义文章的欧美传播渠道。

关于马克思列宁主义的欧美传播渠道,必须提及共产国际使者维金斯基,正是他为早期党组织带来了不少马克思列宁主义的著名读物。对此罗章龙曾回忆道:"我们同维金斯基见面的谈话会,是在图书馆举行的。会上,他首先介绍了十月革命。他还带来一些书刊,如《国际》、《震撼世界的十天》等。后者是位美国记者介绍十月革命的英文书。他为了

---

① 《毛泽东书信选集》,人民出版社 1983 年版,第 15 页。

② 《〈共产党〉月刊短言》,《共产党》1920 年 11 月 7 日。

③ 参见彭红燕:《中国新闻事业史》,武汉大学出版社 2011 年版,第 165 页。

④ 参见[日]石川祯浩:《中国共产党成立史》,中国社会科学出版社 2006 年版。

便利不懂俄文的人也能看，所带的书，除俄文版外，还有英文、德文版本。”①不仅如此，维金斯基还组建俄华通讯社，从“从俄国远东报纸以及《每日先驱报》、《曼彻斯特卫报》、《民族》周刊、《新共和》周刊、《纽约呼声报》《苏俄通讯》……”②给《新青年》、《共产党》月刊、上海《民国日报》等杂志供稿140多篇③，其中就包括列宁的《国家与革命》。那么，作为俄罗斯人的维金斯基为何“绕道”给早期中国马克思列宁主义者提供了《国家与革命》的英文底本？事实上，由于中国此前与俄国交通不便，俄文版的马克思列宁主义资源对于国人而言确实少见。《共产党》月刊的《前言》记载道：“由于近些年中国和俄国的交通并不自由，因此，俄国的书籍在国内很是稀缺。”④就连国民党理论家戴季陶也表示，在中国能读到苏俄的书籍和报刊简直是“难于上青天”。这一情况在维金斯基1920年访华后得到很大程度上的缓解；同时由于维金斯基自身特殊的革命履历，从而使得马克思列宁主义在中国的传输渠道发生了转向。1913年，年仅20岁的维金斯基离开俄国移居美国，后期加入美国的社会民主党。据已有研究表明，彼时的美国是世界各地信息交汇的中转站，这其中也包括俄国十月革命的消息。与此同时，据红色翻译家柯柏年在晚年回忆录中提及，美国社会民主党亦在19世纪建立了网罗革命书籍的进步书店。此外，彼时早期马列主义者用俄文交流的不多，这在某种程度上限制了俄文版本，因此英文底本自然成为共产国际使者维金斯基的主要选择。当然，这一时期并非只有《国家与革命》的底本来自欧美，据已有的研究表明，《共产党》月刊上的文章就有不少是英文底本。譬如，《俄罗斯的新

① 参见罗章龙：《椿园载记》，生活·读书·新知三联书店1984年版，第74页。

② 《维经斯基给俄共(布)中央西伯不亚局东方民族处的信》，载《联共(布)共产国际与中国国民革命运动(1920—1925)》第一卷，北京图书馆出版社1997版，第32页。

③ 参见苏智良主编：《中共建党与上海社会》，上海人民出版社2011年版，第276页。

④ 《〈共产党〉月刊短言》，《共产党》月刊1920年11月7日。

问题》、《列宁著作一览表》、《民族自决》、《红宝石》等文章均译自美国的社会主义期刊 *Soviet Russia*、*Liberator* 或者美国劳动共产党印行。①

马克思列宁主义著述英文底本的出现在很大程度上拓宽了中国马克思列宁主义的传播路径，延展了中国马克思列宁主义的传播链条，开阔了中国先进知识分子的理论视野。当然，20 世纪 20 年代前后，中国革命知识分子掌握《国家与革命》这一革命文本的路径其实不止维金斯基从美国带回中国的英文底本②。早在 1920 年初，蔡和森赴法国勤工留学期间就“猛看猛译”了包括《国家与革命》在内的诸多马列主义书籍，而在法国的新民学会会员萧三称蔡和森为“我们留法会员中的先驱者”③，同时亦表明“当时对我影响最大、思想认识提高最快的，还是列宁的《国家与革命》这本书。在没有读这本书之前，对于‘暴力革命’、‘阶级和阶级斗争’、‘无产阶级专政’等都还缺乏认识。在蒙达尔纪会议上所争论的焦点，就是这些问题。读了这本书后，我才懂得，要进行无产阶级革命，实现社会主义社会就必须以革命的暴力来战胜反革命的暴力，以无产阶级专政来代替资产阶级专政的许多革命道理”④。此外，还有《国家与革命》的日文版。1918 年秋至 1920 年夏，李达在日本留学期间“发愤学习了《共产党宣言》、《资本论》第一卷和《国家与革命》等马列原著和许多介绍马克思主义的书籍，成了马克思主义的笃信者”⑤，在此基础上，他相继发表了《什么叫社会主义》、《社会主义的目的》（1919 在日期间寄回国）、⑥

---

① 参见［日］石川祯浩：《中国共产党成立史》，中国社会科学出版社 2006 年版。

② 参见何建华：《列宁文本中国阅读的三重维度——基于《国家与革命》早期传播的考察》，《马克思主义与现实》2020 年第 6 期。

③ 李维汉：《回忆与研究》（上），中共党史出版社 1986 年版，第 17 页。

④ 王政明：《萧三传》，北京图书馆出版社 1996 年版，第 103 页。

⑤ 《李达全集》第一卷，人民出版社 2016 年版，第 3 页。

⑥ 陈先初：《湘籍近现代文化名人 · 哲学家卷》，湖南大学出版社 2011 年版，第 275 页。

《马克斯派社会主义》、《劳农俄国研究》等著作。1920年，东方文化派代表陈嘉异在《东方杂志》上汉译了日本学者室伏高信的《李宁之乌托邦》（该文大量引用并引申列宁的《国家与革命》）。《资本论》的最早译者陈启修也在《致北京大学同人书》中提到自己在3个月内，从俄语会话书起，已经精读了包括列宁的《国家与革命》在内的八本俄国书。① 鲁迅珍藏的《国民新报副刊》甲刊中，即包括列宁《国家与革命》原序至第二章第二节的译文②。由此可见，马克思列宁主义呈现出日本、欧美、苏俄的多维传播路径，而中国的马克思列宁主义传播也必须被置于世界历史的进程中加以审思。

第三节　沈雁冰译文的特点与中国共产党的政党建设

对于近代中国而言，通过《国家与革命》等文本的译介而向国人传播列宁主义，是一件极为重大的历史事件。如上所述，《国家与革命》首译本的选择与沈雁冰译文的发表，绝非早期马克思主义传播主体的心血来潮，而是时代的选择，是因应时代命题的必然产物，而这一译文所贯穿的鲜明的革命理念、革命方法和革命精神也为早期马克思主义者创建中国共产党提供了宝贵的理论资源。

一、沈雁冰译文的特点分析

从篇幅来看，《国家与革命》的沈雁冰译文约3900字，它只是一个摘

---

① 参见陈启修：《致北京大学同人书》，《东方杂志》1924年第21卷第7期。

② 参见薛绥之主编：《鲁迅杂文辞典》，山东教育出版社1986年版，第238页。

译文,整篇译文包括第 1 章第 1 节“国家者阶级冲突不可调和的结果”以及第 1 章第 2 节“军人囚犯等等的特别团体”。在译介过程中,译者遇到了许许多多的困难。对此沈雁冰曾坦言:“我只译了第 1 章,便感到马克思主义经典著作没有读过多少的我,当时要翻译并译好《国家与革命》是很困难的,于是也就知难而退,没有继续译下去。”①实际上,在翻译其他革命文献时,他也遇到过此类情况。据他回忆:“陈独秀叫我翻译《国际通讯》中很简单的《俄国共产党党章》,作为第一次党代表大会的参考。那时候,我觉得有些字不好译,例如‘核心’这个名词,现在对它我们很熟悉了,在当时就不知道用什么字译得易懂明了。”②与沈雁冰有相同感受的译者有很多,例如刘仁静 1921 年受李达之邀绍介《国家与革命》(作为《列宁全书》14 种之一)时也深感翻译有难度③。这从一个侧面反映了一个历史事实,这就是先进中国知识分子在这一时期对马克思列宁主义的掌握还比较有限。李达对此有过描述:当时马克思、恩格斯的著作翻译过来的很少,当时没有什么人读过马列主义,时间也来不及④。包惠僧也承认:“我们对于学习马列主义知识是太少了,我们多数同志几乎是先当了共产党员才学习马列主义”⑤。另外,由于交通限制以及语言不通,早期中国先进知识分子往往借助二手乃至三手资料来学习马克思列宁主义,自然从文本源头限制了他们更加全面、辩证地理解马克思列宁主义。

为诸多主客观条件的限制,沈雁冰译文难免存在一些不足。就其风

---

① 马祖毅等:《中国翻译通史》(现当代部分)第一卷,湖北教育出版社 2006 年版,第 76 页。

② 何立波:《红色记忆(1921—1949):党史人物珍闻》,首都经贸大学 2013 年版,第 31 页。

③ 参见中共一大会址纪念馆、上海革命历史博物馆筹备处编:《上海革命史资料与研究》,上海古籍出版社 2012 年版,第 133 页。

④ 参见《“一大”前后》(二),人民出版社 1985 年版,第 52、53 页。

⑤ 参见《“一大”前后》(二),人民出版社 1985 年版,第 313 页。

格而言，措辞相对温和，一些表述也有欠准确。相较于《列宁选集》第2卷(2009年版)中收录的《国家与革命》的版本，沈雁冰译文在关键词和关键句上大概有百余处相异的表述，具体可以分为三类：第一类是对核心词汇和专业术语的差异性解读。譬如，用“阶级冲突”代替“阶级矛盾”，“中产阶级”代替“资产阶级”，“下级中等阶级”代替“小资产阶级”，“被利用阶级”代替“被剥削阶级”，“压制”代替“压迫”，“争斗”代替“斗争”，“相冲突的部分”代替“对立面”，“相分离的力量”代替“相异化的力量”等。事实上，像“阶级矛盾”“被剥削阶级”等表述皆是马克思主义理论中的核心词汇，它们表达了无产阶级与资产阶级这两大阶级的不可调和性，而这恰恰是“阶级冲突”“被利用阶级”等词汇难以准确表达的。同时，沈雁冰用“中产阶级”代替“资产阶级”，“下级中等阶级”代替“小资产阶级”，也在很大程度上削弱了类似词汇在历史语境中的含义。此外，某些措辞也未能强调和凸显原有著作的批判性和革命性。譬如，用“争斗”取代“斗争”，既不能表达无产阶级和资产阶级之间的阶级对抗性，也难以体现革命的不妥协性。第二类是缺乏对特定历史背景的词汇给予“历史还原”。譬如，沈雁冰用“社会爱国者”代替“社会沙文主义者”。“社会沙文主义者”专门指涉俄国的社会党人，这些人在第二国际中虽然表面上高呼“保卫祖国”的口号，但却奉行狭隘的民族主义路线，继而支持本国政府参战的帝国主义战争，因此“社会爱国者”不管是从词性上抑或内涵上皆不能表达出“社会沙文主义者”所体现的词汇色彩。第三类是忽视中英语序的翻译习惯。英语和汉语由于思维习惯的差异，继而在语序上呈现出截然相反的面相。譬如，沈雁冰用“民族的德国人”代替“德意志民族”，“实在和不来的阶级”代替“不可调和的阶级”，“军人和囚犯”代替“特殊的武装队伍和监狱”。事实上，这种直译的翻译方式也在某种程度上限制了国人对马克思列宁主义的理解和接受。实际上，《国家与革命》沈雁冰译文投射出的早期马克思列宁主义的传播特点亦并非孤例,《新青年》、《共产党》月刊等类似主题的译文还有很多。这表明,马克思列宁主义在中国的汉译和传播是一个复杂的历史过程,不同时代各种译本的特点及其彼此的差异性也从一个角度反映了不同译者的马克思列宁主义认识水平。

在承认沈雁冰译文篇幅较短、措辞较为温和、某些表述欠准确等特点的同时,还必须看到,这一译文非常准确地表达了《国家与革命》的一系列核心思想,包括"国家是阶级矛盾不可调和的结果","工人阶级不能简单地掌握现成的国家机器并运用它来达到自己的目的","从向着共产主义发展的资本主义社会过渡到共产主义社会,非经过一个'政治上的过渡时期'不可,而这个时期的国家只能是无产阶级的革命专政"①等经典性的革命命题。尤其是,贯穿在全文之中的无产阶级的革命立场、阶级分析的科学方法以及彻底革命的斗争精神都在这一译文中有很好的呈现。也正是通过对它的研读,革命主义的思想在中国知识界获得了广泛传播,布尔什维克的革命理念、革命方法成为先进知识分子批判各种错误思潮、解剖中国社会、揭示前进道路的思想武器,从而为中国共产党的政党建设作了理论上和思想上的重要准备。

二、《国家与革命》的早期传播与中国共产党的创建

沈雁冰译文的发表以及《国家与革命》等列宁经典的多路径研读,在中国大地促进了马克思列宁主义的革命理念、革命方法和革命精神的广泛传播和实践运用。关于这一文本的早期影响,我们可以从有关报刊在形式和内容上的革命转向略见一斑,其主要代表有《新青年》和《共产党》等。自 1920 年 9 月的第 8 卷第 1 号起,《新青年》正式改版为上海早期党组织的机关刊物,其封面由原来的正中竖排"新青年",左边竖排"上海群

---

① 沈雁冰:《国家与革命》,《共产党》月刊 1921 年 5 月。

益书社印行”,右边竖排“卷号”变为了两只在地球上紧紧相握的大手,这代表了中国革命人民与十月革命后的苏维埃俄罗斯必须紧紧团结以及全世界无产阶级团结起来。① 更重要的是杂志内容的改变,增辟了《俄罗斯研究专栏》。改版后的第8卷第1号开篇便是陈独秀的《谈政治》,它开宗明义地指出:“若是不主张用强力,不主张阶级战争,天天不要国家、政治、法律,天天空想自由组织的社会出现。那班资产阶级仍旧天天站在国家地位,天天利用政治、法律,如此梦想自由,便再过一万年,那被压迫的劳动阶级也没有翻身的机会……德莫克拉西必然永远是资产阶级底专有物”,“用革命的手段建立劳动阶级(即生产阶级)的国家,创造那禁止对内对外一切掠夺的政治法律,为现代社会第一需要”。② 陈独秀的这一论述,不仅向世人明示了《新青年》改版后的办刊宗旨和性质,也体现了《国家与革命》中的阶级观、国家观、革命观等思想对早期马克思主义者的深刻影响。

作为中国共产党的第一份秘密党刊,《共产党》月刊自1920年11月7日创刊起,也与《新青年》从封面到内文遥相呼应。如前所述,《共产党》月刊主要负责传播并绍介欧美共产主义以及共产国际的动态进展,其装帧风格也很有特色。它并没有标注编辑、印刷、发行地,而是标明大写的黑体英文 *The Communist*,这与英国共产党的 *The Communist* 期刊神似③。同时,《共产党》月刊在第1期600多字的《短言》中就指明:“要想把我们的同胞从奴隶境遇中完全救出,非由生产劳动者全体结合起来,用革命的手段打倒本国外国一切资本阶级,跟着俄国的共产党一同试验新的生产方法不可……一切生产工具都归无产劳动者所有,一切权都归劳

① 参见[日]石川祯浩:《中国共产党成立史》,中国社会科学出版社2006年版。

② 陈独秀:《谈政治》,《新青年》第8卷第1号。

③ 参见[日]石川祯浩:《中国共产党成立史》,中国社会科学出版社2006年版。

动者执掌,这是我们的信条。"①这一"短言"中处处体现了列宁《国家与革命》等论著所阐发的革命主义、劳农专政等思想。1921 年 5 月,《共产党》月刊第 4 号上甚至用整版系统绍介列宁关于国家与革命的理论。首篇《告劳动》即开宗明义地指出,"各地方各行业之劳动"皆必须知道必须遵守的"两条大义":第一条大义是要有"阶级的觉悟",以便"有能力建设自己阶级的国家政府";第二条大义则是要有"革命手段"②。《夺取政权》则继续深入阐明了无产阶级革命的意义、目的以及手段。"社会革命!这种思想……也如旭日东升一天天地高起来……设若还不知道起来革命,改造,那真是感觉麻木,差不多和石头一样了""改造这种专业,并不是开起口来只管说,闭着眼睛乱去运动就可以成功的",而是必须知道两个核心要旨:一是革命的目的,即"中国要照着共产主义底原理去改造";二是革命的手段,即"第一就是要夺取政权!……因为他是实行共产主义的唯一手段"③。另一篇《我们要怎么样干社会主义革命》则指明了无产阶级革命的历史唯物主义和辩证唯物主义基础。之所以"要改造社会,非先夺取政权不可",是因为"社会革命一半是'经济的必然',一半是还靠着'人们底努力'。社会革命,没有'人们底努力',没有'经济的必然',也是决不会成功的;但是单有'人们底努力',没有'经济的必然',也决不会成功的","阶级斗争"是"阶级制度下必然发生的事情",而"无产阶级专政"的本质则是"一种革命的手段,并不是共产党底目的,共产党的目的,乃在于实现共产主义"④。从这些文章的核心论断及其所使用的概念词汇中,可以显著观察到《国家与革命》等列宁主义思想对中国先进知识分子所产生的深刻影响。

---

① 《〈共产党〉月刊短言》,《共产党》1920 年 11 月 7 日。
② 《告劳动》,《共产党》1921 年 6 日 7 日。
③ 周佛海:《夺取政权》,《共产党》1921 年 6 日 7 日。
④ 施存统:《我们要怎么样干社会主义革命》,《共产党》1921 年 6 日 7 日。

历史的考察可以发现,正是在包括《国家与革命》在内的马克思列宁主义经典的感染和熏陶下,一大批先进知识分子通过历史和现实、中国和世界、理论和实践、正面和反面等多重角度的比较,走上了创建无产阶级政党以实现中华民族伟大复兴的革命道路。在他们看来,只有"革命主义"而非"改良主义"或其他主义才能破解"中国向何处去"这一时代课题。为了搞革命,就要像列宁那样创建一个无产阶级的先锋队组织。对此,曾在法国花大气力翻译学习《国家与革命》等列宁主义论著的蔡和森就明确指出:"世界革命运动自俄革命成功以来已经转了一个大方向,这方向就是'无产阶级获得政权来改造社会'","我以为一定要经俄国现在所用的方法,无产阶级专政乃是一个惟一无二的方法,舍此无方法"。① 在此基础上,他提出"正式成立一个中国共产党","以中国现在的情形看来,须先组织他,然后工团、合作社,才能发生有力的组织。革命运动、劳动运动,才有神经中枢"。② 蔡和森虽然没有明确表示这一见解源自何处,但是从文字和思想等多个角度分析,都可以发现这些论断同《国家与革命》以及列宁的建党实践密切相关。作为蔡和森的密友,身在国内的毛泽东也通过《共产党》月刊等杂志大量阅读了马列主义的文献并且在总结实践经验的基础上提出:"先要组织党——共产党,因为它是革命运动的发动者、宣传者、先锋队、作战部","唯物史观是吾党哲学的根据","我看俄国式的革命,是无可如何的山穷水尽诸路皆走不通了的一个变计,并不是有更好的方法弃而不采,单要采这个恐怖的方法"③,"激烈方法的共产主义,即所谓劳农主义,用阶级专政的方法,是可以预计效果的,故最宜采用"④。简单的比较就可以发现,此处毛泽东有关阶级专政、共

① 《新民学会资料》,人民出版社1980年版,第161—162页。
② 《蔡和森文集》上册,人民出版社2013年版,第75、57页。
③ 《毛泽东书信选集》,人民出版社1983年版,第4、15、5—6页。
④ 《毛泽东文集》,人民出版社1993年版,第2页。

产党的建设、俄国革命、劳农专政等重要论述与列宁《国家与革命》的思想一脉相承。李达在《马克思还原》中也认为:“其实劳农俄国的设施,在我的眼光看起来,并无新奇的地方。就是俄国所行的,各国最怕的劳动专政,都是数十年前马克思所倡导、所主张的,用不着大惊小怪。列宁并不是创造家,只可称为实行家……恢复了马克思的真面目。”①可以说,在20世纪20年代初,一大批先进知识分子已经通过研读《国家与革命》等马克思列宁主义经典走上了革命和建党的道路。

当然,沈雁冰译文所呈现的列宁主义的国家观、革命观、阶级观等革命主义理念的中国传播绝非一帆风顺、坦途一片,它是在同各种思潮的思想斗争中逐渐深入人心的。围绕布尔什维克的革命主义理念在中国是否必要、如何可能等重大问题,不同立场的学者从不同角度展开了激烈的论战。例如,中国马克思列宁主义的先驱李大钊与资产阶级学者胡适以《每周评论》为阵地展开了关于“问题与主义”的讨论,其实质是要回答“如何改造中国”这一时代论题。据现有研究表明②,胡适与李大钊实际上都赞成“问题”与“主义”不可或缺,但他们强调的侧重点不尽相同。胡适虽然承认“物质文明与经济组织在人类进化社会史上的重要,在史学上开了一个新纪元,替社会学开无数门径”③,但认为研究具体问题乃是“检验”各种“主义”的前提。譬如,人力车夫的生计问题、女子的解放问题等。李大钊则力主“先有一个共同趋向的理想、主义,作他们实验自己生活上满意不满意的尺度”④,同时也指出“一个社会主义者,为使他的主义在世界上发生一些影响,必须要研究怎么可以把他的理想尽量应用于

---

① 李达:《马克思还原》,《新青年》1921年1月1日。

② 参见高华梓:《〈国家与革命〉首译文与“问题与主义”之争的终结》,《西南大学学报》(社会科学版)2018年第6期。

③ 胡适:《多研究些问题,少谈些“主义”》,《每周评论》第31号。

④ 《李大钊全集》第三卷,人民出版社2006年版,第3页。

环绕着他的实境”①。彼时,中国正处于李泽厚所言的“救亡压倒启蒙”的阶段,内有军阀混战,外有殖民压迫,“救亡图存”才是时人必须解决的首要问题。因此胡适所言的以实用主义为核心的“一点一滴的改良”并不合时宜,而李大钊正是基于彼时中国社会矛盾的变化才提出,“这个时候,恐怕必须有一个根本解决,才有把一个一个的具体问题都解决了的希望。就以俄国而论,罗曼诺夫家没有颠覆,经济组织没有改造以前,一切问题,丝毫不能解决。今则全部解决了”②。此处李大钊所言的俄国“根本解决”的道路,实质上就是列宁在《国家与革命》中重点阐明的一个论断。

与此同时,在中国宣传马克思列宁主义的另一个先驱陈独秀也与张东荪等研究系学者掀起了一场关于“社会主义”的讨论,其实质也是为了破解中国“走什么路”的时代论题。张东荪认为,中国无劳动阶级,更谈不上有革命主体,“顾中国现状尤未到此,乃尚有多数人求为抬轿的而不得者在焉”③。梁启超也声称,“中国目前最迫切之问题,在如何而能使多数人之人民得以变为劳动者”④。对此,陈独秀反问道:“请问怎样才是真正的劳动者?请问另国若无劳动者,先生吃得米、穿得衣、住的房屋、乘的车船是何人做出来的”,“因为交通便利,需要复杂的缘故,有许多事都渐渐逃不了国际化,经济制度更是显著……”李达也申明,“中国境内的资本家是国际的,全国四万万人——由某种意义说,都可以算是劳动者”。基于中国社会的上述分析,研究系学者强调,“中国今日之所急者乃在救

① 《李大钊全集》第三卷,人民出版社2006年版,第3页。

② 《李大钊全集》第三卷,人民出版社2006年版,第3页。

③ 张东荪:《东荪先生答“高践四书”》,载陈独秀编:《社会主义讨论集》,新青年社1922年版。

④ 梁启超:《复张东荪书论社会主义运动》,《改造》第3卷第6号。

贫,以中国除少数区域外,本物产不丰,在锁国时代犹足自给,近则每况愈下”①,“同业公会的社会主义,近则以为人类原理而普泛言之固属最善,而在中国则不知须俟何年何月始能实行。即以劳农而言,决不能实现”②。而陈独秀也依据马克思列宁主义的阶级分析方法指出,“救济中国断不能不发展实业……中国全民族对于欧美各国是站在劳动的地位,只有劳动阶级胜利,才能救济中国的危急及不独立……此时我们中国不但有讲社会主义的可能,而且有急于讲社会主义的必要”,而“只有俄国的共产党在名义上、在实质上,都真是马克思主义”。③ 这就将革命主义的理念实行、中国社会主义的道路选择同共产党的政党建设紧密联系了起来。

在此期间,中国早期马克思列宁主义者还围绕“建设什么样的国家”这一论题同无政府主义者展开了激烈争论。黄霜凌等无政府主义者主张反对一切国家政权、战争、纪律,主张建立“各取所需”的“无政府共产主义”。④ 对此,陈独秀指出:“只有被压迫的生产的劳动阶级自己造成新的强力,自己站在国家地位,利用政治,法律等机关,把那压迫的资产阶级完全征服……若是不主张用强力,不主张阶级战争,天天不要国家、政治、法律,天天空想自由组织的社会出现。那班资产阶级仍旧天天站在国家地位,天天利用政治、法律,如此梦想自由,便再过一万年,那被压迫的劳动阶级也没有翻身的机会。”⑤在这里,陈独秀向世人展现了一个中国马克思列宁主义者在阶级观、国家观和革命观等问题上的理论和实践自觉,从

① 梁启超:《复张东荪书论社会主义运动》,《改造》第3卷第6号。

② 张东荪:《东荪先生答“高践四书”》,载陈独秀编:《社会主义讨论集》,新青年社1922年版。

③ 杨宏峰:《新青年简体典藏全本》,宁夏人民出版社2011年版,第219—228页。

④ 参见余源培等编著:《哲学辞典》,上海辞书出版社2009年版,第114页。

⑤ 陈独秀:《独秀文存》,首都经贸大学出版社2018年版,第119—120页。

一个角度反映了《国家与革命》沈雁冰译本的影响。针对无政府主义者的国家观,李达也立足唯物史观的基本立场和观点明确指出:“若果社会的生产力发达到无限制的程度,生产物十分丰富,取之不尽,用之不竭,这‘各取所需’的分配原则是很可实行的。只是在生产力未发达的地方与生产力未发达的时期内,若用这种分配制度,社会的经济的秩序就要弄糟了”①,而“要干这种革命事业,必定要具有一种能够作战的新势力方能办到的。说到这里,我要推荐马克思主义了”,其中“第一步在使无产阶级跑上支配阶级的地位。无产阶级就用政治的优越权,从资本阶级夺取一切资本,把一切生产工具集中到国家手里”。② 众所周知,李达这里所阐发的无产阶级革命的第一步等理论,就直接源自列宁的《国家与革命》。

《国家与革命》等马克思列宁主义经典文本的译介以及依据这些文本所阐发的基本理念而展开的多场思想论战,促使布尔什维克的革命理念、革命方法和革命精神逐渐深入人心,赢得了越来越多国人的认同和支持。在此基础上,陈独秀、李大钊等早期共产主义者在共产国际的帮助下很快发起并筹建了新型的无产阶级政党。1920 年夏,中国共产党最早的党组织——上海早期党组织(“上海发起组”③)成立,陈独秀、李达等为主要发起人;是年 10 月,北京早期党组织成立,李大钊、邓中夏等为主要发起人;是年秋,武汉早期党组织成立,董必武、陈潭秋等为主要发起人;1920 年夏秋之际,济南早期党组织成立,王尽美、邓恩铭等为主要发起人;1920 年秋冬之际,长沙早期党组织成立,毛泽东、何叔衡等为主要发起人;1921 年 3 月,广州早期党组织成立,陈独秀、谭平山等为主要发起人……在此基础上,1921 年 7 月 23 日至 31 日,各地早期党组织选派代表在上海法租界贝勒路树德里 3 号(最后一天地点改为浙江嘉兴南湖)举

① 李达:《社会革命底商榷》,《共产党》月刊 1920 年 12 月 7 日。

② 李达:《无政府主义之解剖》,《共产党》月刊 1921 年 5 月 7 日。

③ 徐云根主编:《中共一大会址纪念馆故事》,南京出版社 2014 年版,第 15 页。

行中国共产党全国第一次代表大会，正式宣布中国共产党成立。在第一次全国代表大会上，与会代表通过了《中国共产党纲领》。据现有的研究表明，这份革命纲领全文共 15 条，约 700 字，规定了党的名称、性质、纲领和最终目标①(李立三在《党的报告》中曾说过，“党的第一次大会文件，现在是找不到了”，“这次大会有什么决议和宣言，现在已找不到”②)。其中党的名称是“中国共产党”，党的奋斗目标是“以无产阶级革命军队推翻资产阶级，由劳动阶级重建国家，直至消灭阶级差别……采用无产阶级专政，以达到阶级斗争的目的——消灭阶级”。由此可以看到，这一纲领旗帜鲜明地指出了中国革命的主体、手段以及目标等，尤其是以革命军队推翻资产阶级，由劳动阶级实行无产阶级专政、消灭阶级差别和阶级等规定，实质就是将《国家与革命》的同一论断运用到了中国共产党的党纲之中。

中国共产党的创建，一方面表明，经过一大批先进知识分子的不懈努力，马克思列宁主义思想开始在中国生根开花并结出累累果实；另一方面，它也为马克思列宁主义的进一步广泛传播以及工人运动的蓬勃兴起奠定了坚实的组织基础。自从有了中国共产党，中国社会和中国革命的面貌焕然一新。对此，共产国际代表马林就欣喜地指出：中国共产党的成立同时也具有重大的世界意义，第三国际增加了一个东方支部，苏俄布尔什维克又多了一个亲密战友③。当然，正如李大钊所清醒地认识到的：“一个社会主义者，为使他的主义在世界上发生一些影响，必须要研究怎么可以把他的理想尽量应用于环绕着他的实境。”④以《国家与革命》为

① 参见《新编党员实用全书》，中共党史出版社 2013 年版，第 385 页。

② 《中国共产党第一次代表大会档案资料》，人民出版社 1984 年版，第 97、104 页。

③ 参见汪澎澜主编：《开天辟地：中国共产党第一次全国代表大会》，河北人民出版社 2012 年版，第 56 页。

④ 《李大钊全集》第三卷，人民出版社 2006 年版，第 3 页。

代表的马克思列宁主义经典文本的传播及其运用,必须要紧密结合所在国的国情。进而言之,就是要将《国家与革命》这一世界无产阶级的革命圣经所蕴含的革命主义理念与中国问题不断结合起来,推进经典文本的中国化和时代化。

第三章

《国家与革命》柯柏年译文的面世及唯物史观中国化的艰辛探索

对于《国家与革命》的汉译传播而言，柯柏年于20世纪20年代陆续翻译发表的三个版本发挥了非常重要的作用。这一时期，是中国社会科学风起云涌的时代。正如1929年12月15日出版的《新思潮》第2—3期合刊所描述的，中国翻译界甚至出现了“社会科学的出版物风行一时”“社会科学的勃兴”现象。而作者所列的时年出版的150余种书籍中，就特别醒目地标注出了上海中外研究会翻译出版的列宁的《国家与革命》一书，这是该经典的第一个汉译全文本，译者就是李春蕃（即柯柏年）。根据文章作者的分析，以《国家与革命》等论著为代表的社会科学之所以能兴旺，原因无他，只是“因为客观的需要。换句话说，就是因新兴阶级已经抬头，革命已经深入，客观上需要这种社会科学的帮助来解决当前的问题。我们只要看一看这一年的社会科学的书籍怎样地直接间接地和中国目前的环境和问题有密切的关系，就可以明白它的勃兴不是偶然的了。正唯因为这个缘故，所以在这样严重压迫的环境之下，还能够突破重围而确立它的基础”①。在这里，作者非常敏锐地把握住了社会科学之勃兴与

① 君素：《一九二九年中国关于社会科学的翻译界》，《新思潮》第2—3期合刊，1929年12月15日。

中国环境、中国问题、中国革命的内在联系,从一个更加独特的角度揭示了《国家与革命》等经典文本在满足中国之阶级革命需要进程中所发挥的极为重要的价值,它不仅为中国先进知识分子投身当时的思想论战提供了方法论工具,而且直接成为推动阶级革命、开启唯物史观中国化进程的行动方略。

第一节 柯柏年及其《国家与革命》的三个译文

在中国革命风起云涌的20世纪20年代,赓续沈雁冰、张太雷等人译介《国家与革命》之光荣传统的,当属被世人誉为红色翻译家的柯柏年。据学界研究表明,毛泽东阅读的第一本《国家与革命》全译文即是柯柏年版。作为著名的红色翻译家,柯柏年以扎实的专业素养和赤诚的革命信念先后翻译了《社会主义从空想到科学的发展》、《帝国主义论》、《国家与革命》、《哥达纲领批判》、《法兰西阶级斗争》、《论战斗唯物主义的意义》等马克思列宁主义的重要著作。1923年至1927年,柯柏年先后两次译介《国家与革命》,分别刊于上海《民国日报》副刊《觉悟》和广东《岭东民国日报》副刊《革命》。在此基础上,1929年,上海中外研究会在"中外研究丛书"系列中出版了由柯柏年翻译的第一个全文本的《国家与革命》,并于1930年1月和12月再版和三版,为年轻的中国共产党人因应历史命题、探索革命道路提供了重要理论资源和行动方略。

一、《国家与革命》的1923年译文

柯柏年第一次翻译发表《国家与革命》是在1923年,即沈雁冰译文之后的两年。柯柏年1904年出生于广东省潮州市刘察巷十五号,原名李春蕃,后来经常使用"柯柏年""马丽英""丽英""列英""福英"等笔名发

表文章和译文。这些笔名的使用,特别是从李春蕃到柯柏年的名字之变,反映了他的思想倾向的革命性变革。“柯柏年”三字,汉语拼音首字母 K 代表 Karl Heinrich Marx(卡尔·海因里希·马克思),B 代表恩格斯早期一个笔名 Bender,N 代表 Lenin(列宁),从一个角度体现了他致力于红色翻译事业的不懈追求。柯柏年自幼便熟读《三字经》、《千字文》、《四书五经》、《朱子家训》等国学经典,而后入学潮州城南小学、汕头磐石中学,精通数理科,而尤为擅长英语,每次考试都是第一。当然,除了柯柏年自身的勤勉之外,堂哥李春涛亦是其成长历程中极为重要的领路人。作为忠诚的“党外布尔什维克”,李春涛烈士的一生是不断播撒革命火种、追求红色事业的写照。1920 年,他与日本早稻田大学的同窗澎湃共同创办了“赤心社”,一起精心研究《共产党宣言》等马克思主义经典和俄国十月革命的经验。1922 年,李春涛协助澎湃继续创办《赤心周刊》,担任主编并亲自刻印。杂志的封面设计,展现了工人阶级勇于打破旧世界的英雄气概,向世人表明了他们旗帜鲜明的无产阶级革命立场。1924 年,李春涛与日本早稻田大学的学长杜国庠编辑出版了《列宁逝世纪念册》、《社会问题》等纪念列宁专集,刊印达数万册。1925 年,李春涛参加了震惊中外的五卅运动,并愤笔写下《外国人在中国放枪的效果》等檄文。1926 年,李春涛受时任东征军总政治部主任周恩来的委派筹办《岭东民国日报》,任社长、主编,其间不仅撰写大量文章表明赤诚坚定的革命立场,同时连续刊载《马克思》《通俗资本主义》《列宁传》《帝国主义概论》《国家与革命》等马克思列宁主义著述。据统计,自 1926 年 1 月 20 日至 1927 年 1 月,《岭东民国日报》及其副刊率先公开刊登马克思、恩格斯、列宁的著作,数量多达 34 种,成为本地、全国乃至全世界的重要思想引擎。与此同时,李春涛投身东江农工运动宣传员养成所传道授业,并舍身成功营救了被绑架的工运领袖杨石魂。作为“不怕死的《岭东民国日报》主笔”,李春涛逐渐成为国民党右派的眼中钉。1927 年 4 月 12 日,临危不惧的李春涛在汕头石炮台英勇就义，时年30岁。

作为大家庭的长子，李春涛的成长轨迹深深启迪着堂弟柯柏年。10多岁时，柯柏年就开始频频向堂哥借书，其中就有两大木箱子的《说部丛刊》，借助良好的英语基础，他开始阅读《回头看》等关于空想社会主义的翻译小说。1919年，五四运动的爆发极大震撼了正在汕头读中学的柯柏年，他开始积极地参加集会，倾听演讲、辩论。对此，柯柏年也回忆道："我总不能让这些五花八门的、又往往是相互对立的新思想都在自己的脑子里生根呀。我总得有所取、有所舍呀！……经过一段时间学习、对比和研究，我终于选择了马克思主义。"中学毕业的柯柏年并未秉承家父经商的意愿，而是在堂哥李春涛的资助下搭乘英商太古公司的轮船直抵新文化运动的中心——上海。1920年，年仅16岁的柯柏年进入上海沪江大学中学部，尽管家人以断绝资助为由阻止柯柏年的选择，但他毅然决然，在堂哥李春涛的帮助下辗转来到上海。自此，柯柏年有机会直接接触在五四运动影响下迅猛发展的新文化运动。1919年的上海正是新文化运动的焦点，这里不仅充盈着各种新思潮，而且汇集了诸多渴望悬壶济世的爱国青年。但是，由于诸多形形色色的"主义""学派"皆挂着"社会主义"的招牌，因此众多革命青年在受到启迪的同时亦陷入了迷思，同样，少年柯柏年亦复如此。而据柯柏年晚年回忆，他并没有徘徊很久，经过一段时间的认真比较与选择之后，果断地选择了马克思列宁主义。对此，柯柏年的同学、中国第一位国际大法官倪征日奥亦确证："当时与我同班级的，有名'李春蕃'的同学。他的年龄，比我略大，勤奋好学，颇有见识，能言善辩，思想左倾，在当时的政治环境下，大家敬而远之，但他不以为忤，还是热情待人。"①然而，作为一个博大精深的理论体系，马克思列宁主义对于早期革命主义者而言并不是很容易理解和掌握，因此柯柏年开始通

① 倪征日奥：《淡泊从容莅海牙》，法律出版社1994年版，第11页。

过各种途径不断地锤炼和提升自己的马克思列宁主义的理论素养。由于潮州老家切断了他的经济来源,因此他向学校申请了半工半读,而所得的工资除交学费,剩下的大部分用来购买各种介绍马克思列宁主义的报纸杂志。对此,他的弟弟李春纬在回忆中亦还原了彼时的艰难情形:“那时哥哥生活很苦,上海人多是有身份家庭孩子聚集的地方,学生个个西装革履,而李春蕃只有灰布长衫,在人群中非常扎眼,看上去好像黄包车夫。”①对此,柯柏年并不介意,而是把所有的热情都投入到了学习马克思列宁主义的热情之中。他一边在教务处勤工俭学,一边自学德文、俄文,从而为其日后的红色翻译事业奠定了基础。尤其是,他没有满足于仅仅阅读刊物上介绍马克思列宁主义的文章,而是热切渴望得到更多马克思列宁主义经典原著的思想滋养。20 世纪 20 年代,美国是马克思主义向世界各地传播的中转站,为此,从 1921 年起,他利用上海沪江中学(美国办的教会大学)的便利条件,开始订阅美国共产党的机关报《工人日报》及其星期增刊,并专门从芝加哥克尔书局购买了一批马克思列宁主义书籍并用心苦读。在研读的过程中,柯柏年发现马克思列宁主义的原著比别人写的介绍类文章更加通俗易懂,因此他决定自己翻译这些经典著作,以此来分享给国内的革命青年。由此,少年柯柏年逐渐走向了红色翻译家的革命旅程。1923 年 10 月 25 日,柯柏年在上海《觉悟》副刊第 1 至 3 版发表了《共产主义与社会底进化》一文,译介了《国家与革命》第 5 章第 2、3、4 节,这是柯柏年翻译的第一本马克思列宁主义经典。这一文本也为 1919 年至 1923 年间的国人所开展的“如何改造中国”“走什么样的道路”“建设什么样的国家”等思想论争提供了重要的理论资源。

---

① 陈寅主编:《先导:影响中国近现代化的岭南著名人物》(中),深圳报业集团出版社 2008 年版,第 510 页。

二、《国家与革命》的1927年译文

柯柏年第二次翻译发表《国家与革命》相关篇目是在1926年至1927年。如前所述,强烈的爱国信仰和热烈的革命情怀促使少年柯柏年走上了马克思列宁主义的翻译之旅。由于经常在《觉悟》副刊上翻译发表马克思列宁主义经典,柯柏年被沪江大学勒令退学,同时他也引起了早期共产党人张秋人、俞秀松的关注和重视。1924年夏,张秋人邀请柯柏年参加上海大学举办的夏令讲学会并主讲《帝国主义论》,这成为柯柏年正式步入职业革命家和翻译家的转折点。根据柯柏年1982年的回忆:"在一九二四年夏天以前,我还没有加入共产党,但与几位共产党员有个人来往。当时张秋人、俞秀松有时到沪江大学来找我谈,常常来的是张秋人。上大学生会要在一九二四年暑假办'夏令讲学会',约我去讲《帝国主义》。"①彼时正值"联俄、联共、扶助农工"三大政策盛行之际,因此这次讲学会集结了戴季陶、张太雷等诸多国共两党的知名人士。其间,柯柏年结识了时任上海大学社会系主任的瞿秋白,为瞿秋白所欣赏并引荐他成为上海大学第一批保送生,其中就包括丁玲等早期革命的积极分子。在校期间,柯柏年先后加入了上海非基督教同盟以及上海大学学生会,带领全校学生开展各类革命实践活动。经党组织的考察,1924年9月,柯柏年在同学杨之华的介绍下成为一名中国共产党员。由此,柯柏年正式开启职业翻译家与革命家双重交错的人生。

1925年7月,受如火如荼的革命氛围感召,大批革命志士纷纷南下参加国民革命。是年8月,柯柏年离开上海回到家乡的澄海中学当教员,从而掀开了革命生涯的新篇章。一方面,柯柏年通过各种路径引领革命

① 上海市委党史征集委员会主编:《上海大学(1922—1927年)》,上海社会科学院出版社1986年版,第109页。

民众践行革命。譬如，他亲自带领澄中的进步学生到海丰体验和学习农民运动的经验，或是建立共青团澄海小组和支部从而普及马克思列宁主义知识。另一方面，柯柏年则日以继夜地翻译马列著作以此来推动马克思列宁主义在潮梅地区的传播。1926 年 1 月 20 日，受潮梅地区国民党党报《岭东民国日报》主编李春涛的推荐，柯柏年任副刊《革命》的主编。事实上，《革命》副刊在周恩来的关怀下，已然成为与国民党右派作斗争的主要阵地。在此基础上，柯柏年亦发挥其翻译优势，继而将震东社会科学院作为副刊《革命》的“思想源泉”。1926 年，中共汕头地委为了培养马克思列宁主义骨干人才成立了震东社会科学院，负责人为柯柏年。据现有资料表明，柯柏年在“震东社会科学院”期间的马列主义译作就有 8 篇，而其中的几篇陆续以连载的形式刊载于《革命》副刊。1927 年 1 月，为了激励中国共产党人勇夺国民革命的领导权，柯柏年以每次 3 版篇幅分 3 次连载《国家与革命》首译本。然而潮汕地区马克思列宁主义的迅猛传播却引发了国民党右派的恐慌，代表革命喉舌的刊物——《革命》副刊被接连捣毁，《国家与革命》的连载被中断，故此《革命》副刊最终只是刊出了《国家与革命》第一章的第 1、2 节，即第一章“阶级社会与国家”中的第 1 节“国家是阶级矛盾不可调和的产物”和第 2 节“特殊的武装队伍和监狱等等”。尽管《国家与革命》首译本在“四一二”反革命政变前未能全部面世，然而已发表的成果中所提出的无产阶级必须夺取政权的理论却极大地鼓励并激发了无产阶级的革命斗志，也表现出了柯柏年一个共产党员大无畏气节和对马克思列宁主义的极端忠诚的品质。

三、《国家与革命》第一个全译本的出版

1927 年，《国家与革命》的中文全本已经由柯柏年译出，然而因“四一二”反革命政变导致它没有能够及时出版。1929 年 7 月，该译本由上海中外研究学会作为中外研究丛书出版发行，至此《国家与革命》的第一个

汉译全本面世。在这之前,《国家与革命》一直是早期革命志士译介的重点,从1920年到1929年,10年间该文本先后被译介6次,主要以节译为主,内容多集中在第一章和第五章。全译本问世之后,受到了高度评价,为中国先进知识分子和广大革命群众更加全面、系统地认识和把握马克思列宁主义阶级观、国家观、革命观、民主观提供了更具权威性的文本。据著名史学家逄先知说,毛泽东对此书爱不释手,反复阅读,甚至在长征时还带着它。

全译本共六章,204页,采用竖排版格式。正文之外,柯柏年还译介了"读者声明"和第一版序言(1917年8月)。通过"读者声明",读者可以了解到原文第七章"1905年和1917年俄国革命的经验"没有出版的原因。对此列宁并没有遗憾,他告诫读者学习这些革命的经验,不如实地做"革命的经验"①更为有益。同时,通过第一版序言(1917年8月),读者更加清楚地知悉该文本写作的时代背景以及行文目的,即为了捍卫马克思和恩格斯的国家学说,纠正以考茨基为代表的第二国际机会主义者对该学说的歪曲,向全世界无产阶级明确提出"无产阶级的社会主义革命对于'国家'的关系问题,不仅是含有实际的政治意义,而且因为这个问题,是向民众说明在最近的将来,他们应该怎样谋自己从资本的奴役之下的解放,所以它又含有为目前十分迫切所需要的一种意义"②。相较于此前的译文以及其他与此相关的表述,全译本在核心概念的选词方面更具革命性、彻底性和科学性。例如:相比较于沈雁冰译文,柯柏年用"阶级矛盾"代替"阶级冲突"、"压迫阶级"代替"压制阶级"、"资产阶级"代替"中产阶级"、"斗争"代替"争斗"、"矛盾"代替"相冲突的部分","监狱"代替"特别团体",这些词汇更加突出资产阶级与无产阶级的矛盾的不可

① 中外研究学会翻译:《国家与革命》,上海中外研究学会印行1929年版,第1页。

② 中外研究学会翻译:《国家与革命》,上海中外研究学会印行1929年版,第4页。

调和,以及无产阶级专政和阶级斗争的必要性。在翻译风格上,柯柏年以意译代替直译,使得晦涩的理论形象生动地跃然纸上。比如,他在描述压迫阶级如何对待代表被压迫阶级革命学说的态度时,用到了“切骨的痛恨”、“极端的仇视”和“疯狂似的造谣与中伤”,这些描述突出了压迫阶级与被压迫阶级在阶级属性上的不可调和性。而当这些代表被压迫阶级利益的革命家死后,压迫阶级却表现出惺惺作态,把他们奉为“无伤害的偶像”并且“颂扬他们”,以此来“安慰”被压迫阶级。柯柏年通过这些反语修辞极尽其能地讽刺了压迫阶级的虚假性和伪善性。与此同时,在句式上,柯柏年也遵循了英汉互译过程中所要注意的修辞倒置问题,汉译后的句式更加符合汉语习惯和逻辑结构,比如给“国家”下定义时,他就很清晰明白地表达道:“这个由社会产生而超出于社会之上而逐渐与社会脱离的一种力量,便是[国家]”。这个表达基本上接近《列宁全集》第二版中译文,这在当时是非常难得的。特别是译本中一些体现鲜明政治立场的思想性和政治性论断,例如“国家是阶级矛盾不可调和的产物和表现”,“国家是阶级统治的机关,是一个阶级压迫别一个阶级的统治机关”,“国家之存在就说明了阶级间的矛盾是不可调和的”等,思想明晰、简明易懂、很能抓人;而且译者把列宁的这些重大论断译为是关于“国家的真义及其作用”的叙述,言外之意就是其他与此不同的国家论断皆非国家之“真义”,由此就反对了国家问题上的阶级调和论,合乎逻辑地得出结论认为:“被压迫阶级之解放,不但非有暴力革命,而且非把统治阶级所设立而使国家与社会分离的政府机关破坏,是不可能的”,认为“这是马克思从革命问题之具体的历史的分析上所下的一种论断”。① 通过译者的努力,使读者能够更加全面、系统地认识和把握马克思主义的阶级观、国家观,并进一步突出了一些论述本身所内含却没有直接表述的革命

① 中外研究学会翻译:《国家与革命》,上海中外研究学会印行 1929 年版,第 10 页。

性品质。

为了向世人推介这一列宁主义的经典之作，创刊于 1929 年的《新思潮》月刊于同年的第二、三期合刊刊载了《二本国家论底介绍》一文①，署名谷阴。这两本国家论的著作指的是恩格斯著、李膺扬译，新生命书局出版的《家族、私有财产及国家之起源》以及列宁著、中外研究学会出版的《国家与革命》（未署译者，实为柯柏年）。谷阴首先剖析了因为“阶级精神所操纵”和“阶级利益的成见”而导致的国家崇拜或国家迷信现象，一针见血地指出：“无论那样有名的学者，到论国家这种东西的时候，他底头脑终会发生神秘而崇高的思想，赞叹国家权力底伟大，不自觉地跪在这个神圣的祭坛之前发抖了。自神权说，最高道德说，以及社会连带说等的国家论的思想学说，都是被国家这种有魔术性的东西所催眠。”正是“在这个最易迷离、最易催眠，而最复杂最困难的国家论之中，而且在这荒芜的，毫无科学精神的中国的学术界里，居然有二本最正确的科学的国家论之移植，使我们能以本国文字来读这种名著，这真不得不向移植者作感谢，也不得不庆贺学术界底前途的一回事”。② 接着作者罗列了两本书的详细目录，认为这两本书在内在逻辑上的相关性，前者是从摩尔根的研究出发延伸到国家的历史，而后者则是在马克思主义的立场上对一切伪国家学说的狡猾。接下来从第三部分开始，作者集中概述了两本书的国家论。其一，国家的形成。引述了恩格斯在《国家起源》一书中的几段话，译文出自《国家与革命》第 7—8、22、23 页。说明国家不是一直就有的，而是阶级利益到了矛盾不可调和的时候的产物。因此，当社会的经济的基础使阶级归于消灭的时候，国家当然会死灭了。其二，国家的历程或过渡。指出“对于这一问题，《国家与革命》有很精密的论证”。接着列举了

① 谷阴：《二本国家论底介绍》，《新思潮》月刊第二、三期合刊，1929 年 12 月 15 日。
② 谷阴：《二本国家论底介绍》，《新思潮》月刊第二、三期合刊，1929 年 12 月 15 日。

列宁分析,即恩格斯的本意是要求无产阶级革命破坏资产阶级的国家,也就是说资产阶级的国家不能任其自然灭亡,而要通过革命来实现。在此之后,只有无产阶级的国家或半国家才会消失。其三,关于无产阶级的国家。引述《国家与革命》的观点,即这个国家本质上就是无产阶级作为统治阶级的机关。这个国家定义同改良主义完全不能调和,和资产阶级、机会主义的"德谟克拉西和平发展"的幻想也直接冲突。机会主义、社会爱国派、考茨基派的口头禅是"无产阶级需要国家",但他们忘了马克思的意思,无产阶级所需要的只是一个正在凋残下去的国家,这就是说那组织取来之后便立刻凋残下去,而且不能不凋残下去的一个国家;劳动者所需要的国家,就是无产阶级组织起来成为统治阶级的那个国家。其四,国家死灭的过程。再次引述《国家与革命》的表述,指出将来死灭的日期,谁都不能预测和决定,这必然是一个长期的过程。在资本主义社会与共产主义社会之间,有个过渡时期,这个时期的国家,除了革命的无产阶级专政之外,便不许有其他形式了。这个专政同"德谟克拉西"的关系怎样?列宁指出,资产阶级的民主为资本主义剥削制度所限制,它服务的是少数的富有者或资本家。大多数的被剥削的人民是不允许参加到社会的政治生活中去的,它是具有欺骗性的,是伪善的。要不断扩大"德谟克拉西",必须要经过无产阶级专政,进入共产主义。无产阶级专政,不是仅仅扩大"德谟克拉西"的范围,而是使它变为贫民的"德谟克拉西",利用统治阶级的地位去镇压压迫者,剥夺资产阶级的自由。只有无产阶级专政才能保证民众的"德谟克拉西"。在此基础上,阶级和压迫被消灭,民主作为反对压迫的武器也就没有了意义,人们才能进入自由的世界,真正完全的"德谟克拉西"才成功为可能。人们将逐渐惯于遵守社会生活的日常规律,人们极不勉强,绝不用压迫,绝不用强力相迫,惯于遵守生活的常规,因此用来作为强迫和雅致的那个特殊的工具及国家也用不着了。最后作者说:"国家这个问题是最复杂的,最中心的问题。如其不以科学的最正确的理论武装自己,则最勇敢的革命者也会陷于机会主义,社会爱国主义,排外主义的泥坑中去的。现在是急需对于国家这一东西有一个明确的认识的时期,这两本书指出一切我们所知道与所要解决的问题。"①紧密结合当时一些思潮和流派对马克思主义国家理论的模糊乃至错误认识,以如此详细且准确的文字向世人推介《国家与革命》的马克思主义国家观、民主观、专政观等,在马克思主义经典的出版史上也不多见,尤其是在白色恐怖笼罩的上海。

第二节 "中国问题"的凸显和《国家与革命》的方法论启迪

在当时白色恐怖的上海,公开出版《国家与革命》等马克思主义的红色革命书籍,既是马克思列宁主义中国化的一个标志性事件,也为20世纪20年代和此后的先进知识分子致力于唯物史观的中国化提供了经典文本。在彼时黑夜沉沉的旧中国,以《国家与革命》等论著为代表的红色经典之所以能够一而再、再而三地以多种形式呈现于国人面前,柯柏年等人之所以会克服重重障碍一而再、再而三地译介这一经典,正如《新思潮》杂志所分析的,是因为当时的中国环境、中国问题、中国革命所驱使。在这一节,我们将以三次思想大论战所凸显的中国问题为线索,探讨《国家与革命》柯柏年译文的方法论意义。

一、从三次思想论战看"中国问题"的凸显

众所周知,从1919年起始,在马克思主义者与各种思想倾向的知识

① 谷阴:《二本国家论底介绍》,《新思潮》月刊第二、三期合刊,1929年12月15日。

分子之间开启了一系列思想大论战,较为著名的有在实验主义者胡适和马克思主义者李大钊之间展开的"问题与主义"之争,在马克思主义者陈独秀、李达与坚持基尔特社会主义观点的张东荪等人之间展开的"社会主义"论战,在陈独秀、李达等人与无政府主义者之间展开的"无政府主义"论战。

"问题与主义"的论战主要以《每周评论》为平台展开。1919年7月,胡适首先在《每周评论》第31号上发表了《多研究些问题,少谈些"主义"》一文,开宗明义地点明反对"空谈主义"。李大钊则在《每周评论》第35号上发表了《再论问题与主义》一文,申言高谈"主义"的重要性。当然,胡适在文中主要是反对抽象的和教条的"主义"①。对于胡适所指涉的论题,李大钊也是表示赞同的。他在《再论问题与主义》一文中谈到中国目前确实存在"问题谈的多",而"实际谈的少"的问题,认为这是今后马列主义者必须矫正的方向。② 虽然两人皆主张"问题"与"主义"不可或缺,但二者的侧重点却不尽相同。胡适基于"问题"中心论,不赞成"根本改造"的手段即"阶级竞争",认为"阶级竞争"会造成不同阶级的"仇视心",因而不利于其互助。主张以实验主义为指导,开出了"一点一滴改良"的"处方";而李大钊以"主义"为导向,基于马克思主义的唯物史观,开出了"根本改造"的"处方"。两个"处方"的差异体现的是社会主义与实验主义两大思潮关于"如何改造中国"这一时代之间的不同见解。

关于社会主义的论战,争论的主角是陈独秀和张东荪,主要以《新青年》、《改造》等杂志为阵地,争论中涉及了对中国社会阶级、革命主体、革命对象、革命道路等问题的讨论。关于中国革命的主体,张东荪认为中国的现状是"穷的多"、"富的少",根本不存在阶级对立的状况,更谈不上存

① 柯华庆在《问题与方法——五四"问题与主义"之辨析》一文中亦有专题的论述。
② 李大钊:《再论问题与主义》,《每周评论》第35号,1919年8月17日。

在劳动阶级这个革命主体了。[1] 而在陈独秀等人看来,如若农夫、裁缝、瓦匠、船夫不算是"劳动者",那什么才是真正意义上的"劳动者"?[2] 劳动阶级才是社会革命的真正主体。关于革命的对象。张东荪和梁启超等研究系的知识分子也赞同马克思主义者的观点,认为革命的对象是资产阶级。但他们与陈独秀等人不同,认为要区分不同国家的资产阶级,中国资本家不属于革命对象,他们是改变中国现状的"桥梁",是创造革命主体的前提,是发展实业的主体和消灭军阀的保障。陈独秀等人则坚持世界眼光,将中国的资本家视作外国资本家对中国人民进行各种掠夺的"中转站"[3],强调革命要推翻资产阶级的统治。关于革命的道路。为了社会主义的理想而搏命奋斗,这是争论双方都基本认同的一个方向。但张东荪和梁启超等人认为资本主义是社会主义的"必经之路",这一是因为"让德"使然,二是"时代"的驱使。而在马克思主义者看来,当前中国尚未深入资本主义阶段,如若"兴实业",唯一的绝佳之路就是推行社会主义。这一是因为革命者有着强大的主体性和能动性,二是西方资本主义社会存在极大的"劣根性",三是社会经济发展国际化的趋势所致。此次论战向世人表明了两大思潮对中国应该"走什么样的道路"的不同认识。

关于"无政府主义"的论战,论战双方分别是黄凌霜和陈独秀、李达等人,以《新青年》、《新潮》等杂志为阵地。黄凌霜等无政府主义者从抽象的人性论出发,宣称"互助"是人类的本能,而"强权"则是瓦解人类本能的利器,因而他们反对一切"强权"并把矛头指向了国家。[4] 在他们看来,国家不仅是"所有权威的总汇"而且是不平等的根源,要想获得自由

---

① 梁启超:《复张东荪书论社会主义运动》,《改造》第8卷第6号,1921年2月15日。
② 陈独秀:《独秀复东荪先生的信》,《新青年》第8卷第4号,1920年12月1日。
③ 陈独秀:《独秀复东荪先生的信》,《新青年》第8卷第4号,1920年12月1日。
④ 《无治主义学理上的根据》,《新中国》第1卷第3号,1919年7月15日。

就必须铲除国家机器。陈独秀则认为,“强权”之所以为“恶”是因为它被强者当成压制弱者的工具,反之“强权”就变成了弱者制服强者的武器。是故“强权”是否为“恶”取决于它的用法而不是它自身。在此基础上,陈独秀进而申明“无产阶级专政的国家”是实现“自由”的“强权”:其一,它是征服资产阶级的有力武器。陈独秀以法国的工团主义和俄国的布尔什维克主义为例,指出后者的“劳农专政”才是震慑资产阶级的政权利器。其二,它是维护无产阶级胜利成果继而避免资产阶级死灰复燃的有力手段。其三,它是控制人类“第二恶性”的屏障。陈独秀认为资本主义造就了“人类专己自私的野心”①,而这种“第二恶性”只能依靠无产阶级专政来压制。陈独秀的上述论点,也是列宁在《国家与革命》等论著中重点分析和阐发的问题。与之相应,李达进一步从理论高度解剖了无政府主义的哲学基础和经济构架,批驳了无政府主义的鼻祖克鲁泡特金的基本思想错误②。此次论战反映了两大思潮对“建设什么样的国家”等问题的不同设想。

通过对三次论战的简单回溯可以发现,论战双方聚焦的都是“中国怎么办”这一时代课题,具体包括如何改造中国、走什么样的道路、建设什么样的国家、如何建设国家等问题,而这些问题在此后的中国社会发展进程中也成为各个政党和派别集中关注的重大理论和实践课题。笔名“君素”的《新思潮》作者将这些问题概括为“中国问题”,并将其视为《国家与革命》等译著相继问世的“中国环境”,眼光可谓独到犀利。确实如其所言,《国家与革命》柯柏年译文和译本的陆续发表和出版,必须要放到当时中国社会的大背景中才能准确理解。从这个意义上分析,这一论著的出版是时代使然。而换个角度观察,则同样可以发现,《国家与革命》的几个译文实际也为破解“中国问题”提供了重要的方法论启迪。

---

① 陈独秀:《谈政治》,《新青年》第8卷第1号,1920年9月1日。

② 俄国无政府主义的集大成者,也是五四时期无政府主义者的哲学基础。

二、《国家与革命》和“中国问题”的方法论启迪

在三次论战以及同一时期展开的诸多思想争论中，争论各方共同运用的一个思想资源就是马克思列宁主义尤其是列宁主义。这一点，不仅体现在以陈独秀、李大钊、李达、恽代英、瞿秋白、毛泽东等人为代表的中国马克思主义者的一系列论述之中，例如上述陈独秀关于无产阶级专政国家的论点就大多源出于列宁的《国家与革命》等；这一点，也以不同形式体现在争论的另一方，例如持实验主义、自由主义、基尔特社会主义、无政府主义等观点的知识分子，他们所攻击的论点，例如马克思主义的阶级观、国家观、革命观、民主观、专政观等，也大多出自列宁的有关论述。值得注意的是，这些论著以及其中所揭示的论点不仅以多种形式直接介入了当时的诸多思想论战之中，成为争论各方的思想资源，而且也为中国知识分子进一步破解论战所反映和留下的一系列“中国问题”提供了科学的方法论启迪。正是在这个意义上，我们才能更加深刻地理解中国马克思主义者提出的“向列宁学习”的号召，也才能更加全面地把握《国家与革命》柯柏年等译文的时代价值。

例如，在“问题与主义”的论战中，争论双方实质上是要回答“如何改造中国”的问题，而论战所获得的基本共识也是要在“主义”指导下去分析和解决“中国问题”。作为论战的成果之一，26 岁的毛泽东在湖南长沙组织“问题研究会”，并在《问题研究会章程》中提出了中国亟待研究的 71 项共计 144 个问题①。但是，“主义”与“问题”的结合绝非一件易事。如何在“主义”指导下搞清并切实解决具有根本性的“中国问题”？以实验主义为指导的胡适，眼中所见的只能是人力车夫的生计、女子的缠脚等具体的细节性问题。而彼时的中国内有军阀混战外有殖民压迫，“救亡

① 参见《北京大学日刊》第 467 号，1919 年 10 月 23 日。

图存”乃是国人面临的首要课题。以马克思主义为指导的李大钊等人，洞察了真实且根本的“中国问题”或中国矛盾，并提出了“根本改造”、“阶级竞争”的“救国方案”。但在中国复杂国情下如何走出一条“根本改造”的革命之路，是一个需要在实践中不断完善乃至修正的问题，也决不是一句简单的“阶级竞争”、“根本改造”所能完成的。如何才能够走出一条符合中国国情的革命之路？这是摆在中国知识分子面前的一道时代难题。

再如，在关于“社会主义”的争论中，论战双方实质上是要回答中国“走什么样的道路”的问题。为了真正解决中国革命的道路问题，首先必须在深刻洞察中国国情的基础上搞清楚革命的主体、对象等。但从争论双方所持的观点分析，二者在理论和实践层面都表现出了明显的短板。在主体问题上，双方只是围绕劳动阶级或无产阶级进行抽象议论，没有立足中国的国情，没有能够对农民这个中国社会最大也是对中国革命成败得失最具影响力的阶级力量予以足够重视。在对象问题上，双方也只是围绕资产阶级这个概念在抽象议论，没有能够对中国资产阶级做一个历史的具体的分析，更没有能够从中区分出中国革命的依靠力量、团结力量和斗争对象。之所以如此，从方法论角度分析，与他们对马克思主义经典的解读方式密切相关。从表面看，双方都严格遵循马克思列宁主义经典作家的文本逻辑，但也正是这种严格遵循，导致了争论双方对经典的实践误读。由于经典作家关于革命主体、革命对象等问题的理论认识来源于西方资本主义社会的历史逻辑，因此，机械照搬这些理论观点到半殖民地半封建的中国，难免南辕北辙。如何科学领会并具体贯彻经典作家的思想，是摆在中国知识分子面前的又一道时代难题。

又如，在关于“无政府主义”的争论中，论战双方实质上是要回答中国“建立一个什么样的国家”的问题。由于无政府主义主张废除强权、法律、阶级差别从而实现绝对自由、平等的共产主义社会，因此争论双方在“国家”、“阶级”、“私有制”等问题上表现出了很大的“相似性”。在历史发展的一定阶段,无政府主义甚至成了国人接受马克思列宁主义的“桥梁”。其中马列主义名将李达曾在《无政府主义之解剖》中以“朋友”的口吻来劝解无政府主义者。虽然他从哲学层面批驳了无政府主义,但在实践层面又认为无政府主义所提倡的共产主义社会与马克思主义的国家学说差别不大,只存在时间上的差序。而马克思主义者恽代英早年亦受克鲁泡特金“互助”论的影响,认为制服资本家仅靠阶级斗争还不够,还需要“互助共存”的道理来启示一般阶级并靠这种“共同生活的扩张”把全世界变为社会主义的天国。这也表明,这一时期的马克思列宁主义者并没有在理论层面真正搞清楚无政府主义和马克思主义在“国家观”等问题上的对立与差异。如何能够在理论层面弄清楚这些问题,也是一个摆在中国知识分子面前的时代难题。

争论所暴露出来的一系列理论和实践难题,促使先进知识分子开始进一步深入研读和实践马克思列宁主义的思想经典。向列宁学习,到《国家与革命》等列宁经典中寻找方法论启迪,就成为一代又一代先进知识分子的自觉选择。在各种外文本、多种摘译文以及大量二手转述资料的广泛研读中,先进知识分子得以从《国家与革命》中充分领略了列宁的战斗唯物主义的方法论。

首先,《国家与革命》启迪中国的先进知识分子,必须立足时代、结合客观实际去解读经典,在科学理论的指引下主动去发现、分析并解决各国的时代课题。在列宁看来,“马克思、恩格斯在他们分别研究每一次革命的局面中,他们终藉分析各个单独的革命经验中之教训,来详细的具体的发挥他们所持的理论。对于他们这一部分的学说,无异议地是一部分最重要的学说”①。《国家与革命》的书写方式,就学习和运用了马克思恩格斯的这一分析方法。它的成稿,主要得益于列宁对时代大背景下“俄

① 中外研究学会翻译:《国家与革命》,上海中外研究学会印行1929年版,第35页。

国问题”的精准把握。第一次世界大战的爆发，造成了帝国主义与各国无产阶级尖锐对峙的局面，列宁敏锐地把握住了“国家”这个世界性的课题①。国家的本质是什么？无产阶级如何破坏一个旧政权又如何致力于建设一个新国家？新国家的性质是什么又如何建设？这是俄国马克思主义政党面临的时代难题，也是被形形色色的机会主义搞得极为混乱的一些问题。为此，列宁系统梳理了马克思主义的国家观并以此为行动指南去分析和解决上述问题，实现了“问题”与“主义”的完美契合。对于身处中国语境的知识分子而言，列宁在《国家与革命》中研读马克思主义理论的这种方式是极具启迪意义的，它既激励着国人探寻适合自己“问题”的“主义”，又鼓励国人以“主义”为指引去解释和解决“问题”，即在外有帝国主义殖民和侵略、内有封建压迫和军阀混战的“内忧外患”背景下“中国怎么办”？正是在《国家与革命》等经典以及十月革命的启迪下，先进的中国知识分子走上了一条以“革命主义”而非“改良主义”为手段彻底改造作为中国社会阶级矛盾不可调和之产物的旧国家政权的革命之路。也正因此，《国家与革命》的各个译文一经问世即成为知识分子“追捧”的对象。彼时，不仅陈独秀、李大钊、李达等早期党组织成员把它当作中国共产党理论和组织建设的资源，戴季陶、胡汉民等国民党人士也致力于研究它与三民主义的关联，甚至包括一直声称不谈政治的胡适亦对布尔什维主义产生了浓厚的兴趣。

其次，《国家与革命》启迪中国的先进知识分子，必须以阶级视野分析中国、以革命道路改造中国。在《国家与革命》中，无论是对革命主体即无产阶级、农民阶级的分析，还是对革命对象及资产阶级的解剖，列宁始终坚持历史的、具体的阶级分析法。他从世界和俄国相交汇的时空背

---

① 参见何萍：《在社会主义入口处——重读列宁〈国家与革命〉》，人民出版社 2013 年版，第 2 页。

景下,既从世界维度高扬无产阶级作为革命主体的改造伟力,又客观地意识到在俄国这样一个农业大国之中农民阶级在即将到来的无产阶级革命中所能发挥的至关重要的作用。他从经济和政治、物质和精神交互作用的高度,既强调俄国社会主义革命必须奠基在一定的物质生产力的基础之上,同时又特别高扬无产阶级阶级意识的极端重要性。与第二国际以考茨基、伯恩施坦等人为代表的机会主义不同,列宁基于整体性即"一整块钢"地把握马克思主义的基本立场,坚持认为无产阶级的阶级意识、革命意识乃是推动社会历史进程的强大力量,只有物质利益和阶级意识的有机结合,才能最广泛地引导并集结广大的革命群众投身火热的革命实践,为此他主张革命党要通过各种办法激发革命民众的阶级意识。正是受教于此,以李大钊、毛泽东、彭湃、瞿秋白、邓中夏、刘少奇等人为代表的先进知识分子深入农村厂矿,通过开设夜校、讲习所,办上海大学、革命杂志,与各种思潮展开论战等途径,在劳工群众中广泛宣传马克思列宁主义,在落后的中国大地迈出了用先进思想武装群众头脑,实现马克思列宁主义同中国国情、中国民众相结合的时代步伐。

《国家与革命》启迪中国的先进知识分子,必须坚持运用历史辩证方法考察民主和专政、民主和自由等矛盾关系,用发展的眼光审视国家问题,只有这样,才能求得真民主、实现真自由。在《国家与革命》中,列宁分析指出,那些"现代正统的社会民主党人""把马克思主义伪造成机会主义,把折衷主义来代替辩证法,这是欺骗民众最妥当的方法;这样的方法能够给人以一种虚妄的满足。它似乎是顾及到各方面的,顾及到一切的发展趋势,以及一切的矛盾势力等等;可是事实上它并没有贡献过任何的社会发展过程的革命观念"①,例如在暴力革命的问题上,他们便是如

① 中外研究学会翻译:《国家与革命》,上海中外研究学会印行1929年版,第33—34页。

此。实际上,“用这一种关于暴力革命的观点,而且惟有用这一种观点来有系统的训练民众,是必要的,——马克思恩格斯全盘学说的基础,就在于此”①。在当时的中国,借助各种资产阶级学派的大力宣传,西方资本主义社会被很多人视为是民主的化身,要搞政治民主,就要向资本主义国家学习。与此形成鲜明对照的,马克思主义所强调的无产阶级革命和专政理论却遭到不少人的攻击指责,被简单粗暴地贯之以暴力恐怖、个人或政党独裁等。在《国家与革命》中,列宁运用历史辩证法具体分析了资产阶级民主、自由等理念。他首先指出,在实际生活中,民主“从来不会‘单独来看’。而一定是和其他事物‘总合起来看’的,它怎样影响到经济以助成经济的改造,同时反过来它自己又受经济发展的影响等等。这就是实际历史之‘辩证’的过程”②。民主包含着平等的意义,但我们要从消灭阶级的意义上去理解平等。民主的平等只是形式上的平等,在实现生产资料的公有制之后,就会发生从形式上的平等到实际上的平等的发展。资产阶级民主究其实质仍然只是一种阶级民主,是徒有其表的形式民主而已。所谓的“资产阶级民主共和制”,只不过是每隔几年决定究竟由“极少数人”中的哪些人在议会里镇压“多数人”。资本主义并不会像自由派教授和机会主义者美化和向往的那样,简单地、直线地、平稳地走向“日益彻底的民主”。为了使大多数人真正享有彻底的民主,只能实行社会革命和无产阶级专政。从历史发展阶段看,无产阶级专政是资本主义社会向共产主义社会过渡的必经阶段:一方面,它第一次成为“人民的而不是富人的民主制度”;另一方面,它将对“少数人”采取“一系列剥夺自由的措施”。因此,“无产阶级转化成统治阶级”、实行无产阶级专政和“争取民主”实质上是一回事,二者相依相存、有机统一。“民主”是“专政”的目的,

① 中外研究学会翻译:《国家与革命》,上海中外研究学会印行1929年版,第33—34页。

② 中外研究学会翻译:《国家与革命》,上海中外研究学会印行1929年版,第131页。

而"专政"则是"民主"的手段。对于最广大的被压迫被剥削的劳工群众而言,只有通过革命推翻代表少数人利益的反动政权,吹响无产阶级专政的战斗号角,以革命的方式变革和改造国家,才能实现人民群众的真民主。

对于资产阶级所鼓吹的自由,也要坚持具体和历史地分析,去掉其被人为加上的各种美丽光环。从理论层面分析,"还有国家的时候就没有自由,到有自由的时候就不会有国家了"①。无产阶级的自由解放,必须要经历两个阶段:第一个阶段是刚刚从资本主义脱胎出来的在各方面还带着旧社会痕迹的"社会主义"社会,这一时期的自由实质上仍是一定范围内的。它在消费品分配方面还保留资产阶级权利,全体公民通过一个更民主的国家机器对经济社会实行监督以实现同工同酬。只有全民学会自己管理国家,不再需要"监督"和"纪律"时,才会进入共产主义的第二阶段。在第二阶段,不仅真正的自由将会出现,而且国家亦逐渐消亡。促进第一个阶段向第二个阶段过渡的政权组织形式,其核心只能是无产阶级专政。② 为了实现无产阶级专政,就必须彻底打碎旧的国家机器,取而代之的是由工人组织的新机构。③ 在这个过程中,无产阶级政党的使命就是"能够夺取政权,引导全体人民到社会主义,指挥和组织新的制度,并且使它能够在没有资产阶级和没有反对资产阶级的社会生活之建设事业中,成为一切劳动者和被剥削者的教师和领袖"④。学会像马克思那样,"一贯的应用他的阶级斗争之学说以至于政权和国家之理论",不仅善于运用武装力量打碎旧政权,镇压资产阶级的反抗,而且要善于"组织一切被剥削的劳动群众以图经济生活的新建设,只有这样才能实现推翻资产阶级","无产阶级必须有一个国家,这个国家是一切权力和暴力的集

---

① 李春蕃:《社会主义与共产主义底进化》,《觉悟》副刊1923年10月25日。

② 参见李春蕃:《社会主义与共产主义底进化》,《觉悟》副刊1923年10月25日。

③ 参见李春蕃:《社会主义与共产主义底进化》,《觉悟》副刊1923年10月25日。

④ 中外研究学会翻译:《国家与革命》,上海中外研究学会印行1929年版,第42页。

中组织，是用以镇压剥削阶级的反抗，而引导广大的人民群众——农民、小资产阶级和半无产阶级——来从事于社会主义经济制度之建设”①。只有“在社会主义时代，才开始发生迅速的、真正的、实际的人群进化。在这进化运动中，起初有大多数人民，继则全体人民都来参加了，这种进化是社会和个人生活的各方面都在进行着的一种运动”②。在实践层面，十月革命正是通过暴力革命，建立了代表广大无产阶级和农民阶级根本利益的“劳工专政”，它通过对资产阶级实行专政，继而实现了大多数人的“自由”和“民主”，领导俄国人民开始了社会主义现代化建设。

《国家与革命》这些充满历史辩证法的光辉论述，从理论和实践相结合的高度澄清了弥漫于中国知识界的诸多模糊乃至错误认识，它不断启迪和激励先进知识分子致力于运用马克思主义的历史辩证法，具体分析和全面把握中国语境下的国家与民主、国家与自由、民主和专政、手段与目的、形式和内容等矛盾关系，立足更高的维度科学回答“建设什么样的国家”“如何建设国家”等时代课题。

第三节 唯物史观中国化的艰辛探索

——瞿秋白和《国家与革命》的中国叙述

在20世纪20年代，《国家与革命》的中国传播是多路向铺展开来的。其中既有像沈雁冰、柯柏年等人那样，倾心于文本翻译，为大众提供可资学习运用的权威读本而全力以赴的；也有如李达、瞿秋白等人这般，多路径实现文本逻辑的系统化、通俗化，为文本思想的入脑入心呕心沥血的；

① 中外研究学会翻译：《国家与革命》，上海中外研究学会印行1929年版，第41—42页。

② 中外研究学会翻译：《国家与革命》，上海中外研究学会印行1929年版，第167页。

更有如陈独秀、李大钊、毛泽东、瞿秋白等人那样，走上并走出了一条文本逻辑中国化的创新之路，为文本思想的中国落地和中国发展抛头颅洒热血的。也正因此，自20年代开始，《国家与革命》的中国叙述就呈现出波澜壮阔的面貌。这种叙述，经常性地在教室里、杂志中、会议上尤其是在两大阶级"刀与火"的激烈奋战中展开和延续，而历史唯物主义特别是马克思主义的阶级观、国家观、革命观等核心内容，也因此而开启了中国化的艰辛之路。在这一节，我们将以瞿秋白对《国家与革命》的中国叙事为主线，展现先进知识分子为推进唯物史观中国化而栉风沐雨、筚路蓝缕的艰辛历程。

一、《国家与革命》基本观点的系统化和通俗化

据目前所能掌握的资料，尚无直接证据表明瞿秋白曾翻译过《国家与革命》。但现有很多材料可以证明，他曾通过不同路径转译过这一经典中的许多重要思想。例如，1920年12月至1921年3月《改造》第3卷第4至7期，连载瞿秋白翻译的德国社会民主党领袖奥古斯特·倍倍尔的《社会之社会化》或《未来社会》一文，其中恩格斯在《反杜林论》中关于马克思主义阶级观、国家观的一段核心引文也见之于列宁的《国家与革命》。引文主要是有关国家的产生与私有财产制的关系、变革资本主义生产制度、无产阶级夺取国家政权、国家的自行消灭以及现在的人口的管理代之以物质及生产进程的管理等，这些思想也恰恰构成了《国家与革命》的主干。另外，他还翻译了俄国人郭范仑夸著的《俄国无产阶级之社会观》一书。其中第二章为"阶级斗争与政党"。认为阶级是"社会中之一部分，在经济生活之中，占同样的地位。换言之，他们对于生产的资本和工具，有同样的关系，并且生活的手段，也是相同"①。因阶级利益不

① 《瞿秋白文集》（政治理论编）第八卷，人民出版社2013年版，第157页。

同,随之而起阶级冲突和斗争。而国家则是“统治阶级另行组织政府的机关,以治理其余一切阶级。所以政府就是统治阶级的委员会,能为他保护利益”,“其所用以压迫劳动群众的工具,就是军队,宪兵,警察、侦探、奸细等”。[①] 第三章为“帝国主义与社会主义革命”,强调“资本主义必代之以社会主义。无产阶级推翻资产阶级的政权,而建设自己的国家。——工人的国家,无产阶级的国家(无产阶级独裁制)。这就是社会主义的革命”[②]。第九章专论“无产阶级的独裁制及苏维埃俄国”,指出“无产阶级彻底破坏了资产阶级国家,为完成社会革命起见,自己组织劳工国家,建立无产阶级独裁制。——就是确立无产阶级不受限制的政权,对待其余各阶级”,“从资本家中,取得私有财产,而置之于国家支配之下(收归国有办法)”,“无产阶级国家,是暂时的组织。假使资产阶级完全推翻,不论政治上,经济上,已经没有反抗无产阶级政府的可能,阶级已经消灭,那时候,无产阶级国家也就消灭”。[③] 这样一本原名“政治常识”的著作,其中大量引述了列宁《国家与革命》的相关论述和重要思想。从这一角度而言,瞿秋白实际上也为《国家与革命》文本的翻译作出了独特的贡献。

相对于《国家与革命》的转译而言,瞿秋白为该文本的中国叙事作的更大贡献在于他为文本思想的系统化和通俗化而倾注了大量心血。对于当年的国人而言,阅读经典作家的论著确实存在不少的拦路虎。例如,即使到了20世纪30年代,于一川回忆当时在济南乡师做党的宣传工作时还这样说道:那时年轻学生们的理论基础很差,根本看不懂“《社会学大纲》、《国家与革命》、《史的一元论》、《从二月革命到十月革命》等公开出版的书籍”[④]。

---

① 《瞿秋白文集》(政治理论编)第八卷,人民出版社2013年版,第158、159页。

② 《瞿秋白文集》(政治理论编)第八卷,人民出版社2013年版,第169页。

③ 《瞿秋白文集》(政治理论编)第八卷,人民出版社2013年版,第193页。

④ 于一川:《回忆济南乡师建党初期情况》,载常连霆主编:《山东党史资料文库》第五卷,山东人民出版社2015年版,第522—523页。

基于这一时代背景的体悟，我们才能更真切地感受和理解当时大批先进知识分子的自觉选择。对于瞿秋白来说，他之所以于1920年以记者身份赴苏俄采访，直接目的当然是为了向中国人报道、介绍十月革命后的真实情况，但此举间接上也为国人更通俗和快速地了解无产阶级专政、阶级斗争、苏维埃国家政权建设等《国家与革命》的核心思想提供了更直观更生动的形式。不仅如此，1923年1月回国后，他除了担任《新青年》、《前锋》主编和《向导》编辑之外，还参加创办上海大学，认真撰写讲义教材和授课。上海大学由国共合作创办，瞿秋白曾任该校教务长兼社会学系主任。他为社会学系开列了所要讲授的一系列课程，包括必修课有社会学、社会进化史、社会学史、社会问题、社会运动史、社会思想史、经济学原理、经济学史、政治学大纲、政治学史、法学通论、法制史、政治史、生物哲学、人类学及人种学、历史哲学、心理学及社会心理学等；选修课有现代政治、国法学概论及各国宪法略史、民刑法通论、财政学通论、统计学通论、银行论、货币论、政党论、社会政策及经济政策专论、哲学概论、论理学概论及科学方法论、哲学史大纲、中国哲学史大纲①。为此，他于1923年撰写了《社会哲学概论》一书，于1924年撰写《现代社会学》并于同年由上海书店印行。为了使中国读者更准确地理解《国家与革命》等经典所内含的唯物史观的基本论点，他做的第一项理论工作就是将蕴含于经典之中的思想、观点加以系统化和通俗化。这种理论层面的努力是多方面的，具体而言可见如下方面。

从纵向分析，瞿秋白不仅在《俄国资产阶级革命与农民问题——俄国革命运动史之一》②等论著中以俄国革命史的发展为线索，系统梳理了列宁主义的阶级观、国家观、革命观等，他还在《自民权主义至社会主

① 参见《瞿秋白文集》(政治理论编)第二卷，人民出版社2013年版，第129、130页。

② 参见《瞿秋白文集》(政治理论编)第四卷，人民出版社2013年版，第594页。

义》①、《国民革命运动中之阶级分化——国民党右派与国家主义派之分析》②、《马克思主义和中国革命》③等论著中结合近代中国的思想史特别是政治思想史,系统阐发了马克思主义的国家观、阶级观和革命观,其中许多理论资源、思想论点就源于《国家与革命》等经典。例如,在《自民权主义至社会主义》中,他具体考察了近代以来中国国家观的变迁,认为伴随着从传统的宗法社会到民族国家和阶级国家的发展,无产阶级革命的成功必不可少革命的独裁制,为此必须要增强基于阶级意识觉醒基础之上的无产阶级革命力量。接着他具体剖析了当时流行的以张东荪、梁启超等人为代表的士绅派资产阶级的民族主义,以高一涵、初民等人为代表的小资产阶级的浪漫革命主义以及无产阶级的社会主义(共产派)的基本思想,在批判中进一步捍卫了《国家与革命》的阶级观和革命观。

从横向分析,瞿秋白为了推进唯物史观的系统化和通俗化,他撰写了大量通俗性的政治理论小册子和政论性文章,主要有写于 1923 年 8 月的《国法学与劳农政府》、写于 1923 年的《社会哲学概论》、写于 1924 年 6 月的《社会科学概论》以及 1925 年改译的《列宁主义概说——改译施大林著之〈列宁与列宁主义〉里的一部》等,这些论著按章节或部分非常简明且系统地阐述了《国家与革命》等经典中关于唯物史观的基本观点和方法,向世人呈现了一个逻辑严密、内容完整的列宁主义国家观。例如在《国法学与劳农政府》中,他引经据典地详释了"国家"的定义,断定在性质上"国家乃是一阶级控制他阶级的工具"④,自资本主义至社会主义,必须经过一次激烈的阶级革命,建立无产阶级政权,"必须有无产阶级的独

① 参见《瞿秋白文集》(政治理论编)第二卷,人民出版社 2013 年版,第 190 页。
② 参见《瞿秋白文集》(政治理论编)第三卷,人民出版社 2013 年版,第 457 页。
③ 参见《瞿秋白文集》(政治理论编)第七卷,人民出版社 2013 年版,第 570 页。
④ 《瞿秋白文集》(政治理论编)第二卷,人民出版社 2013 年版,第 150 页。

裁制——就是剥夺资产阶级的一切政权,实现真正的民众政治"①。"'国家'本来是'强制'的机关。然而无产阶级在生产中之'作用',不容他不以消灭阶级为目的;他的经济利益又不容他的经济政策不行向社会主义,所以劳农国家发现之时,便是'社会之非阶级化'开始的第一天。既然如此,等到社会阶级消灭,国家之中仅余无产阶级,于是也不用独裁,更不用政府,纯粹变成治事机关,——那时国家当然消灭,因为对于'人'已无所用其强制"②。瞿秋白的上述努力,就是要通过撰写教材以讲授的方式向广大青年学生和其他读者简明而又系统地介绍列宁在《国家与革命》中关于阶级、国家、革命的核心论点。再如,在《列宁主义概说》的第五部分,他直接译出了《国家与革命》中的两段论述:即无产阶级独裁制"必须经过无产阶级之强力的革命;无产阶级独裁制便是革命的政权,以强力制服资产阶级。无产阶级独裁制,实在就是不受旧社会法律之限制,而依据于强力,并能得普通劳动者及被剥削者群众之同情及赞助的无产阶级对于资产阶级之统治……(列宁——《国家与革命》)"③,以及"无产阶级独裁制应当是新式的民权主义国家;对于无产阶级及一切无产者既是民权主义,对于资产阶级便是独裁的政制。(《国家与革命》)"④除了这两段直接引文,瞿秋白还转译了《国家与革命》中有关"无产阶级独裁制"的大量论述,以通俗的语言系统化了《国家与革命》关于"无产阶级独裁论"的丰富思想。

二、《国家与革命》核心思想的中国转化:主体问题的思考

瞿秋白关于《国家与革命》的中国叙述,除了通过多种形式致力于文

① 《瞿秋白文集》(政治理论编)第二卷,人民出版社 2013 年版,第 163 页。
② 《瞿秋白文集》(政治理论编)第二卷,人民出版社 2013 年版,第 165 页。
③ 《瞿秋白文集》(政治理论编)第三卷,人民出版社 2013 年版,第 40 页。
④ 《瞿秋白文集》(政治理论编)第三卷,人民出版社 2013 年版,第 40 页。

本思想的系统化、通俗化之外，他还投入更多的精力去推进文本思想的中国转化，力求实现经典理论和中国实际的结合，这一点他曾在《〈瞿秋白论文集〉自序》中归结为“革命的理论永不能和革命的实践相离”①。瞿秋白用列宁在《国家与革命》序言中的“与其写革命，毋宁做革命”概括了当时中国无产阶级的思想代表所面临的时代重任，即搞清楚革命的主体、对象、道路、动力和领导权等一系列复杂问题，不断推进马克思列宁主义的中国转化。

那么，无产阶级的思想代表如何才能实现文本思想的中国转化，在中国大地上完成“做革命”与“写革命”的有机统一？对此，瞿秋白在撰写于1923年1月的《世界的社会改造与共产国际——共产国际之党纲问题》一文中指出：“社会既不得不改造，尤非无产阶级负此重任不可；欲改造则非以革命的方法不能行，实际上不得不诉之以强力；既欲革命则更当有现实的综合的规划，绝不能依于虚幻或苟安的理想。总之，无产阶级，秉其集合组织之根性，能用社会科学的方法深察世界社会中之动象，得有切于现实的总原则，以为进攻资产阶级社会之方针，进而求发展生产力——发展无产阶级自身，亦即以整顿世界经济的总规划——有此，方能以革命的方法改造社会，复兴人类的文化。”②在这里，瞿秋白提出，无产阶级为担负起改造社会之主体的历史重担，必须有“现实的综合的规划”而不能从虚幻的理想出发。这一“综合的规划”具体包括“切于现实的总原则”、向资产阶级进攻的总“方针”以及整顿世界经济的“总规划”，这些原则、方针和规划组合成了改造社会的“革命的方法”。无产阶级必须发挥“集合组织之根性”，运用这些方法以诉之以强力，从而实现自身的阶级诉求。

① 《瞿秋白文集》（政治理论编）第四卷，人民出版社2013年版，第407页。

② 《新青年》季刊第1期（共产国际号），1923年6月15日。

瞿秋白认为,无产阶级的思想代表要制定包括总原则、总方针、总规划在内的“现实的综合的规划”,必须要像列宁那样,“先研究改革的制度——要改革到如何地步,再研究改革的方法——怎样去改革”①。这是瞿秋白于1921年1月11日写于《社会运动的牺牲者》一文中的一段话,该文发表于《新社会》旬刊第8号。例如,在《国家与革命》中,列宁就集中探讨了如下问题:什么是国家?建设什么样的国家?如何建设国家?前两个围绕对象和目标问题展开,后一个聚焦方法问题。要搞清楚这些问题,无产阶级的思想代表首先需要系统掌握经典作家发明的基本学理,在《世界的社会改造与共产国际——共产国际之党纲问题》一文中,瞿秋白列举了如下重要理论资源:“贫化论”“资产阶级社会崩坏论”“国家论”“无产阶级独裁论”“经济恐慌(危机)论”“无产阶级革命论”“联立政府”、“帝国主义”“国家之功能”“教育独立说”“社会主义之渐成”“社会主义之增长”“综观的策略问题”等十五个方面。其中有关国家、无产阶级独裁、无产阶级革命、国家之功能等论述,瞿秋白大量转述了《国家与革命》的论点。瞿秋白认为,在掌握基本理论的基础上,无产阶级的思想代表们还要善于“活用”经典文本中的思想,在真正分析中国实际状况的基础上去宣传和运用马克思列宁主义。在瞿秋白看来,相对于在理论上掌握这些学理和制定总原则、总方针与总规划,更重要也更困难的是在中国语境下灵活地运用这些经典文本中的学理。为此,1927年2月,他又在《中国革命中之争论问题:第三国际还是第零国际?——中国革命中之孟雪维克主义》一文中更加具体深入地讨论了中国革命的一系列重大问题,包括“中国革命么?——中国经济及社会阶级略说与中国的国际状况”、“谁革谁的命?——中国革命的党纲与政纲问题”、“谁能领导革命?——中国革命之战术问题”、“如何去争领导?——中国革命中之策

① 参见《新社会》旬刊第8号,1920年1月11日。

略问题”以及“领导的人怎样？——中国革命中之共产党党内问题”等五章，认为中国革命“非由无产阶级取得领袖权不能胜利，因为他根本是农地革命”，“党的策略永久应当以‘能多方的组织群众宣传群众’为原则，对于无产阶级群众，尤其是如此，尤其在于‘提高阶级意识’”①。

但瞿秋白通过一系列艰辛的实践也痛苦地发现，中国的知识阶级可以说是“无知识的知识阶级，科学历史的常识都是浅薄得很。中国无产阶级所涌出的思想代表，当然也不能自外于此。只是革命实践的需要，正在很急切的催迫着无产阶级的思想代表，来解决中国革命中之许多复杂繁重的问题。‘没有牛时，迫得狗去耕田’，这确是中国马克思主义者的情形”②。我们这些人虽然在努力地做这种“狗耕田”的工作，但毕竟表现出了种种局限，由此也导致了中国革命的一再挫折。在这个过程中，瞿秋白非常引人注目地提出了在无产阶级思想代表和其他革命者身上的表现出来的问题，主要包括：“书生式的革命观与政客式的政变观”，具体表现就是在中国机械照搬“‘先宣传再组织然后暴动’死公式”，“不知道活用”，“缺少建议力，甚至缺少革命意志”；“童子师式的宣传教育方法”，具体表现就是教育“大半是注入的，而不是启发的”，“看轻群众”，“没有鼓动性”。“至于理论宣传，简直不必谈起。除译书外，主观上没有真正分析中国实际状况而宣传主义的意志；根本上不愿意适合一般文化程度，而自己用真正中国文来宣传主义于一般能读些书的群众之中。为什么？因为‘我即列宁，我即主义，我已经懂了，放在肚子里，逐段的抽出来，按公式教导党部下级人员及群众，以至于孙中山，如此这般，革命自然成功。至于他们那些人，没有功夫来懂得全部理论和主义。’至于工人群众中宣传主义，简直大家默认是不可能的，因为他们智识很浅”。③ 瞿秋白认为，

① 《瞿秋白文集》（政治理论编）第四卷，人民出版社 2013 年版，第 479、505 页。

② 《瞿秋白文集》（政治理论编）第四卷，人民出版社 2013 年版，第 408 页。

③ 《瞿秋白文集》（政治理论编）第四卷，人民出版社 2013 年版，第 526—527 页。

这“实际上是忽视农民、兵士及革命军之作用，抛弃小资产阶级群众”，“皆含有蔑视群众畏惧群众之心理，抑制实际斗争中之自动创造力”。①

在总结自身以及党的历史经验的基础上，瞿秋白在《社会运动的牺牲者》一文中进一步具体地归纳了无产阶级的思想代表即社会革命的主体所必备的素质，强调这些人必须是社会运动的牺牲者或先行者，像列宁那样，首先自己必须要自我解放、自我改造，然后以自己的牺牲去影响他人、改造他人、解放他人。唯有如此，才能实现文本思想的中国创造性转化。

三、《国家与革命》思想论点的中国转化：方法问题的思考

瞿秋白根据自己的观察和分析，认为在《国家与革命》等文本中，列宁不仅“有‘坐言’的理想制度”，也有“‘立行’的具体办法”②。他不只是在勾画无产阶级国家的蓝图，而且为俄国无产阶级实现这一蓝图制定了卓有成效的策略或方法。所以，对于中国无产阶级的思想代表而言，他们研读和运用《国家与革命》等经典，既应从理论上搞清楚建立一个什么样的国家，更需解决如何建立这个国家的步骤、策略等问题。进而言之，进一步回答好文本论点中国转化的方法论问题。

在中国共产党党内，瞿秋白可谓是一个较早具有革命方法论自觉的领导人，这也是他研读、传播和运用《国家与革命》等列宁文本的特色之一。早在1923年2月，他即在《现代劳资战争与革命——共产国际之策略问题》一文中深入方法论层面探讨中国革命问题。在他看来，“日常斗争中——在革命前如何行向革命在革命后如何建设——之种种手段态度，凡能达到最近的目的以致于最终的理想者，还有极琐屑繁杂的职

① 《瞿秋白文集》（政治理论编）第四卷，人民出版社2013年版，第529页。
② 《新青年》季刊第1期（共产国际号），1923年6月15日。

任。——就是策略”①。中国无产阶级的思想代表制定和运用策略,尤须向列宁学习,“向群众间去!——自下而上”,深入、加紧训练鼓励劳动者,团结起工人群众。具体而言:“第一,必以极精密的社会科学方法,观察社会动力之所在;第二,须分辨复杂的阶级斗争中各种势力之关系,分量之轻重,势力之强弱;第三,须用其主力军,联合一切温和激烈程度不相等的左右翼,相其所宜,使为社会改造事业之某一方面尽力;第四,随其变动而加以督促,顺其流势以达最终目标,——因经济现象变,而社会各动力间之关系变,则策略亦必变。务使最易组织最有战斗力之无产阶级,在一切反抗旧社会制度的运动中,取得指导者的地位,在无产阶级之中则共产党取得指导者的地位。”“如此,方能颠覆资产阶级的统治。此种革命策略之总原则,当于实际的环境之中,察社会内之变象随时随地以具体的口号运用之。”②在这里,瞿秋白忠实且结合中国实际地阐释和运用了列宁蕴含在《国家与革命》等文本中的革命策略论。同年 3 月,他又在《东方文化与世界革命》中告诫同志们,实际运动之时,尤须时时不忘科学的方法,缜密的考察,因时因地而相机进行。无产阶级革命与东方民族革命相应的方法,以及东方民族内部运动之阶段,都必须是极慎重的研究。

正因为高度关注革命方法论或策略问题,所以在 1924 年为追悼列宁逝世而写的悼文中,瞿秋白就非常自觉地从革命方法论的分析入手。在《历史的工具——列宁》中他这样总结说:“列宁的伟大不仅在于他的共产主义理想,而在于他能明悉社会进化的趋向,振作自己的革命意志,指示出运用客观的环境以达人类的伟大的目的之方法”,“若是没有列宁,革命的正当方略,在斗争的过程里,或者还要受更多的苦痛,费更多的经验,方才能找着。如今我们有了列宁,全世界的平民便能自觉地、有组织

---

① 《新青年》季刊第 1 期(共产国际号),1923 年 6 月 15 日。

② 《新青年》季刊第 1 期(共产国际号),1923 年 6 月 15 日。

地、有系统地进行革命的伟业”。① 在《列宁与社会主义》一文中又进一步分析了列宁的特点:“第一便是他最能综合革命的理论和革命的实践。他不仅是坐言,并且还能起行”,列宁“会联结革命的理论和实行的策略,毅然决然为革命的胜利而奋斗,不顾一切”②。“第二便是列宁最能觉察现实。——他能在适当的时候考察出社会上政治上的变机,能预料时势、政党、人物的变易。列宁最善于运用革命的原则,能应用主义到每个实际的事势上去,决不死守着纸上的主义。”③“第三便是列宁的组织力和训练力。”“第四便是列宁征取政权的决心和相反相成的政略的运用”,“这种活用阶级斗争理论的政略。根本上是因为政治运动生来便含有这种相反相成的互辩律性”④。总之“列宁是实行社会主义的第一人”⑤。

值得注意的是,瞿秋白在这里明确地认为列宁之所以能够活用阶级斗争理论的政略,根本上是因为政治运动生来便含有这种相反相成的互辩律性。瞿秋白的这一认识表明,以他为代表的无产阶级的思想代表此时已经透过列宁的文本理论和历史实践深入到他的思想底色即哲学世界观和方法论的内核了。对这一蕴含在列宁《国家与革命》等经典文本中的哲学世界观和方法论,瞿秋白在 1924 年为上海大学编写的《现代社会学》讲义中已有概述。该讲义的第四章为“社会现象之互辩律”,主要讨论的问题有物观问题、社会科学之唯物论问题、一切现象间的关系之动力观问题、社会科学中之历史主义问题,认为“社会科学中的根本方法就是互辩的唯物主义”。研究人类社会一要“研究每一种形式的社会之个别

---

① 《瞿秋白文集》(政治理论编)第二卷,人民出版社 2013 年版,第 478 页。

② 《瞿秋白文集》(政治理论编)第二卷,人民出版社 2013 年版,第 493—494 页。

③ 《瞿秋白文集》(政治理论编)第二卷,人民出版社 2013 年版,第 494 页。

④ 《瞿秋白文集》(政治理论编)第二卷,人民出版社 2013 年版,第 497、499 页。

⑤ 《瞿秋白文集》(政治理论编)第二卷,人民出版社 2013 年版,第 499 页。

的'自性'",二要"研究每种社会的内部变动的历程",三要"研究每一种社会的发生及其必然的消灭,——即研究其与别一种社会的联系"。矛盾观与历史的矛盾性问题。认为不断的变易律是一切的根本,一切变易起于永久的内部矛盾或内部斗争,动的形式为均势状态——此均势之破坏——均势之恢复,成新的局面;社会科学中之突变论与渐变论问题。"社会之中,因为客观上发展的结果,必定要经过革命","社会里的革命是社会结构的改造。社会发展的需要与社会结构相冲突之时,便不能不发生革命式的突变"。①

对于这一科学世界观和方法论的中国运用,30年代初的瞿秋白结合中国革命的历史实际作了更加具体的发挥。1932年5月31日,在《唯物辩证法的合法主义化》中他开宗明义:"马克思主义的唯物辩证法是无产阶级阶级斗争的思想上的理论上的武器。马克思主义运用这种武器,不但要去认识世界,并且要去改造世界强调马克思主义要求人们去"改造世界"。② 但这个世界不会被动地等着被改造,王礼锡、胡秋原开办的《读书杂志》开展中国社会史论战,表面认为"中国社会史论战的各方都是唯物的辩证法做武器",但实际上是要用马克思列宁主义的名义证明中国不需要苏维埃革命和土地革命,中国的工农革命斗争不合于理论,他们的唯物辩证法实际上是诡辩法。对此,瞿秋白批判指出,作为"考察一切宇宙、社会、思想的统一的科学方法",唯物辩证法要求"在一切事物、现象、过程的联系之中,在它们的错综的关系之中,在它们的运动、发生和消灭之中,在它们内部矛盾的斗争,从数量上的渐变进到质量上的突变之中,——去发见各个现象的特点,发见各个阶段的特性"。③ 瞿秋白还特别地告诫说:辩证法的运用"必须要站在一定的阶级立场上,在现实的阶

① 《瞿秋白文集》(政治理论编)第二卷,人民出版社2013年版,第443—453页。
② 《瞿秋白文集》(政治理论编)第七卷,人民出版社2013年版,第503页。
③ 《瞿秋白文集》(政治理论编)第七卷,人民出版社2013年版,第510页。

级斗争里面,去运用辩证法到实际行动方面来"①,善于用实践的行动去找着事物的特点,然后用阶级的力量去决定历史发展的必然的行动方针。后来他在《马克思主义和中国革命》中进一步总结指出:"马克思主义是唯一的真正科学的社会主义。这社会主义的基础在于唯物辩证法的阶级斗争学说,尤其是无产阶级专政的学说。"②运用这一科学世界观和方法论到中国这个具体的历史环境之中开展阶级斗争,必须清醒地认识到"中国革命是土地革命——这正是几万万农民的问题"③。也正是基于中国国情的这一洞见,1927 年 4 月 11 日,瞿秋白克服重重障碍发表了毛泽东的《湖南农民革命》并为之作序,认为"中国农民都要动手了,湖南不过是开始罢了。中国革命家都要代表三万万九千万农民说话做事,到战线去奋斗,毛泽东不过开始罢了。中国的革命者个个都应当读一读毛泽东这本书,和读彭湃的《海丰农民运动》一样"④。正如瞿秋白所言,在毛泽东等人身上,深刻体现出了中国先进知识分子为农民说话做事,到战线去奋斗的理论和实践自觉。依靠这种理论和实践自觉,体现在《国家与革命》等经典中的马克思列宁主义开始了中国转化,最终结出了中国版的《国家与革命》等理论和实践果实。

---

① 《瞿秋白文集》(政治理论编)第七卷,人民出版社 2013 年版,第 511、512 页。
② 《瞿秋白文集》(政治理论编)第七卷,人民出版社 2013 年版,第 580 页。
③ 《瞿秋白文集》(政治理论编)第七卷,人民出版社 2013 年版,第 583 页。
④ 《瞿秋白文集》(政治理论编)第四卷,人民出版社 2013 年版,第 559 页。

第四章

《国家与革命》的传播和马克思列宁主义国家观的中国化

经过以李大钊、陈独秀、毛泽东、蔡和森、瞿秋白、李达、沈雁冰、柯柏年等早期中国马克思列宁主义者的共同努力,《国家与革命》等革命经典所蕴含的马克思主义立场、观点和方法开始深深地扎根于中国土壤。伴随这一历程,马克思列宁主义的国家观、革命观和阶级观实现了从抽象到具体、从理论到实践的创造性转变。在国家问题上,以毛泽东同志为主要代表的中国共产党人坚持以马克思列宁主义的阶级性逻辑为遵循并进一步将其具体化为具有鲜明中国特色的人民观,科学回答了国家为了谁、国家是什么、国家干什么以及国家怎么建等重大问题,领导中国人民推翻三座大山,创建人民当家作主的中华人民共和国,创造性地实行新型民主和新型专政相结合的人民民主专政,从理论和实践两个方面丰富和发展了《国家与革命》所蕴含的马克思列宁主义的国家观,推进了马克思列宁主义国家观的中国化。

第一节 《国家与革命》视域中的阶级国家观

1959 年底至 1960 年初,毛泽东在评价苏联《政治经济学》教科书时曾这样分析说:“这本教科书,只讲物质前提,很少涉及上层建筑,即:阶级的国家,阶级的哲学,阶级的科学。”①毛泽东在这里将马克思主义国家观直截了当地称作“阶级的国家”,这是对蕴含在《国家与革命》等马列主义经典中的阶级国家观的高度概述,它言简意赅地揭示了国家的主体、国家的本质、国家的职能等国家观的核心问题。简言之,根据毛泽东的归纳,马克思列宁主义所理解的国家指的是阶级的国家而非其他意义上的国家。很显然,毛泽东的解读同《国家与革命》等列宁经典的表述是一脉相承的。

众所周知,在马克思主义产生以前,人们对国家问题的认识五花八门,但都没有能够从根上回答有关国家的上述核心问题。例如,在黑格尔看来,国家是神在地上的行走。包括第二国际修正主义者在内的许多人则认为,国家是维护或控制社会秩序的机器,是一种社会矛盾的调和机关,如此等等。马克思主义者应该如何看国家并进一步揭示帝国主义国家的本质?这是摆在列宁面前一项重大的理论和实践课题。正是在此意义上,1917 年的列宁在《国家与革命》中曾如此叙述当时的情景:“国家问题,现在无论在理论方面或在政治实践方面,都具有特别重大的意义。”②这种意义,不仅在于这一问题对于准确把握时代特征和俄国国情、制定布尔什维克的革命战略和策略有重要的指导作用,而且也是因为这一问题已经被各种资产阶级思潮和第二国际机会主义者搞得混乱不堪。为了能够在根本上破解这一重大的时代课题,列宁在《国家与革命》中挖掘提炼并系统贯彻了马克思恩格斯有关阶级的国家的论述,据此展开了对国家的来源、国家的本质、国家的职能和国家的消亡等问题的集中解剖,为世人树立了运用阶级性逻辑分析国家问题的典范。

① 《毛泽东文集》第八卷,人民出版社 1999 年版,第 138 页。

② 《列宁选集》第 3 卷,人民出版社 2012 年版,第 109 页。

在《国家与革命》中,列宁发现之前有关国家问题的讨论,存在的共同缺陷就是仅仅局限于从干什么的职能视角分析国家,没有将国家干什么的职能问题同国家为了谁的价值问题紧密结合起来,在列宁看来,只有坚持价值性和事实性相统一,才能真正弄清楚有关国家的诸多重大问题。而将二者有机结合起来,最重要的是要确立一种阶级性的分析逻辑,首先搞清楚国家为了谁、国家属于谁等问题,从而把国家同阶级的存在、阶级的差别和阶级的斗争贯通起来,即真正认识到国家是"阶级的国家",是阶级统治的工具。在此基础上,才能彻底回答国家是什么、国家干什么、国家怎么建等国家观的其他问题。列宁旗帜鲜明地指出:所谓国家的本质,归根到底是指国家政权掌握在哪一阶级的手里,它要维护或捍卫哪个阶级的根本利益。换言之,国家的本质,其实质指的就是国家的主人是哪个阶级。列宁的这一论断深刻地揭示了"阶级的国家"这一国家的本质,并在此基础上进一步回答了国家干什么和国家为了谁的问题。具体而言:

其一,从国家产生的前提和基础分析,它是阶级对立和阶级冲突的客观存在。伴随着社会生产力的不断发展,人类社会产生了阶级以及因此必然会出现的阶级矛盾、阶级冲突等现象。为避免社会因阶级对立和阶级冲突而趋于毁灭,就需要有凌驾于社会之上的力量即国家来控制和维持社会秩序。由此也就表明,国家是一个历史范畴,随阶级产生而产生。其二,从国家的社会职能分析,它具有强烈的阶级属性。列宁分析指出,国家是统治阶级用来在政治上压迫、在经济上剥削被统治阶级的暴力工具,为了实施这一职能,国家组建了特殊的武装队伍如军队、警察、监狱等,"常备军和警察是国家政权的主要强力工具"①。凭借这一强力工具,国家政权实现抑制阶级冲突,使压迫合法化、固定化。例如在欧洲和俄

① 《列宁选集》第3卷,人民出版社2012年版,第116页。

国,“每次大革命在破坏国家机构的时候,我们都看到赤裸裸的阶级斗争。我们都清楚地看到,统治阶级是如何力图建立一种不替剥削者服务,而替被剥削者服务的新型的同类组织”①。而被第二国际某些机会主义者推崇为所谓全民利益代表的议会民主,它无非是“每隔几年决定一次由统治阶级中什么人在议会里镇压人民,——这就是资产阶级议会制的真正本质,不仅在议会制的立宪君主国内是这样,而且在最民主的共和国内也是这样”②。列宁认为,“在民主共和国内,‘财富是间接地但也是更可靠地运用它的权力的’。它所采用的第一个方法是‘直接收买官吏’(美国),第二个方法是‘政府和交易所结成联盟’(法国和美国)”③。而捐税和国债等手段也是统治阶级建立和维护官僚权威并剥削被统治阶级的主要工具。其三,从国家的消亡分析,它由阶级性的发展逻辑所规定。列宁依据马克思主义的社会基本矛盾理论分析指出,随着生产力的极大发展以及社会主义新人的培育,人的精神世界将得到极大提升,资本主义世界对人的影响逐渐减弱,劳动回归为人的第一需要,阶级也就被消灭,“到那时候,从共产主义社会的第一阶段到它的高级阶段的大门将会敞开,国家也就随之完全消亡”④。

需要进一步指出的是,列宁对阶级国家观的坚持和运用,不仅仅只是为了据此搞清楚国家之本质、职能即国家为了谁、是什么、干什么等重大理论问题;更重要的是为了彰显无产阶级的历史地位,突出无产阶级的历史作用,实现阶级国家观从理论到实践的革命飞跃。作为一个集理论家与革命家于一身的坚定马克思主义者,列宁在《国家与革命》中一方面从理论层面解剖国家之阶级统治的实质,捍卫马克思主义“阶级的国家”的

① 《列宁选集》第3卷,人民出版社2012年版,第117页。
② 《列宁选集》第3卷,人民出版社2012年版,第150页。
③ 《列宁选集》第3卷,人民出版社2012年版,第119—120页。
④ 《列宁选集》第3卷,人民出版社2012年版,第203页。

理论品质，坚持国家观问题上的本源性、彻底性和科学性；另一方面是以此来阐明无产阶级的历史使命，剖析在资本主义社会作为被剥削、被压迫的大多数人民群众推翻剥削和压迫者的历史必然性和合理性，即“为了彻底消灭一切剥削，也就是为了绝大多数人的利益，去反对极少数的现代奴隶主——地主和资本家”①。在这里，列宁在理论和实践中完成了一个逻辑转变，即在国家观问题上通过坚持事实性和价值性相统一实现从革命理论到革命实践的转变。在列宁看来，完成这一转变，无产阶级绝对不能简单地去掌握已有的国家机器，而是必须在打碎旧的国家机器基础上建立一个新的国家政权，并在此基础上开始向更高级社会的过渡。因此，这一国家政权的革命性变革与以往历史过程相比具有本质的差别，“无产阶级国家代替资产阶级国家，非通过暴力革命不可。无产阶级国家的消灭，即任何国家的消灭，只能通过‘自行消亡’”②。而从阶级社会向无阶级社会的过渡，必须经历一个政治上的过渡阶段即无产阶级专政的历史时期。

上述简短的分析表明，坚持列宁的阶级国家观或毛泽东所说的“阶级的国家”，就要清醒认识到国家是阶级统治的暴力工具，彻底变革国家的主体只能是为统治阶级所压迫和剥削的阶级，变革的路径或手段必然呈现为激烈的阶级斗争。作为先进生产力代表的无产阶级，是反对资产阶级的革命领导力量，革命胜利后的无产阶级要建立一个无产阶级专政的国家政权。列宁《国家与革命》视域中的阶级国家观的这些核心论点，构成了中国先进知识分子认知框架中列宁主义最为重要的部分。

① 《列宁选集》第3卷，人民出版社2012年版，第130页。

② 《列宁选集》第3卷，人民出版社2012年版，第128页。

第二节　阶级国家观的中国实践：工农红色政权的创建

关于《国家与革命》视域中的阶级国家观在中国的早期传播，前述各章已有部分涉及。简言之，这一传播是通过包括思想论战、著书立说、社会考察、民众宣传等途径展开的。对于这一时期阶级国家观对先进知识分子的影响和作用，可以毛泽东1941年9月13日在《关于农村调查》一文中的回忆作一概观。据毛泽东追述："记得我在1920年，第一次看了考茨基著的《阶级斗争》，陈望道翻译的《共产党宣言》，和一个英国人作的《社会主义史》，我才知道人类自有史以来就有阶级斗争，阶级斗争是社会发展的原动力，初步地得到认识问题的方法论。可是这些书上，并没有中国的湖南、湖北，也没有中国的蒋介石和陈独秀。我只取了它四个字：'阶级斗争'，老老实实地来开始研究实际的阶级斗争。"①那么在时隔21年以后毛泽东何以对阶级、阶级斗争等问题有如此深切地烙印？以他为主要代表的第一代中国共产党人又是如何在东方大地上开始了阶级国家观的实践探索？

一、"认识问题的方法论"和"阶级的国家"观

正如毛泽东所言，时隔21年后之所以仍然能够清晰记得这三本论著以及贯穿其中的阶级、阶级斗争的观点，主要是因为当时的中国知识分子和广大民众正在急切地探索救国救民的道路，期求尽快"得到认识问题的方法论"。关于这一点，毛泽东在《新民主主义论》中也有精辟分析。

① 《毛泽东文集》第二卷，人民出版社1993年版，第378—379页。

在他看来，百年来中国社会的时代主题就是要解决“中国向何处去”的问题。面对三千年未有之大变局，中国应该走一条怎样的发展道路以更快地实现社会转型和民族富强，这是近代以来中华民族的时代大主题。蕴含在《国家与革命》等经典之中的马克思列宁主义基本原理的广泛传播，各种思潮之间的激烈辩驳，尤其是通过实践的不断纠错总结，促使先进知识分子明确了中国这一场伟大政治变革的根本目标，就是“要建立一个新中国”。这个“新中国”，必须是一个在打碎旧的国家机器的基础之上具有新的品质、新的面貌、新的气象、新的特征的无产阶级国家，即是新政治、新经济、新文化相统一的全新国家。目标明确之后，接踵而至的问题自然是如何才能实现这一宏伟的政治目标？进而言之就是要得到毛泽东所说的认识和解决问题的方法论，这是搞清楚“中国向何处去?”这一时代主题之后中国马克思列宁主义者亟待解决的又一个重大课题。正是在这一问题上，《国家与革命》蕴含的阶级国家观给予了中国共产党人以科学的启迪。

如前所述，列宁在《国家与革命》中阐述的阶级国家是一个包括价值目标、行为主体、结构关系、主要特征、变革路径、实现方法等方方面面的系统工程，其中最为关键最为核心的又属国家的主体或国家的主人问题，它不仅攸关国家的本质属性和国体，而且关系到新国家的创建主体、发展动力等重大问题。这些问题的回答，也就标志着国家问题的彻底解决。在列宁看来，新国家的主体是以工人阶级为领导力量的包括农民等同盟者在内的无产阶级，她代表着先进生产力的发展要求，代表着社会前进的方向，她领导被剥削被压迫的阶级同反动的统治阶级展开殊死的搏斗并在此基础上建立一个由被剥削被压迫阶级组成的社会主义新国家，这既是《国家与革命》的理论逻辑也是十月革命的实践逻辑。正是因为《国家与革命》所具有的理论彻底性和十月革命所展现的实践的颠覆性，以毛泽东同志为主要代表的中国共产党人自通过各种途径接触到国家问题上的阶级、阶级斗争理论之后,就深深为之折服并自觉地将其用来分析和解决中国社会的诸多重大问题。

二、"国家者我们的国家"和国家的主体自觉

众所周知,理论运用于实践是一个极为复杂曲折的过程,其间要历经许多的环节,也会遭遇可以预料和难以预料的一系列矛盾和挑战。对于具有鲜明阶级属性、战斗意义的列宁的阶级国家论而言尤为如此,它既为诸多客观条件所拘也为许多主观条件所限。例如在国家主体的认识和实践问题上,毛泽东等人就经历了一个认识不断修正、行动不断自觉、水平不断提升的过程。

早在建党前夕的1919年7月至8月,毛泽东就在发表于《湘江评论》的《民众的大联合》一文中运用阶级国家的观点,具体分析了近世以来的国际上统治阶级的联合以及随之而来的被剥削阶级的大联合等现象。他明确意识到现存的国家是强权者、贵族和资本家的联合,他们是现存国家的统治主体,这些统治阶级残酷压迫广大民众,于是国家、社会黑暗到了极点,于是民众起了反抗。这表明,在国家问题上存在着鲜明的阶级对立和阶级斗争。毛泽东进而指出,可喜的是,随着俄国革命的胜利,其他国家的革命虽没有全部完成,但胜利曙光是可见的。毛泽东还进一步考察了俄罗斯"社会改革"即社会革命的具体进程,即"打倒贵族,驱逐富人,劳农两界合立了委办政府,红旗军东驰西突,扫荡了多少敌人,协约国为之改容,全世界为之震动"①。在这里,毛泽东虽然还经常使用中国社会所熟悉的"民众"概念,但与此同时他已经开始明确使用马克思列宁主义意义上的"社会改革""劳农两界""红旗军"等理念。从这些论述中可以发现,时年26岁的毛泽东已经比较清晰且准确地掌握了列宁《国家与革

---

① 毛泽东:《民众的大联合》,《湘江评论》第2、3、4号,1919年7—8月。

命》等论著的社会革命即无产阶级革命的理论，即一方面建立“红旗军”打倒剥削阶级和旧的国家机器，另一方面由工农两个阶级联合成立“委办政府”即苏维埃政权。在此基础上，毛泽东向广大民众大声疾呼：“天下者我们的天下。国家者我们的国家。社会者我们的社会。我们不说，谁说？我们不干，谁干？刻不容缓的民众大联合，我们应该积极进行！”①“国家者我们的国家”的论断，凸显了年轻毛泽东在国家问题上的阶级自觉或主体自觉，也正是在这一认识的基础上，以毛泽东同志为主要代表的中国共产党人确立了团结被剥削被压迫的广大民众创建一个新的人民国家的历史使命。

三、农民问题乃国民革命的中心问题

当然，在这一时期通过《国家与革命》的研读和十月革命的切身感知等路径，认识到劳农两界或工农阶级之伟力的绝不仅仅只有毛泽东等少数人。但与众不同的是，毛泽东没有停留在工农阶级、劳农政权的一般叙事，而是通过中国国情特别是中国农村社会的广泛深入的调研，进一步突出了农民阶级的国家地位并身体力行地致全力于农民运动，而被很多人誉为“农民运动之王”。

1926年5月至9月，毛泽东受广州第六届农民运动讲习所邀请讲授《中国农民问题》，课上他将以农民为主体的广大民众明确当作国家政权的主体力量，认为在此之前，中国革命党人都没有注意研究农民问题。在讲稿中，他从多个方面阐明农民问题在中国革命和新国家建设中的地位，强调“国民革命的目标，是要解决工农商学兵的各阶级问题；设不能解决农民问题，则各阶级问题也无由解决”②。在讲课过程中，他还具体援引

① 毛泽东：《民众的大联合》，《湘江评论》第2、3、4号，1919年7—8月。
② 《毛泽东年谱（1893—1949）》上卷，中央文献出版社2013年版，第163页。

了列宁《国家与革命》的重要观点，阐述中国革命对于创建一个新国家政权的重要意义，他专门论述了新国家的主体问题，强调“我们的革命民众”一定要“将政权夺在手中”①。毛泽东此处所指的要争夺、掌握和建设的是一个由广大革命民众为主体创建的全新的国家政权，而他所说的“我们的革命民众”也不是泛指一般的民众，其主体是列宁在《国家与革命》中所说的“无产阶级”或工人阶级和农民阶级等同盟者的联合，只是因为他面对的听众是被很多人视为最落后的广大农民，为了更通俗地讲清相关道理，所以毛泽东使用了为大多数国人所熟悉的“革命民众”这个概念。同年9月他为《农民问题丛刊》撰写序言，题目为《国民革命与农民运动》，从该文标题可窥见此文同列宁《国家与革命》的内在联系。毛泽东接续列宁的思路，立足中国国情将“国家—革命—农民”三者紧密结合起来形成一个有机整体，指出农民问题是国家革命的核心，农民运动是为了推翻地主政权，而这恰恰是中国社会矛盾的集中体现。此后他又在湖南等地深入开展农民运动的社会调查，并于1927年3月至4月在中共湖南区委机关刊物《战士》周报第35、36合刊连载《湖南农民运动考察报告》一文，认为在中国地主政权是一切权力的根系。地主政权被推翻的话，建立在其上的族权、神权、父权便必然崩塌，所以必须要建立农民武装，推翻地主武装。时任中共重要负责人的瞿秋白高度赞成毛泽东这篇文章的全部观点，决定由中共在武汉的长江书局出版《报告》单行本，书名定为《湖南农民革命》，并专门写了1500多字的序。瞿秋白评价说，所谓的匪徒、惰农、痞子，都是地主政权谩骂农民的称呼，但正是这些被反动势力污蔑为“匪徒”、“惰农”、“痞子”的劳动阶级才是真正能够解放中国的人，只有他们“才能真正为民族利益而奋斗而彻底反对帝国主义”②。

① 《毛泽东年谱(1893—1949)》上卷，中央文献出版社2013年版，第164页。

② 《瞿秋白选集》，人民出版社1985年版，第345、347、347—348页。

此报告第一时间也为共产国际和斯大林所注意，斯大林在会议演说中说："在湖南、湖北、河南等省份里，千百万的农民被卷进极伟大的土地革命中，农民在这些省份里建立起自己的政权、自己的法庭、自己的自卫力量。赶走地主，'用平民手段'制裁他们，这难道不是事实吗?"①也正是在深入调查的基础上，1927年4月，以毛泽东为书记的中共中央农委作出三项决议案，提出必须要为建立农民政权而斗争，强调农民不但要取得乡村政权，而且要参加县政治、省政治、全国政治，认为农民协会是创造农民政权的机关②。与此同时，这一时期的省港工人在罢工中成立的"工人代表大会"以及国共合作组织的县"公法团联席会议"等，都是在革命政权组织形式中坚持人民主体的早期探索。

四、中华苏维埃政权的建设

大革命失败后，我们党明确认识到，枪杆子里面出政权，"现在的任务不仅宣传苏维埃的思想，并且在革命斗争新的高潮中应成立苏维埃"③。为此，以毛泽东同志为主要代表的中国共产党人走上了农村包围城市、武装夺取政权的革命道路。在土地革命战争时期，中国共产党在各根据地开始建立红色政权即中国工农民主政权，并将工农兵苏维埃代表大会作为中华苏维埃共和国的最高政权机关，这可以被视为以毛泽东同志为主要代表的中国共产党人进一步将《国家与革命》蕴含的阶级的国家观由理论认识到实践运用的新阶段。

1927年11月，毛泽东率领秋收起义部队在茶陵县建立第一个工农民主政权。根据《西行漫记》中的记载，毛泽东认为这个政权是中国的

---

① 《共产国际、联共(布)与中国革命文献资料选辑》，中央文献出版社2002年版，第222页。

② 参见《毛泽东年谱(1893—1949)》上卷，中央文献出版社2013年版，第195页。

③ 《毛泽东年谱(1893—1949)》上卷，中央文献出版社2013年版，第217页。

“第一个苏维埃政府”,可以说是中国共产党红色建政的“开山之作”。围绕关于政权建设中产生的一些问题,毛泽东曾致信宛希先,指出中国的政权应该是工农群众的政权,还要成立工农兵政府,建立武装队伍。在此意义上,茶陵县工农兵政府的成立,实际上打破了巴黎公社和俄国十月革命以城市为中心建立革命政权的模式,开创了在农村建立政权的先河。从此开始到1930年初,全国十多个省三百多个县建立起了十几个农村革命根据地,由工农当家作主的工农民主政权相继成立。在此基础上,1931年11月7日至20日,中华苏维埃第一次全国代表大会在瑞金召开,宣告成立中华苏维埃共和国,制定了《中华苏维埃共和国宪法大纲》,通过了《中华苏维埃共和国土地法》、《劳动法》、《经济政策》等法令。会议期间,毛泽东还为代表大会的召开题词:“苏维埃是工农劳苦群众自己管理自己生活的机关,是革命战争的组织者与领导者。”①1934年1月24日和25日,毛泽东代表中华苏维埃共和国中央执行委员会和人民委员会向第二次全国苏维埃代表大会作长篇报告,在讲到苏维埃的民主制度时指出:“苏维埃政权需要使用强力去对付一切阶级敌人,但对于自己的阶级——工农劳动群众,则不能使用任何的强力,而他表现出来的只是最宽泛的民主主义。”②“为了巩固工农民主专政,苏维埃必须吸引广大民众对于自己工作的监督与批评。”③在讲到苏区的土地革命时指出:“土地斗争的阶级路线,是依靠雇农贫农,联合中农,剥夺富农与消灭地主。”④《宪法大纲》的制定和苏维埃政权的人民属性的规定,一方面接续了列宁《国家与革命》的阶级性逻辑,这仅从将全国工农兵会议直接称为“苏维埃”即可略见一斑;另一方面,它又结合中国国情创造性地将列宁的阶级的国家

① 《毛泽东年谱(1893—1949)》上卷,中央文献出版社2013年版,第358页。
② 《毛泽东年谱(1893—1949)》上卷,中央文献出版社2013年版,第420—421页。
③ 《毛泽东年谱(1893—1949)》上卷,中央文献出版社2013年版,第420—421页。
④ 《毛泽东年谱(1893—1949)》上卷,中央文献出版社2013年版,第420—421页。

观中国化，虽然在字面上规定政权主体为“工农兵”，但其中的工人即无产阶级只是象征性的，中国苏维埃政权的主体毫无疑问是农民和农民组织的兵士。当然，这个时期的政权主体同毛泽东后来提出的新民主主义革命时期的政权主体理论也存在某些差异。这也表明，在国家政权建设中，如何将《国家与革命》的阶级性逻辑向人民性逻辑进行创造性转换是一个动态的不断发展和逐渐深化的过程。

第三节 阶级国家观的中国实践：新民主主义的国家建设

如果说，通过武装斗争、创建工农红色政权是马克思列宁主义阶级国家观的第一次中国探索的话；那么，在抗日战争和解放战争的烽火岁月中新民主主义国家政权的建设，则可被视为马克思列宁主义阶级国家观的第二次中国实践。立足不断变化的客观实际并通过深刻总结土地革命时期政权建设的经验教训，以毛泽东同志为主要代表的中国共产党人创造性地运用《国家与革命》所蕴含的阶级国家观，带领中国人民开始了上层建筑的伟大革命，在《中国革命和中国共产党》、《新民主主义论》、《论联合政府》等一系列光辉论著中提出了新民主主义的国家政权理论，继而又在《论人民民主专政》等文献中进一步将“人民民主专政”概括为中国共产党在新民主主义革命时期的基本历史经验，为中国特色社会主义的国体、政体和政党制度奠定了制度基础。与此同时，在理论上彻底批判了各种反动势力以及党内外各种“左”倾和右倾思想的错误观点，科学回答了建立一个什么样的新中国、如何建设新中国等重大时代课题，推进了马克思列宁主义阶级国家观的中国化、时代化进程。

一、阶级国家观之中国化的提出

如上所述,在土地革命战争时期,中国共产党人带领中国人民开始了马克思列宁主义阶级国家观的本土实践。与布尔什维克领导的马克思列宁主义阶级国家观的俄国实践相比较,二者之间的差异是显而易见的,它集中体现为中国共产党人是在统治阶级力量薄弱的广大农村而非中心城市开启了中国工农红色政权的建设,这一差异也在一定程度上反映了马克思列宁主义的阶级国家观运用于各个国家所具有的不同特点。然而,农村抑或城市?工人抑或农民?理论抑或实际?中国抑或世界?中国革命实践中诸多重大关系的内在张力,对年幼的中国共产党人构成了严峻的挑战。为了在旧中国的大地上建设一个由无产阶级领导的全新中国,中国共产党人需要学习、总结和创造的东西还有很多。正如后来毛泽东一直强调的,前途是光明的、道路是曲折的,中国共产党人的中华人民共和国成立之路可谓前路坎坷、布满荆棘。在刚刚起步之时,照抄照搬经典论断和苏联经验具有一定的历史必然性。例如中华苏维埃共和国的建设,就是比较严格地按照《国家与革命》的理论设想和俄国政权建设的具体经验展开的,这种学习和模仿,可以从政权名称、法律规范、体制安排、结构设置等各方面体现出来。当然,机械的学习和简单的模仿,难免水土不服进而导致民众的不适应或不习惯。尤为严重的是,这种照抄照搬的现象不仅表现在国家政权的建设之中,而且还在革命主体、革命道路、革命战略等重大问题的确定中体现出来。正如毛泽东所总结的:我们不是从具体的现实出发,而只是从空虚的理论命题出发。

包括国家政权建设在内的中国革命的"两起两落"的痛苦历程,促使以毛泽东同志为主要代表的中国共产党人在长征到了延安之后开始从政治路线、军事路线和思想路线的高度展开深刻的反思总结,其思想成果主要体现为《论反对日本帝国主义的策略》、《中国革命战争的战略问题》、

《实践论》、《矛盾论》等论著；其实践成果则集中体现为1938年11月6日毛泽东在六届六中全会政治报告中，还明确地将其称为“全党亟待了解并亟须解决的问题”。后来毛泽东回忆说：“中国党在历史上有两个重要会议，一次是1935年的遵义会议，一次是1938年的六中全会……六中全会是决定中国之命运的”①。党的六届六中全会的重大意义在于，它独立自主地提出了“马克思主义中国化”的命题。在毛泽东看来，“共产党员是国际主义的马克思主义者，但是马克思主义必须和我国的具体特点相结合并通过一定的民族形式才能实现”②，中国共产党“要担负起领导抗日战争的责任，全体党员必须解决怎样认识自己、加强自己、团结自己的问题，尤其是要加强党的马克思列宁主义的修养，实现马克思主义的中国化”③。

很显然，马克思列宁主义的中国化是一个包括各方面和贯穿各阶段的系统工程，它既要求在思想层面实现哲学、政治经济学和科学社会主义等理论的中国化，也要求在实践层面实现革命主体、革命道路、革命对象、革命手段等革命行动的中国化，还要求在国体、政体等制度体制建设中实现马克思列宁主义国家观的中国化，这种制度体制层面的中国化主要表现为无产阶级专政的中国化。就我们的论域而言，马克思列宁主义阶级国家观之中国化的提出，标志着中国共产党人在建立一个新中国的历史征程中迈出了最为坚实的步伐。

二、阶级国家观与中国国情的再认识

“使马克思主义在中国具体化”这一命题的提出，其事实和逻辑根据是基于对国情的深刻认识。对此，1939年12月，毛泽东在《中国革命和

---

① 《红色的记忆：永远的丰碑》第2部，学习出版社2007年版，第118页。

② 《毛泽东选集》第二卷，人民出版社1991年版，第534、520页。

③ 《毛泽东选集》第二卷，人民出版社1991年版，第534、520页。

中国共产党》一文中曾明确指出:"认清中国的国情,乃是认清一切革命问题的基本的根据。"①众所周知,"建立一个新中国",对于中国革命而言无疑是一个最为重大的问题,而它的基本根据即是"认清中国的国情"。国情是复杂的也是不断变化的,尤其是对于具有五千多年文明史的中国而言,国情的认识绝非易事。对于国情的认识和再认识这一重大问题,以毛泽东同志为主要代表的中国共产党人始终坚持一条认识主线或认识逻辑,就是贯穿在《国家与革命》等马克思列宁主义经典之中的阶级国家观或阶级性逻辑。自从确立起马克思主义世界观和方法论之日起,以毛泽东同志为主要代表的中国共产党人就始终坚持以阶级国家观或阶级性逻辑考察和判断中国国情。

毛泽东认为,对国情的再认识,首先要从阶级国家观的视域去了解历史的中国。在《新民主主义论》中,毛泽东分析指出:"中国现时的新政治新经济是从古代的旧政治旧经济发展而来的。中国现时的新文化也是从古代的旧文化发展而来,因此,我们必须尊重自己的历史,决不能割断历史。"②而对历史之中国的认识,又必须坚持阶级国家观或阶级性逻辑,因为"不用阶级观点就搞不清楚。只有用阶级分析,才能把它分析清楚"③。坚持这一观点,1939 年 12 月,毛泽东在《中国革命与中国共产党》一文的第一章"中国社会"中首先描绘了中华民族的地理、人口、民族、历史、文化以及民族精神等,然后考察了中国封建时代的经济制度和政制度的四个特点,即自给自足的自然经济占主要地位,封建的统治阶级和农民的矛盾对立,封建地主阶级的国家从经济、政治等各个方面压迫农民,保护封建剥削制度的权力机关是地主阶级的封建国家等,并由此得出结论认为:

① 《毛泽东选集》第二卷,人民出版社 1991 年版,第 633 页。
② 《毛泽东选集》第二卷,人民出版社 1991 年版,第 708 页。
③ 《毛泽东文集》第六卷,人民出版社 1999 年版,第 166—167 页。

"封建社会的主要矛盾,是农民阶级和地主阶级的矛盾。"①

毛泽东认为,对国情的再认识,更要注重从阶级国家观的视域去了解现实的中国。相较于传统中国而言,现时的中国已经发生了且正在发生着重大的变化。如何认识不断变化着的中国国情?毛泽东援引列宁的话指出:"所谓时代……是哪一个阶级成为时代中心的问题,是哪一个阶级决定着时代主要内容、决定着时代发展方向的问题"②,因此认识时代必须"对于阶级矛盾和阶级斗争全局的具体情况进行具体分析,提出严格的科学规定,从而彻底揭露时代的本质"③。在党的六届六中全会上,毛泽东运用马克思列宁主义的阶级国家观剖析了中国社会的时代特征,认为中国"不是一个独立的民主的国家,而是一个半殖民地的半封建的国家;在内部没有民主制度,而受到封建制度压迫;在外部没有民族独立,而受到帝国主义压迫"④。此后在《中国革命与中国共产党》一文又进一步具体分析指出:帝国主义的入侵改变了中国的社会结构,中国沦为半殖民地半封建的社会,因此在中国社会的各种矛盾中,帝国主义和中华民族之间的矛盾是最主要的矛盾。

毛泽东认为,对国情的再认识,还要着重从经济、政治等角度考察分析各阶级以及它们彼此之间错综复杂的矛盾关系,从而准确揭示中国革命的主体和对象等。相比较于前两个角度的国情分析而言,这个角度的分析更重要难度也更大。从马克思主义思想史的角度分析,马克思恩格斯和列宁都非常注重从经济地位的角度划分阶级并区分彼此的关系。在认识中国国情特别是分析各阶级的情况时,毛泽东不仅继承了上述马克思列宁主义的思想传统,而且进一步立足中国实际从人们的思想和行动

---

① 《毛泽东选集》第二卷,人民出版社 1991 年版,第 625 页。

② 《列宁全集》第 26 卷,人民出版社 1988 年版,第 143 页。

③ 《列宁全集》第 26 卷,人民出版社 1988 年版,第 143 页。

④ 《毛泽东选集》第二卷,人民出版社 1991 年版,第 542 页。

等层面分析中国不同阶级的社会属性。早在1926年3月的《中国社会各阶级的分析》一文中,他就明确指出:"要分辨真正的敌友,不可不将中国社会各阶级的经济地位及其对于革命的态度,作一个大概的分析。"具体看,基于经济地位的结构性分析可以发现有六个阶级,即地主阶级、买办阶级、中产阶级、小资产阶级、半无产阶级、无产阶级;基于对革命的态度的分析,则有革命主体即产业无产者,我们的朋友包括小资产阶级、中产阶级的左翼和半无产阶级,我们的敌人包括军阀、地主、官僚、买办、反动知识分子、中产阶级的右翼等。① 后来在1933年10月撰写的《怎样分析农村阶级》一文中,他首先依据经济等物质基础划分了五种阶级,即地主、富农、中农、贫农、雇农(包括工人),然后依据对革命的立场、态度、行动描述他们的阶级属性,予以定性,确定敌友关系。众所周知,在中国,由于半殖民地半封建的社会历史条件,如何识别先进阶级一直是个艰难的问题,毛泽东依据阶级国家观所确立的经济和政治相结合的分析逻辑为世人确立了一种科学方法,它不仅有助于具体化和深化对国情的再认识,而且通过将国情的认识与中国革命的实践紧密结合起来,为中国革命奠定了强大的阶级基础和实践动力。

三、阶级国家观与新民主主义的国体及政体

对于以毛泽东同志为主要代表的中国共产党人而言,蕴含在《国家与革命》等经典之中的阶级国家观作为马克思主义政治哲学的核心观点,其根本作用是要在据此洞察国情的基础上既为推翻旧的反动国家政权提供合法性依据,也要以此来确定新国家的国体和政体并进一步明确建立新国家的主体力量。在《国家与革命》中,列宁虽然没有明确使用社会主义的国体和政体等马克思主义政治哲学的概念,但他关于无产阶级

① 参见《毛泽东选集》第一卷,人民出版社1991年版,第3页。

专政、工农苏维埃政权的建设等思想的论述，其实质就是对社会主义国体问题的回答；而他关于民主集中制、民主、自由等思想的阐发，其实质也就是对社会主义政体问题的探索。列宁在阶级国家观视域中对国体和政体问题的政治哲学探究，对毛泽东等中国共产党人而言产生了极为重大而持久的影响。正是沿着列宁《国家与革命》中事实性和价值性有机统一的分析逻辑，毛泽东等中国共产党人在国体和政体问题上超越了一般政治学的认识框架，也超越了当时许多知识分子的认识水平，将马克思列宁主义国体和政体论推进到了一个新的思想高度。

（一）国体和政体问题的提出

在《新民主主义论》中，毛泽东曾这样说道："这个国体问题，从前清末年起，闹了几十年还没有闹清楚。"什么叫国体？"就是社会各阶级在国家中的地位。资产阶级总是隐瞒这种阶级地位，而用'国民'的名词达到其一阶级专政的实际。这种隐瞒，对于革命的人民，毫无利益，应该为之清楚地指明。"①在这里，毛泽东明确将国体理解为各阶级在国家中的地位，即国家政权代表了哪个阶级，为哪个阶级服务，去统治和压迫哪些阶级，实行什么样的政治目标等；而政体，"那是指的政权构成的形式问题，指的一定的社会阶级取何种形式去组织那反对敌人保护自己的政权机关。没有适当形式的政权机关，就不能代表国家"②。毛泽东关于国体和政体的上述认识或判断标准，成为中国共产党人在革命、建设和改革的各个历史时期分析国体、政体问题的基本遵循。

当然，对于不同时代不同社会的国体和政体等问题的认识，阶级的国家观也只是具有政治哲学高度的一般方法论价值。要真正搞清楚一个社会的国体和政体，必须要对社会各阶级及其相互关系做出具体的历史的

---

① 《毛泽东选集》第二卷，人民出版社 1991 年版，第 676 页。

② 《毛泽东选集》第二卷，人民出版社 1991 年版，第 677 页。

考察和判断。例如,恩格斯曾在《共产主义原理》一文中提出无产阶级专政的两种基本形式,即“直接的”和“间接的”方式,前者指的是在发达的资本主义国家由无产阶级一个阶级建立和掌握国家政权;后者指的是在落后的小资产阶级国家由无产阶级联合农民、城市小资产阶级等建立和掌握国家政权,只是这个政权由无产阶级领导,同时联合了其他被压迫阶级共同行使的国家政权。而在俄国,列宁则开创性地结合自身国情实际,且立足变化了的世情和国情,具体化了无产阶级专政的国体形式。在《国家与革命》等论著中,他认为俄国的无产阶级专政必须是在无产阶级先锋队领导下由无产阶级同农民、城市小资产阶级等劳动群众结成的“特殊形式的阶级联盟”。相比较于英、德、俄等国而言,中国的国情更复杂,又应该如何确定我们所要建立的“新中国”的具体国体和政体?如前所述,早在1919年的《民众的大联合》一文中,毛泽东就已经明确发出“天下者我们的天下,国家者我们的国家,社会者我们的社会”的疾呼。这里所指的“我们”即是一切被剥削被压迫的民众,其主体是毛泽东所理解的“劳农”两界,这可以被理解为以毛泽东同志为主要代表的早期先进知识分子对新中国国体问题的初步探索。但是,对于构成国体的诸阶级以及彼此之间的关系尤其是有关改造中国的领导力量等重大问题,这一时期的先进知识分子还缺乏清晰和坚定的认识。

(二)人民政权道路的开辟

大革命失败以后,以毛泽东同志为主要代表的中国共产党人清醒地认识到了右倾投降主义的严重危害性,他们通过对世情和国情的深刻分析,得出结论认为:一方面,半殖民地半封建的旧中国迫切需要一个资产阶级民主革命,但由于十月革命的胜利尤其是因为中国民族资产阶级和小资产阶级的先天局限性,他们不能领导中国革命走向彻底胜利;故此另一方面,中国革命必须由无产阶级领导才能完成,这是由无产阶级的先进性所决定的。从此开始,坚持国家政权建设中的无产阶级领导地位成为中国共产党人始终不渝的一条根本原则。土地革命战争时期各地建立的农村革命根据地,1931 年 11 月在江西瑞金成立的中华苏维埃共和国临时中央政府及其颁布的《宪法大纲》,都明确规定"中华苏维埃所建立的,是工人和农民的民主专政的国家"即工农红色政权,其领导力量是无产阶级。

关于我们党在苏区建立工农红色政权的这一段历史,毛泽东 1939 年 10 月 4 日在《〈共产党人〉发刊词》中曾作了精辟概括。根据他的分析,在土地革命战争时期,中国"革命的性质是资产阶级民主革命的实质,革命的主要对象是帝国主义和封建主义,基本的革命的动力是无产阶级、农民阶级和城市小资产阶级,而在一定的时期中,一定的程度上,还有民族资产阶级参加",共产党领导中国人民进行的"是在无产阶级领导之下的农民土地革命斗争",在斗争中,"党开辟了人民政权的道路,因此也就学会了治国安民的艺术"。① 在这里,毛泽东明确指出了我们党开辟的"人民政权的道路",明确了政权的主体即四个阶级以及其中无产阶级的领导地位。自从我们党带领中国人民走上建立"人民政权的道路","建立一个什么样的国家"这样一个近代以来中国社会极为重大的问题就得到了根本解决。

(三) 新民主主义的国体和政体

到了抗战时期,为了建立、维护和发展抗日民族统一战线,毛泽东在分析世界历史发展趋势和中国社会的特殊性质的基础上,依据阶级的国家观进一步提出了适应抗战的国体理论,即新民主主义的国体。在《新民主主义论》中,毛泽东首先运用阶级国家观分析了全世界多种多样的国家体制,认为"按其政权的阶级性质来划分,基本地不外乎这三种:(甲)资产阶级专政的共和国;(乙)无产阶级专政的共和国;(丙)几个革

① 《毛泽东选集》第二卷,人民出版社 1991 年版,第 604、609、611 页。

命阶级联合专政的共和国”①。第一种已经沦落为没有民主气息的资产阶级军事专政,第二种则是苏联也是将来要成为世界统治形式的政权,第三种是“殖民地半殖民地国家的革命所采取的过渡的国家形式”,它是“几个反对帝国主义的阶级联合起来共同专政的新民主主义的国家”。② 毛泽东认为,在半殖民地半封建国家的中国,被压迫的革命阶级也必须联合起来共同对敌人实行专政,而这些革命阶级也合乎逻辑地成为国家构成和政权构成的主干力量。

在运用阶级国家观确定新民主主义国家的阶级构成的基础上,毛泽东进一步结合中国国情对这些革命阶级作了具体分析。在《中国革命和中国共产党》一文中,他分析指出农民既是中国国民经济的主要力量,也是中国革命的主要力量。具体而言,在中国,“农民在全国总人口中大约占百分之八十,是现时中国国民经济的主要力量”。他们处在激烈的分化之中,形成了富农、中农、贫农等,“我们不应把富农看成和地主无分别的阶级,不应过早地采取消灭富农的政策”,“中农不但能够参加反帝国主义革命和土地革命,并且能够接受社会主义。因此,全部中农都可以成为无产阶级的可靠的同盟者,是重要的革命动力的一部分”,贫农“是农村中的半无产阶级,是中国革命的最广大的动力,是无产阶级的天然的和最可靠的同盟者,是中国革命队伍的主力军”。③ 总之,根据毛泽东的分析,农民在国家政权构成中占有重要地位,不和他们建立牢固的联盟,则不能取得革命的胜利,也不能建立一个新中国。至于民族资产阶级,他们是具有两重性的阶级,这决定他们可以成为革命的一种力量,也存在作为反革命的助手的危险。而包括知识分子和青年学生、小商人、手工业者、

① 《毛泽东选集》第二卷,人民出版社 1991 年版,第 675 页。

② 《毛泽东选集》第二卷,人民出版社 1991 年版,第 676 页。

③ 《毛泽东选集》第二卷,人民出版社 1991 年版,第 642、643 页。

自由职业者等在内的小资产阶级，他们同样受到各方面的压迫，因此也是革命的动力之一，是无产阶级的可靠的同盟者。更为重要的是，这些小资产阶级只有在无产阶级领导之下，才能走向真正的解放。

其中最为重要的是，毛泽东在分析上述每一个阶级在革命以及在新国家中的地位时，总要反复强调无产阶级对他们的领导作用。在毛泽东看来，中国无产阶级除了和一般无产阶级所具有的特质，也就是代表着最先进的经济关系之外，它还具有许多优势，这其中就包括他们同时深受三大压迫，其严重性和残酷性是极为少见的，因此，中国无产阶级比任何别的阶级来得坚决和彻底。他们在“本阶级的革命政党——中国共产党领导之下，成为中国社会里比较最有觉悟的阶级……他们终究成为中国革命的最基本的动力。中国革命如果没有无产阶级的领导，就必然不能胜利”①。

正是在上述对各革命阶级及其相互关系的分析基础上，毛泽东在《新民主主义论》中得出结论说：“中国无产阶级、农民、知识分子和其他小资产阶级，乃是决定国家命运的基本势力。这些阶级，或者已经觉悟，或者正在觉悟起来，他们必然要成为中华民主共和国的国家构成和政权构成的基本部分，而无产阶级则是领导的力量。现在所要建立的中华民主共和国，只能是在无产阶级领导下的一切反帝反封建的人们联合专政的民主共和国，这就是新民主主义的共和国。”②这个新民主主义共和国的国体，就是“各革命阶级联合专政”，它的政体则是“民主集中制”。③

众所周知，民主集中制是我们党从列宁经典文本中得来的一条宝贵建党原则。在毛泽东看来，无论是中华苏维埃共和国的工农兵代表大会还是各级人民代表大会的政体形式，其所采取的议行合一制以及贯穿其

① 《毛泽东选集》第二卷，人民出版社 1991 年版，第 644—645 页。
② 《毛泽东选集》第二卷，人民出版社 1991 年版，第 674—675 页。
③ 《毛泽东选集》第二卷，人民出版社 1991 年版，第 677 页。

中的民主集中制的根本原则,乃是巴黎公社的宝贵经验,也是列宁《国家与革命》等经典的重要思想。人民代表大会制的政体是与无产阶级领导的各革命阶级联合专政的国体相适应的。因为人民代表大会的政体所贯彻的民主集中制原则,把广泛的人民民主参与和适当的权力集中有机结合,使人民真正实现当家作主,真正行使国家权力。

当然,毛泽东也告诫广大党员干部,在民主等问题上也不能陷入抽象教条,必须要向列宁的《国家与革命》学习,具体地历史地看待民主。1943年6月6日,毛泽东给彭德怀写信谈论民主、自由等问题,他认为不能抽象地讨论这些价值观念,必须要结合当前抗日斗争的政治需要,要强调民主是为着抗日的,是为着发动人民的抗日积极性以及争取和保障人民的政治经济权利。只有这样,才能促使民主制真正为国家的主人即广大人民群众服务。不仅如此,他还在《中国共产党在民族战争中的地位》等文章中重点阐发了党的民主问题。毛泽东指出,大批能干人才的培养,广大党员干部积极性的发挥,有赖于党内生活的民主化。但是由于中国长期处于封建统治的文化残留,我们又没有大范围实行民主生活的经验,为此,我们要搞清楚什么是民主制和集中制的关系,懂得如何实行民主集中制,从而做到既要搞民主,又不要搞极端民主,不要搞"破坏纪律的自由放任主义"①。

(四)人民民主专政的国家建设

在认识新民主主义的问题上,毛泽东始终坚持照辩证法办事,注重用具体的历史的眼光看问题。在他看来,新民主主义为现时中国社会所必需,中国实行新民主主义具有历史必然性和现实合理性。但是,新民主主义的国体和政体也只是一种过渡形式,只是中国革命和国家建设的第一步。早在《中国革命和中国共产党》一文中他就明确指出:"中国现时的

① 《毛泽东选集》第二卷,人民出版社1991年版,第529页。

革命阶段,是为了终结殖民地、半殖民地、半封建社会和建立社会主义社会之间的一个过渡的阶段,是一个新民主主义的革命过程。"①在这里,毛泽东再一次创造性地借鉴和发展了列宁在《国家与革命》中重点阐述的过渡阶段理论,认为新民主主义是向社会主义过渡的必经阶段:一方面,从经济角度而言,需要发展资本主义经济,这是毋庸置疑的,因为它能够较好地促进生产力的发展;但是另一方面,从政治制度角度分析,绝对不能横插一个所谓的资产阶级专政的阶段,新民主主义国家的政治前途只能是社会主义和共产主义。

正是基于这一原则立场,伴随着解放战争的决定性胜利,毛泽东在1949年的新年献词《将革命进行到底》中,第一次明确提出了无产阶级领导的以工农联盟为主体的"人民民主专政"的新理念,此后这一理念又在党的七届二中全会的报告中得到了更加具体的阐发,成为中共关于"建立一个新中国"的主要政治纲领,并最终在《论人民民主专政》这一经典文献中得到了更加系统、更加完整的阐述。文章一开篇,毛泽东即从哲学世界观的高度阐发了列宁《国家与革命》有关阶级消灭、国家消亡的理论,"消灭阶级,消灭国家权力,消灭党,全人类都要走这一条路的,问题只是时间和条件。全世界共产主义者比资产阶级高明,他们懂得事物的生存和发展的规律,他们懂得辩证法,他们看得远些"②。毛泽东的这一论述,为《国家与革命》的阶级消灭和国家消亡理论提供了科学又坚实的哲学世界观和方法论基础,从而使这一具有鲜明意识形态属性的政治论断成为一条颠扑不破的真理,实现了科学性和价值性的有机统一。在此基础上,毛泽东具体总结了中国共产党带领中国人民为了复兴国家、建立人民共和国而浴血奋斗28年取得的基本经验,这就是"团结工人阶级、农

① 《毛泽东选集》第二卷,人民出版社1991年版,第647页。
② 《毛泽东选集》第四卷,人民出版社1991年版,第1468页。

民阶级、城市小资产阶级和民族资产阶级,在工人阶级领导之下,结成国内的统一战线,并由此发展到建立工人阶级领导的以工农联盟为基础的人民民主专政的国家"①,这不仅是我们党的基本经验,也是我们党和国家的主要纲领。

《论人民民主专政》的发表,是以毛泽东同志为主要代表的中国共产党人运用阶级国家观分析和解决建立一个什么样的新中国以及如何建立新中国等重大问题的标志性成果,它奠定了中国人民民主专政的国家政权的理论基础和政策基础,也极大地推进了马克思列宁主义国家观中国化的历史进程。它同《中国革命和中国共产党》、《新民主主义论》、《论联合政府》等光辉文献一道,被誉为中国版的《国家与革命》。

四、阶级国家观和把群众组织起来

在带领中国人民进行伟大社会革命的艰辛历程中,以毛泽东同志为主要代表的中国共产党人深切地认识到,开辟"人民政权的道路",建立中华苏维埃共和国和新民主主义的国家政权,一个核心或关键问题是构成国家政权之主体的力量确定和发挥。只有拥有强大组织力和战斗力的主体才能实现推翻黑暗的旧世界、建设光明的新世界的神圣使命。那么,如何才能在中国大地上将马克思列宁主义的人民主体论真正落到实处,汇聚成改造世界、改造中国的强大洪流?近代以来,包括孙中山、梁启超等一大批仁人志士都痛感中华民族之所以积弱积贫,最为根本的就是因为我们的民众一盘散沙,没有凝聚成一个社会有机整体。也正是有感于此,年轻的毛泽东才会大声疾呼"民众的大联合"。但在中国共产党成立之前,中国社会一直没有一个政治组织能够把四亿中国人真正地凝聚成一个有机的政治单位。马克思列宁主义的广泛传播,《国家与革命》等经

① 《毛泽东选集》第四卷,人民出版社1991年版,第1472页。

典文献的研读,尤其是十月革命及其布尔什维克党的伟大实践给予中国先进知识分子以重要的思想启示,这就是必须坚持阶级国家观,以此来区分国家构成的不同阶级并从中发现推翻旧国家、建立新国家的主体即无产阶级;尤其是,要发挥无产阶级先锋队即共产党人的模范作用,以教育、引导、组织最为广大的人民群众投身于轰轰烈烈的社会革命运动。也正是在此意义上我们认为,《国家与革命》等经典文献中所蕴含的阶级国家观对于"建立一个新中国"而言,其作用不仅仅在于它确定了新国家的阶级基础和发展动力,而且还在于它为中国共产党人组织群众提供了科学的思想指导,它使我们党深刻认识到:

其一,组织起来的群众才有伟大的创造力,因此作为中华民族先锋队的中国共产党必须肩负起组织群众的历史使命。坚持人民群众是历史的创造者,这是唯物史观的重要观点,也是列宁《国家与革命》的核心思想。但是,在马克思列宁主义看来,创造历史的只能是广泛组织起来的人民群众而绝非一盘散沙的乌合之众。对此马克思曾指出:"历史活动是群众的活动,随着群众活动的深入,必将是群众队伍的扩大。"①这里马克思所指的是"群众队伍"的组织与"扩大",这样的队伍才是历史活动的真正主体。列宁也认为,"只有相信人民的人,只有投入生气勃勃的人民创造力量泉源中去的人,才能获得胜利并保持政权"②。这里列宁所说的"人民"以及生气勃勃的创造力量的泉源指的也是组织起来的阶级队伍。正是基于对唯物史观的深刻把握和对历史实践的系统总结,1934 年 1 月 27 日,毛泽东在第二次全国工农兵代表大会上明确指出:"真正的铜墙铁壁是什么?是群众,是千百万真心实意地拥护革命的群众。这是真正的铜墙铁壁,什么力量也打不破的,完全打不破的。"③在毛泽东看来,千百万

① 《马克思恩格斯文集》第 1 卷,人民出版社 2009 年版,第 287 页。
② 《列宁全集》第 33 卷,人民出版社 1985 年版,第 57 页。
③ 《毛泽东选集》第一卷,人民出版社 1991 年版,第 139 页。

阶级群众由于“真心实意地拥护革命”这一共同的价值取向而紧紧凝聚起来，成为中国革命进程中“什么力量也打不破的”的“真正的铜墙铁壁”。

在中国革命进程中，以毛泽东同志为主要代表的中国共产党人始终坚持组织群众的理论自觉和实践自觉，将其作为战胜一切困难的坚强后盾和信心来源。早在年轻时起，组织起来的思想就已经深深扎根在毛泽东的心中。1927年毛泽东在《湖南农民运动考察报告》中专门用“组织起来”作为其中一节的标题，透彻地阐述了农民组织起来所产生的改造世界的伟大力量。抗日战争中，毛泽东撰写了大量著作来阐述“组织起来”的全民抗战思想。他清醒地认识到，抗战初期我们党的根本弱点在于全国工农基本群众还没有组织起来。为此，他在《战争和战略问题》、《青年运动的方向》等论著中反复强调，“要打倒帝国主义和封建主义，只有把占全国人口百分之九十的工农大众动员起来，组织起来，才有可能”①。1943年11月29日，毛泽东在延安劳动英雄大会上专门作《组织起来》的讲话，系统总结了中国农民已有的劳动互助经验以及土地革命战争时期苏区的实践，并根据列宁关于合作社的理论，指出合作化道路是组织群众以实现解放、抗战胜利和摆脱贫穷的必由之路。此后在1945年4月的《论联合政府》中又特别强调要把农民、工人、青年、妇女等组织起来以建设一个伟大的新中国，并在中国人民政治协商会议第一届全体会议的开幕词中总结中国人民打倒国民党反动政府、推翻帝国主义在中国的统治的基本经验，就是中国人民在中国共产党的领导之下，很快地觉悟起来，并且把自己组织起来，形成了全国规模的最广泛的统一战线。

其二，组织群众必须掌握科学的工作方法，给他们以看得见的实际利益。坚持人民主体、满足人民根本需求，这是马克思列宁主义者的崇高价

① 《毛泽东选集》第二卷，人民出版社1991年版，第564—565页。

值追求,也是贯穿于《国家与革命》的一个重要思想。但如何才能满足人民需求、把群众组织起来?必须掌握科学的工作方法。为此,毛泽东将马克思列宁主义阶级国家观具体化、时代化,通过总结人民群众的实践经验,创造性地提出了组织群众、满足人民需求的一系列科学方法论。早在1934年1月27日,毛泽东就在第二次全国工农兵代表大会上专题讲述了《关心群众生活,注意工作方法》的问题①。他指出“我们是革命战争的领导者、组织者,我们又是群众生活的领导者、组织者。组织革命战争,改良群众生活,这是我们的两大任务。在这里,工作方法的问题,就严重地摆在我们的面前。我们不但要提出任务,而且要解决完成任务的方法问题。我们的任务是过河,但是没有桥或没有船就不能过。不解决桥或船的问题,过河就是一句空话。不解决方法问题,任务也只是瞎说一顿”。那么,这样的工作方法是什么?毛泽东在这里具体提出了两条,一是坚决“反对官僚主义的工作方法而采取实际的具体的工作方法”,二是“抛弃命令主义的工作方法而采取耐心说服的工作方法”。② 所谓实际的具体的和耐心说服的工作方法,具体到苏区党和政府的工作,就是要深刻地注意群众生活的问题,从土地、劳动问题到衣食住行等琐碎的生活问题。毛泽东强调指出:“一切群众的实际生活问题,都是我们应当注意的问题。假如我们对这些问题注意了,解决了,满足了群众的需要,我们就真正成了群众生活的组织者,群众就会真正围绕在我们的周围,热烈地拥护我们。”③此后在《必须注意经济工作》、《我们的经济政策》、《抗日时期的经济问题和财政问题》、《开展根据地的减租、生产和拥军爱民运动》、《组织起来》等一系列论著中,他又反复重申了这一根本立场。

---

① 《毛泽东选集》第一卷,人民出版社1991年版,第139页。
② 《毛泽东选集》第一卷,人民出版社1991年版,第140页。
③ 《毛泽东选集》第一卷,人民出版社1991年版,第137页。

为了给群众以看得见的实际利益，满足人民的需要，毛泽东带领中国共产党人在土地革命战争、抗日战争和解放战争的烽火岁月中，一方面想方设法采取各种适当的步骤和办法帮助人民发展农业、畜牧业、手工业、盐业和商业等，提高生产力，增加人民的收入；另一方面，大搞精兵简政，使各级政权机关达到精简、统一、效能、节约、反对官僚主义五项目的。尤其是注重调动和发挥群众在生产中的主体作用和首创精神，认为"群众有伟大的创造力。中国人民中间，实在有成千成万的'诸葛亮'，每个乡村、每个市镇，都有那里的'诸葛亮'"①。对此，时任西北财政经济委员会副主任的贺龙曾感慨地说：毛泽东"真正实际解决了边区当前最重大的问题（假如没有饭吃，一切工作都无从说起），他比我们负责领导财经工作的任何同志，更懂得边区情况（因为他有正确的研究问题解决问题的方法），这是马列主义经济学在边区的具体运用，是活的马列主义经济学（不是能读《资本论》不懂边币的经济学），他不是夸夸其谈的提出一般的方针与任务，而是对于每个问题都经过周密的调查研究，总结了过去的经验教训，实事求是的确定今后能做应做的事，并详细指出如何实现的办法（开荒、移民、水利、纺织合作社、运盐、调剂劳动力均有极生动模范的例子），他解决了摸索几年的众说纷纭的许多财经问题上的原则问题、实际问题。他明确地指出了边区经济与财政的大道，提高了全体人民的信心。他真正能使我们克服困难，渡过难关去争取抗战胜利。他不仅解决了边区的经济问题财政问题，并且给各个抗日根据地和全国都提供了解决问题辉煌的模范的例子"②。

通过总结我们党组织群众、满足人民需要的一系列切实有效的工作方法，1943年6月1日，毛泽东为中共中央撰写了《关于领导方法的若干

① 《毛泽东选集》第三卷，人民出版社1991年版，第933页。

② 《陕甘宁边区抗日民主根据地》（文献卷）下册，中共党史资料出版社1990年版，第307—308页。

问题的决定》,精辟概括了群众路线这一我们党的生命线和根本工作路线,这就是:“在我党的一切实际工作中,凡属正确的领导,必须是从群众中来,到群众中去。这就是说,把群众的意见(分散的无系统的意见)集中起来(经过研究,化为集中的系统的意见),又到群众中去作宣传解释,化为群众的意见,使群众坚持下去,见之于行动,并在群众行动中考验这些意见是否正确。然后再从群众中集中起来,再到群众中坚持下去。如此无限循环,一次比一次地更正确、更生动、更丰富。这就是马克思主义的认识论。”①党的群众路线坚持了价值和事实相统一、群众和领导相结合、一般和个别相贯通,为阶级国家观的中国实践提供了科学的方法论指引,也为破解《国家与革命》所探讨的国家政权建设中的二难困境问题,即实现民主平等与工作效率相统一、克服国家机器运行中的官僚主义等现象奠定了民主集中制的体制基础。

其三,组织群众要注重教育和改造农民。如前所述,通过对中国国情的深入调查和分析,以毛泽东同志为主要代表的中国共产党人清醒地认识到,与西欧以及俄国革命有所不同的是,中国革命的中心问题是农民问题。如何看待农民?成为中国革命进程中一个带有根本性、全局性的问题。当然,中国共产党人对农民问题的认识也经历了一个曲折的过程,当时陈独秀等人就只想着同国民党合作,忘记了农民,甚至认为农民运动是痞子运动。中国革命“两起两落”的痛苦经历使我们党认识到,中国无产阶级的最广大和最忠实的同盟军是农民,必须要最大限度最大范围地团结和组织农民,无产阶级才能赢得中国革命的彻底胜利。当然,在高度肯定农民尤其是贫雇农作为中国革命主力军的地位和作用的同时,毛泽东也清醒地认识到了农民本身的诸多局限并且始终关注对农民的教育和改造问题。根据胡乔木的回忆:在40年代,毛泽东花了很多精力研究农民,

① 《毛泽东选集》第三卷,人民出版社1991年版,第899页。

但他是“完全用无产阶级的观点来看待农民的”，总是立足于同工人阶级的关系去认识农民，“强调工人阶级是领导阶级”，并以此来界定中国农民所处的社会地位。根据他写给博古的信即可看出，毛泽东“并不把社会发展的希望寄托在旧式农民身上，旧式的农民家庭是必然要分化的。农民家庭要出工人，没有工人，革命就没有希望”。在延安，“毛主席提出了组织起来的口号，这个组织起来不是说要固守农民的本来面貌，而是作为改造农民的手段提出来的。毛主席的这个思想是一贯的”。① 类似的观点，在《组织起来》与《论人民民主专政》等文章中又有精深的阐发。例如，在《组织起来》一文中，毛泽东就依据唯物史观的社会基本矛盾理论分析指出：“在农民群众方面，几千年来都是个体经济，一家一户就是一个生产单位，这种分散的个体生产，就是封建统治的经济基础。而使农民自己陷于永远的穷苦。克服这种状况的唯一办法，就是逐渐地集体化，而达到集体化的唯一道路，依据列宁所说，就是经过合作社。”②此后在《论人民民主专政》一文中又总结性地指出：“严重的问题是教育农民。农民的经济是分散的，根据苏联的经验，需要很长的时间和细心的工作，才能做到农业社会化。没有农业社会化，就没有全部的巩固的社会主义。”③

这一切都表明，以毛泽东同志为主要代表的中国共产党人始终致力于立足中国国情，通过深刻的教育和不断的社会改造以组织起广大农民，建立一个人民民主专政的新中国。也正因此，美国著名历史学家莫里斯·迈斯纳在《毛泽东的中国及后毛泽东的中国》中说，经过共产党的努力，孙中山曾称为一盘散沙的中国，迅速地凝聚成一个具有强烈的民族使命感的强大的现代民族国家。通过把群众组织起来，中国共产党人把那

① 《胡乔木回忆毛泽东》，人民出版社 2003 年版，第 5、6 页。

② 《毛泽东选集》第三卷，人民出版社 1991 年版，第 931 页。

③ 《毛泽东选集》第四卷，人民出版社 1991 年版，第 1477 页。

些备受欺压的劳苦人民组织成了历史的创造者，建立了一个完全不一样的新中国，中华民族的伟大创造力通过组织起来得以充分体现。把中华民族和中国人民组织起来，这就是中国共产党人的组织梦，也是中国共产党人的强国梦。

第五章

《国家与革命》的传播和马克思列宁主义革命观的中国化

在马克思列宁主义的视域中，国家和革命的问题有机统一、密不可分。正如列宁所言："一切革命的根本问题是国家政权问题"①，而关于国家的问题也须着眼革命的视野予以考察。列宁所著的《国家与革命》一书，就是以无产阶级革命解读国家问题的典范之作，它在政治哲学发展史上第一次确立了以革命解读国家的分析传统，对此后包括中国在内的世界革命变化产生了极为重大和深远的影响。遵循列宁《国家与革命》的分析逻辑，以毛泽东同志为主要代表的中国共产党人立足中国革命的具体实践，在"建立一个新中国"的历史征程中，不仅遵循以革命解读国家的列宁的分析传统，而且运用列宁所倡导的唯物辩证的分析方法，坚持以过程的观点和总体性的视野解读中国革命，创造性地回答了中国革命的主体、对象、类型、属性、功能、路径、方法、阶段、趋势等重大问题，推进了马克思列宁主义革命观的中国化。

① 《列宁选集》第3卷，人民出版社2012年版，第19页。

第一节 以革命解读国家的分析逻辑与中国革命道路的探寻

在《国家与革命》中，列宁将国家问题与革命学说紧密结合起来，继马克思恩格斯政治经济学和人类学的分析传统之后，开启了从政治哲学的高度探究国家问题的理论进路。根据何萍等学者的考察，在《国家与革命》的视域中，无产阶级革命既是国家的政治要素，以此规定着帝国主义的国家性质，又是用于说明国家权力关系及其变换的概念，还是建立无产阶级国家的活动。① 在带领中国人民进行社会革命的进程中，以毛泽东同志为主要代表的中国共产党人坚持并发展了《国家与革命》以革命解读国家的分析逻辑，以此探寻并回答打碎旧世界、建设新中国的路径、动力、手段、目标等有关革命道路的一系列重大问题。对此，20 世纪 50 年代的毛泽东曾这样概括道："革命是为建设扫清道路。革命把生产关系和上层建筑加以改变，把经济制度加以改变，把政府、意识形态、法律、政治、文化、艺术这些上层建筑加以改变，根本目的不在于建立一个新的政府、一个新的生产关系，而在于发展生产。"②这表明，在毛泽东看来，马克思列宁主义的革命观对于中国人民而言，一方面，要用之于扫清道路、改变生产关系和上层建筑，这是革命所具有的"破"的价值；另一方面，要用来建立和规范新政府、新生产关系，更要用之于发展生产，这是革命所内含的"立"的属性。也正是因为以《国家与革命》为代表的马克思列宁主义经典对于殖民地、半殖民地国家的人民开展革命具有如此丰富和鲜

① 参见何萍：《列宁国家理论的研究范式：重读〈国家与革命〉——为纪念十月革命胜利 100 周年而作》，《中国地质大学学报》（社会科学版）2016 年第 6 期。

② 《毛泽东年谱（1949—1976）》第三卷，中央文献出版社 2013 年版，第 49—50 页。

明的理论和实践意义,故此毛泽东等中国共产党人坦言特别喜欢研读它们。① 在这一节,我们将遵循历史和逻辑相统一的原则,具体考察以毛泽东同志为主要代表的中国共产党人坚持以革命解读国家的分析逻辑探索和解决革命道路等问题的具体历程。

一、"思考自己的问题,走俄国人的路"之革命方针的选定

从文本传播史的角度观察,《国家与革命》所蕴含的革命观对中国先进知识分子产生影响,最早当是在20世纪20年代初,主因是为了破解"中国向何处去"、"中国怎么办"等关乎国家生死存亡的时代主题。正如我们在第一章所分析的,通过对不同版本的《国家与革命》的研读,先进知识分子不仅了解到了马克思恩格斯有关社会革命的理论,掌握了马克思在《法兰西内战》中所指出的"工人阶级不能简单地掌握现成的国家机器,并运用它来达到自己的目的"这一革命性结论,而且也深切感受到了列宁在《国家与革命》中所直陈的"无产阶级国家代替资产阶级国家,非通过暴力革命不可"这一光辉思想。尤其是,十月革命的胜利,更是为世界被压迫民族破解国家前途等问题指明了革命道路。由此,《国家与革命》所传递的革命观或"革命主义"理念开始在中国大地落地生根,成为探索举什么旗帜、走什么道路的重要思想资源。

但是,马克思列宁主义的革命观或"革命主义"理念的中国传播,也绝非一片坦途,其间经历了多次重大斗争。例如,张东荪、丁文江、胡适等人就多次谈到自己不相信革命,认为革命有害。他们认为中国仍处在封建经济和前期资本主义经济之过渡阶段,无壁垒森严之阶级对立,无阶级之显著分野,更谈不到阶级意识,距革命时机尚远。因此,阶级斗争等革

---

① 参见龚育之、逄先知、石仲泉:《毛泽东读书生活》,生活·读书·新知三联书店2009年版,第22页。

命学说不适用于中国社会，俄国共产党的革命与历史上的游民叛乱实为一物。天下革命为一物，带来的是社会失序，绝非解决问题之道，只有民主政治才是解决政治问题的不二法门。人类社会的进步除了长期的继续努力之外，没有任何的捷径可走。在他们看来，革命带来的是社会毁坏，害国家、害民族，颠覆整个社会；带来的是个人自由的损害，导致理性丧失，人格尊严毁灭。

针对以上有关革命特别是暴力革命问题的种种模糊乃至错误观点，先进的中国知识分子自觉走上了一条绍介并传播《国家与革命》等经典的道路，以此为破解“中国向何处去”的问题提供理论指导。例如，蔡和森在法国勤工俭学期间便“猛看猛译”《国家与革命》，并将其广泛传阅于留学生之中。他指出“世界革命运动自俄革命成功以来已经转了一个大方向，这方向就是‘无产阶级获得政权来改造社会’”①。同样，李达东渡日本期间弃理从文，通宵达旦地读《国家与革命》等马克思列宁主义著作，回国后在维金斯基的帮助下助推《国家与革命》首译文在《共产党》月刊问世。根据他的认识，“俄国所行的，各国最怕的‘劳动专政’，都是数十年马克思所倡导，所主张的”，“列宁并不是创造家，只可称为实行家”。② 在国内，陈独秀较早便直陈“用革命的手段建设劳动阶级（生产阶级）的国家”③并“函约各地社会主义分子组织支部”④。而据叶福林等学者研究，彼时正在长沙筹备建党并创办文化书社的毛泽东随后也收到了从上海邮寄的《共产党》月刊，并由此研读到了其中所刊载的沈雁冰译介的《国家与革命》。实际上，毛泽东在此之前已经开始传播列宁文本的

① 《蔡和森文集》上册，人民出版社 2013 年版，第 75 页。

② 李达：《马克思还原》，《新青年》第 8 卷第 5 号。

③ 陈独秀：《谈政治》，《新青年》第 8 卷第 1 号。

④ 《共产国际、联共（布）与中国革命档案资料丛书》第一卷，北京图书出版社 1998 年版，第 31 页。

革命思想。早在 1921 年元旦前后,他与新民学会会员就“改造中国与世界”等问题展开讨论并在此基础上指出:“我看俄国式的革命,是无可如何的山穷水尽诸路皆走不通了的一个变计,并不是有更好的方法弃而不采,单要采这个恐怖的方法。”①“激烈方法的共产主义,即所谓劳农主义,用阶级专政的方法,是可以预计效果的,故最宜采用。”②这表明,以毛泽东为代表的中国先进知识分子已经确立了“思考自己的问题,走俄国人的路”的革命方针。

当然,“思考自己的问题,走俄国人的路”之革命方针的确定,绝非只是简单地通过思想研读就能成为社会共识,这一革命方针的选定,必须要同中国近代以来的历史尤其是要同十月革命的伟大实践紧密结合起来进行观察。关于这一历程,在为纪念中国共产党二十八周年而作的《论人民民主专政》一文中,毛泽东作了详尽的阐述。他分析了近代以来的中华民族的历史,认为帝国主义的侵略打破了中国人学西方的迷梦,怀疑产生了,增长了,发展了,历史的实践表明,照抄照搬西方的各类救国方案被证明此路不通。“第一次世界大战震动了全世界。俄国人举行了十月革命,创立了世界上第一个社会主义国家”“中国人从思想到生活,才发现了一个崭新的时期。中国人找到了马克思列宁主义这个放之四海而皆准的普遍真理,中国的面目就起了变化了”,“十月革命一声炮响,给我们送来了马克思列宁主义。十月革命帮助了全世界的也帮助了中国的先进分子,用无产阶级的宇宙观作为观察国家命运的工具,重新思考自己的问题。走俄国人的路——这就是结论”。③ 在这里,毛泽东十分清晰地阐述了“俄国革命—马克思主义宇宙观—国家命运—思考自己的问题—走俄国人的路”的历史和逻辑联系,深刻揭示了以俄为师、走俄国之路以救国

① 《毛泽东书信选集》,人民出版社 1983 年版,第 2 页。

② 《毛泽东文集》第一卷,人民出版社 1993 年版,第 2 页。

③ 《毛泽东选集》第四卷,人民出版社 1991 年版,第 1470—1471 页。

图存、复兴民族的历史必然性。

二、以革命解读国家之分析逻辑的确立

对于身处灾难深重之旧中国的先进分子而言，以俄为师、走俄国人的路这一方针的确立，仅仅只是走出了改造中国、改造世界的第一步；接下来更紧迫、更重要的问题，则是用无产阶级的理论武器反思自己的问题。在这里，毛泽东谈及了对中国革命而言最为重大的三个核心概念，即"无产阶级的宇宙观""国家命运""自己的问题"，将这个三个概念有机贯通即能合乎逻辑地得出"革命"的结论并回答有关中国革命"革什么""怎么革"等攸关革命成败得失的最为根本的问题。

对于以毛泽东同志为主要代表的中国共产党人来说，用无产阶级的理论武器思考国家民族的命运问题，列宁的《国家与革命》是一个必备的理论"工具"。在这一文本中，列宁运用马克思主义的宇宙观，将国家和革命二者有机贯通起来，科学阐述了国家和革命的一系列重大理论和实践问题。对此，1926 年的毛泽东曾在第六届农民运动讲习所讲授相关课程时作了简要概述。他这样说道：列宁的"《国家与革命》一书，把国家说得很清楚"①。国家是什么？它无非"是一个阶级拿了压迫另一个阶级的工具"，我们的革命民众一定要"将政权拿在手中"并"对反革命者要用专制的手段，不客气地压迫反革命者，使他革命化；若不能革命化了，或赐以惨暴的手段"②。毛泽东关于《国家与革命》核心论断的这一扼要式叙述，表明此时的他已经充分了解和掌握了该文本所蕴含的以革命解读国家问题的分析逻辑，毛泽东视野中的无产阶级革命不仅仅只是推翻旧世界的道路和手段，它也是无产阶级专政国家之本质属性的规定。鉴于无

① 《毛泽东年谱（1893—1949）》上卷，中央文献出版社 1993 年版，第 163—164 页。
② 《毛泽东年谱（1893—1949）》上卷，中央文献出版社 1993 年版，第 163—164 页。

产阶级专政国家的“立”必须以腐朽落后之旧中国的“破”为基础,因此毛泽东便合乎逻辑地将自己的关注重心指向了“无产阶级用暴力推翻资产阶级而建立自己的统治”①的在地化问题,即要倾全力解决“殖民地半殖民地的革命”②问题。

对于当时的中国先进分子而言,以帝国主义和封建主义为革命的对象,这一认识是清晰明确的。在第一次国共合作时期,毛泽东已经认识到,这一时期的中国革命,“目的是建设一个革命民众合作统治的国家”,其主体力量即“革命民众”不仅指的是“国家即组织成为统治阶级的无产阶级”,而且包括投身实际革命的“小资产、半无产、无产这三个阶级成立的一个革命的联合”,其中“工业无产阶级是我们革命的领导力量”③。尤其是,此时的毛泽东通过大量农村调查开始明确地认识到,对于中国而言,“农民问题乃国民革命的中心问题”④。随着北伐战争引发的两湖农民运动的迅猛发展,毛泽东进一步明确了究竟何种火花“足以熔化旧的中国,并塑造出新中国”?不同于陈独秀、鲍罗廷所持农民运动过火、“妨碍统一战线”的观点,毛泽东在《湖南农民运动考察报告》中响亮地提出:“革命是暴动。”⑤在这里,列宁《国家与革命》的暴力革命论以富有鲜明中国特色的语言得以大力弘扬,开始深入人心。此后,毛泽东又进一步指出:“中国农民运动,是革命进程中主要之力量,尤须与全世界工人阶级携手前进。”⑥对此,时任中共重要领导人的瞿秋白也深表赞同并为毛泽东的《湖南农民运动考察报告》一文撰写序言,强调“中国的革命者个个

① 《列宁选集》第3卷,人民出版社2012年版,第129—130页。
② 《毛泽东文集》第一卷,人民出版社1993年版,第25页。
③ 《毛泽东文集》第一卷,人民出版社1993年版,第9页。
④ 《毛泽东年谱(1893—1949)》上卷,中央文献出版社1993年版,第166页。
⑤ 《毛泽东选集》第一卷,人民出版社1991年版,第16—17页。
⑥ 《毛泽东年谱(1893—1949)》上卷,中央文献出版社1993年版,第198页。

都应当读一读毛泽东这本书"①。

大革命失败以后，为了打碎一个旧世界而必须回答的革命领导权、革命道路等问题开始进一步凸显出来。中国革命"一起一落"的经验教训告诉毛泽东等中国共产党人，"我们不应再打国民党的旗子了。我们应高高打出共产党的旗子"②。这表明，以毛泽东同志为主要代表的中国共产党人在革命领导权问题上有了鲜明的理论和实践自觉。不仅如此，在八七会议之前，毛泽东即开始反复强调建立工农武装，响亮地提出了"到农村去，下乡组织农民""拿起枪杆子进行斗争，武装保卫革命""工农武装一律迅速集中""以枪杆子对付枪杆子，不要再徘徊观望""上山可造成军事势力的基础"等有关革命道路的重要思想③。在八七会议上，毛泽东系统批评了陈独秀的右倾错误，着重指出"须知政权是由枪杆子中取得的"④。会议之后，毛泽东放弃去上海中央机关工作的机会，以中央特派员身份回到湖南组织秋收暴动，走上了"枪杆子里面出政权"的武装革命道路。这也表明，伴随着中国革命的逐渐展开和深入，以毛泽东同志为主要代表的中国共产党人坚持以革命解读国家的分析逻辑具有了越来越突出的中国特色，《国家与革命》所蕴含的革命观在同中国实际相结合的过程中也得以不断地具体化。

当然，还需要指出的是，这一时期毛泽东坚持以革命解读国家的进程中所取得的上述创新成果，当时并未得到党内的深刻认识和普遍认可。例如，针对毛泽东关于武装革命的道路设计，1927 年 8 月 23 日，中共中央在给湖南省委的复信中批评毛泽东的想法是一种军事冒险主义，还盲

① 《瞿秋白文集》(政治理论编)第四卷，人民出版社 2013 年版，第 559 页。
② 《毛泽东年谱(1893—1949)》上卷，中央文献出版社 1993 年版，第 209 页。
③ 《毛泽东年谱(1893—1949)》上卷，中央文献出版社 1993 年版，第 201—203 页。
④ 《毛泽东年谱(1893—1949)》上卷，中央文献出版社 1993 年版，第 206 页。

目坚持要以国民党的民党搞工农革命。① 这也映证了 1941 年毛泽东在《改造我们的学习》中所作的概括:“我党在幼年时期,我们对于马克思列宁主义的认识和对于中国革命的认识是何等肤浅,何等贫乏。”②而对于中国革命认识的肤浅和贫乏,也反映了中国共产党人在以革命解读国家问题之历程中的曲折艰辛。

三、农村包围城市、武装夺取政权的革命路径的开辟

如果说,大革命的失败,从反面促使以毛泽东同志为主要代表的中国共产党人确立了到农村去组织和武装农民的革命理念;那么,土地革命战争和抗日战争的革命实践,则标志着中国共产党人已经开辟了一条用革命解读国家问题的实践创新之路,这就是:坚持工农武装割据、农村包围城市、最后武装夺取全国政权的中国革命道路。这一条革命道路的成功开辟,从马克思列宁主义革命观的视角分析,是以毛泽东同志为主要代表的中国共产党人创造性解读和创新性发展《国家与革命》蕴含的革命逻辑的标志性成果。

自井冈山革命根据地开创到 1930 年夏,全国 10 多个省已经建立了大小十几块农村革命根据地。随着三次反“围剿”的胜利,中央苏区形成了一个拥有 21 个县、5 万平方公里土地、250 万人口和 5 万名红军的广大根据地。在此基础上,1931 年 11 月,我党在江西瑞金宣布成立中华苏维埃共和国临时中央政府,其中通过的《中华苏维埃共和国宪法大纲》中明确规定苏维埃政权是属于工人、农民、红军兵士及一切劳苦民众的。毫无疑问,中华苏维埃共和国是第一个全国性的工农民主政权,也是列宁以“革命”解读“国家”理念在中国革命进程中的重要尝试。在此期间,毛泽

① 《毛泽东年谱(1893—1949)》上卷,中央文献出版社 1993 年版,第 210 页。
② 《毛泽东选集》第三卷,人民出版社 1991 年版,第 795—796 页。

东基于革命根据地的实践经验进一步探索适合中国国情的革命道路。在他看来,那种全局性整体性的建立政权方式并不适合中国,而从局部开始有计划性地深入发展政权,“波浪式”①的扩大政权范围才是正确的。与此同时,红军、游击队和红色区域的建立和发展,是半殖民地中国在无产阶级领导之下的农民斗争的最高形式和必然结果,并且是促进全国革命高潮的重要因素②,这标志着农村包围城市、最后武装夺取全国胜利革命道路的提出。

显而易见,毛泽东提出的具有鲜明中国特色的革命道路与《国家与革命》所规划的实践路径并不完全相同。众所周知,1917 年 11 月 7 日,列宁带领 20 多万革命士兵和起义工人占领彼得格勒,建立了世界上第一个社会主义国家。此后,这种以城市为中心的俄国革命经验被共产国际以及中共党内一些领导人奉为圭臬。例如,1927 年 11 月,中共中央在上海召开的临时政治局扩大会议就要求以城市暴动为“中心及指导者”。1928 年 2 月,共产国际执委会第九次扩大全会作出《共产国际关于中国问题的议决案》,继续强调以城市为中心开展暴动。坚持“左”倾教条主义路线的一些人据此指责毛泽东等人在苏区根据地的革命实践,认为这是“山沟沟里的马克思主义”,属于“狭隘的经验论”。与此同时,战斗在苏区根据地的一些同志也对红旗到底能打多久产生了深深的疑问。为此,从 1928 年 10 月到 1930 年 1 月,毛泽东先后撰写了一系列文章,包括《中国的红色政权为什么能够存在?》、《井冈山的斗争》、《关于纠正党内的错误思想》、《星星之火,可以燎原》等光辉论著,系统阐发了有关中国革命道路的一系列重大问题。首先,在 1928 年 10 月撰写的《中国的红色政权为什么能够存在?》中,毛泽东通过总结大革命的经验教训,明确断

① 参见《毛泽东文集》第一卷,人民出版社 1993 年版,第 98 页。
② 参见《毛泽东文集》第一卷,人民出版社 1993 年版,第 97—98 页。

言中国革命必须由无产阶级来领导。自此以后，坚持无产阶级对中国革命的领导权，成为中国共产党人始终不渝的一条根本原则。在此基础上，他进一步分析了中国工农红色政权能够长期存在的五条原因，即：白色政权间的长期的分裂和战争；经过民主革命的影响因而群众曾被广泛动员；全国革命形势向前发展；相当力量的红军的存在以及“共产党组织的有力量和它的政策的不错误”等，进一步提出并实践了武装斗争、土地革命、根据地建设三位一体的“工农武装割据”思想。不仅如此，他还结合当时广大干部战士普遍关注的农村革命和城市工作的关系、小块区域红色政权的建设与革命高潮的关系等问题，进行了有针对性的解释说明。他指出，强调农村革命，并不意味着就要抛弃城市斗争，革命的实践表明，“只有农民斗争得不到工人的领导而失败，没有农民斗争的发展超过工人的势力而不利于革命本身的”①。此后周恩来也在“九月来信”中以中共中央名义对以“农村为中心”的中国革命道路作出了充分肯定。在谈到小块区域红色政权与革命高潮的关系时，毛泽东又分析指出：“农村斗争的发展，小区域红色政权的建立，红军的创造和扩大，尤其是帮助城市斗争、促进革命潮流高涨的主要条件。”②因此只有兵力集中才能消灭大一点的敌人，才能占领城镇，才能发动大范围的群众，才能建立几个县联在一起的政权。③ 基于上述分析，毛泽东进一步发展了“工农武装割据”的思想，提出了农村包围城市，最后武装夺取全国胜利的理论，标志着以毛泽东同志为主要代表的中国共产党人在以革命解读国家的历史进程中实现了从理论到实践、从抽象到具体、从俄国到中国的创造性转化。

---

① 《毛泽东选集》第一卷，人民出版社 1991 年版，第 103 页。

② 《毛泽东选集》第一卷，人民出版社 1991 年版，第 79 页。

③ 参见《毛泽东选集》第一卷，人民出版社 1991 年版，第 103 页。

四、建立人民共和国之革命目标的坚守

如前所述,以毛泽东同志为主要代表的中国共产党人坚持以革命解读国家的分析逻辑,通过《国家与革命》等列宁经典的深入研读,创造性地回答了中国革命的方针、方法、路径等革命道路的问题。这些问题的探寻,又极为紧密地关联着中国革命的目标这一重大问题,对此我们在上一章有较为详细的考察。在这里,我们将以 1946 年前后毛泽东对《国家与革命》的再次研读为线索,展现以毛泽东同志为主要代表的中国共产党人在确立和坚守中国革命目标问题上"将革命进行到底"的彻底革命精神。这一伟大精神,是中国共产党人对马克思列宁主义以及鲁迅等中国革命"圣人"坚决、彻底、科学斗争之精神的继承和弘扬。

根据龚育之、徐中远等同志的考证,1946 年 4 月 22 日,毛泽东开始再次研读列宁的《国家与革命》。其中第一章"阶级社会和国家"部分,毛泽东几乎在每句话旁边都做了重点标记,尤其是讲暴力革命的部分,特别是暴力革命的观点是"马克思恩格斯全部学说的基础"这一段,他还进行了反复标记,以示强调①。如前所述,毛泽东第一次在湖南研读并运用《国家与革命》的分析逻辑,是为了解决中国革命的方针问题;第二次在广州研读并运用《国家与革命》的分析逻辑,是为了宣讲阶级斗争的革命理念;第三次在苏区研读并运用《国家与革命》的分析逻辑,是为了探寻中国革命的路径问题。而这一次的研读,据胡乔木的回忆,则是因为当时的中国共产党人面对着蒋介石准备发动全面内战的危险,亟待解决是否敢于同国民党实行彻底决裂、同美帝国主义彻底破裂以建立一个无产阶级革命国家这一重大而紧迫的问题,这是决定中华民族前途命运的头等

---

① 参见龚育之、逄先知、石仲泉:《毛泽东读书生活》,生活·读书·新知三联书店 2009 年版,第 24 页。

大事。正是在这样的历史背景下，毛泽东在延安再次仔细研读《国家与革命》，一方面是为实行决裂、将革命进行到底汲取科学的理论资源，另一方面也是以此坚定共产党人冲破压力、迎难而上的精神动力。

关于革命目标的问题，正如毛泽东在《新民主主义论》中所指出的，中国共产党人的总规划是要“建立一个新中国”。具体而言，在苏区的实践中我们的目标是建立一个工农民主共和国或红色苏维埃政权，在抗战时期我们要建立一个民主共和国。1942 年 7 月 9 日，当时刘少奇正从华中途经山东返回延安，毛泽东给他发电强调，我们的方针是团结国民党，改善两党关系，战后仍须合作新中国成立，中国必须要民主共和国才能进入社会主义。抗战胜利以后，中共中央发表对目前时局的宣言，正式提出以和平、民主、团结为基础建设独立、自由与富强的新中国，成立举国一致的民主的联合政府等六项措施。① 重庆谈判期间，中国共产党恪守“以和平、民主、团结为统一的基础”的原则，历时 43 天的艰苦谈判，使国民党最终接受和平新中国成立的基本方针。与此同时，国际上也出现了有利于中国人民争取和平民主的变动。在此基础上，1946 年 1 月，政治协商会议召开，通过了《和平新中国成立纲领》等五项协议，并规定成立联合政府。这是中国民主革命的一次伟大胜利，中共中央立即发出《关于目前形势与任务的指示》，指出“从此中国即走上和平民主建设的新阶段”，而“中国革命的主要斗争形式，目前已由武装斗争转变为非武装的群众的议会斗争，国内问题由政治方式来解决”②。然而，这来之不易的和平之光转瞬即逝。政治协商会议闭幕不久，国民党右派就制造了骇人听闻的较场口事件，尔后召开的国民党六届二中全会则公然撕毁政协决议再次挑起内战。在国际上，英国前首相丘吉尔在美国发表了铁幕演说，鼓吹

① 参见《毛泽东年谱（1893—1949）》下卷，中央文献出版社 1993 年版，第 14 页。

② 《毛泽东年谱（1893—1949）》下卷，中央文献出版社 1993 年版，第 56 页。

“所有讲英语的民族结成兄弟联盟”对抗共产主义①,由此拉开美苏冷战的序幕。

面对国际国内时局的重大转折,是否敢于同国民党因而也同美帝国主义彻底决裂?这是摆在中国共产党人面前亟待解决的最为重大的问题。为此,以毛泽东同志为主要代表的中国共产党人展开了长考。也正是在长考的过程中,毛泽东再次学习了《国家与革命》尤其是重点研读了有关暴力革命“是马克思恩格斯全部学说的基础”以及必须彻底打碎旧的国家机器才能建立无产阶级专政的国家等重要论断。从这里就可以观察到毛泽东阅读马克思列宁主义经典的一条宝贵经验,这就是带着中国革命进程中碰到的一系列重大问题,运用新的眼光去研读经典。正是这样,他才做到了越读越新、常读常新。《国家与革命》的再次研读,其意义绝不仅仅是令毛泽东在理论上重温了列宁以革命解读国家的分析逻辑以及由此而提出的一系列重要思想,有助于在大是大非面前做到头脑更清醒,谋划更科学;更重要的是为他坚守将革命进行到底的革命立场和斗争意志奠定了坚实而科学的价值导引和理论支撑。通过文本的精心研读而进一步坚定的科学的理论逻辑,使毛泽东能够在此基础上对国际国内错综复杂的矛盾和形势展开全面、深入的剖析。1946 年 4 月,与《国家与革命》的研读相同步,毛泽东撰写了《关于目前国际形势的几点估计》一文,文章对美、英、法与苏联的矛盾作了细致深入的分析,认为它们彼此之间不是或者妥协或破裂的问题,而是较早妥协或者较迟妥协的问题。之所以如此,主要是因为全世界的民主力量超过了反动力量,并且正在向前发展。这也就表明,美苏两个不同阵营之间相互关系的妥协趋势,并不意味着殖民地半殖民地国家的人民反对反动统治者的革命要妥协退让,恰恰相反,美苏的妥协取决于全世界一切民主力量向反动力量作出坚决和有

① 《胡乔木回忆毛泽东》,人民出版社 1994 年版,第 430 页。

效的斗争①。事实上,这不仅回答了如何看待国际形势,如何与国民党相处等问题,同时也打破了"必须服从苏联外交需要的传统"②。通过长考,以毛泽东同志为主要代表的中国共产党人下决心"准备同国民党彻底破裂",提出了以武装斗争为根本的和平民主方针。1946年7月,《中国共产党中央委员会为纪念"七七"九周年宣言》发表,毛泽东在修改宣言时加了一句很有分量的话,"我们一定要打败中外反动派的一切反动企图,我们一定要实现独立、和平与民主"③。

当然,与国民党的彻底决裂,也就意味着与其背后的靠山即美帝国主义的决裂,为此就要打破国人心目中的美国幻想和美国迷信。在精心研读《国家与革命》等经典并作了认真细致的调研之后,1946年6月至8月间,毛泽东在《解放日报》上先后发表了《美国应即停止助长中国内战》、《要求美国改变政策》、《一年的教训》等社论,一针见血地道破美国政府帮助蒋介石"漂亮"地实现独裁、消灭中华民族的独立和中国人民的民主的实质④。此后,毛泽东在为中共中央起草的关于时局与任务的指示中明确指出:中国将要从"全国范围的反帝反封建斗争发展到新的人民大革命的阶段"⑤。具体而言,民族压迫和封建压迫皆未解决由此决定了中国革命的第四次高潮不可避免地要来到⑥,这是由中国共产党单独领导的革命高潮,而中国共产党的任务是为争取这一革命新高潮的到来及其胜利而斗争。此后,中国人民解放军不断取得胜利并进入战略反攻的阶段。针对国民党和美国政府打出的所谓"求和"旗号,毛泽东在题为《将

① 参见《毛泽东选集》第四卷,人民出版社1991年版,第1184—1185页。
② 《胡乔木回忆毛泽东》,人民出版社1994年版,第433页。
③ 《毛泽东年谱(1893—1949)》下卷,中央文献出版社1993年版,第105页。
④ 参见《一年的教训》,刊于《解放日报》1946年8月29日。
⑤ 《毛泽东年谱(1893—1949)》下卷,中央文献出版社1993年版,第105页。
⑥ 这种革命高潮在中国革命历史上有过三次,第一次是辛亥革命,第二次是北伐战争,第三次是抗日战争。

革命进行到底》的新年献词中明确指出:不管是中国的反动派还是外国的敌对侵略势力,皆不会自行消灭,必须要用革命消灭干净,从而建立人民民主专政的共和国。① 毛泽东的这一论断,再次重申了马克思和列宁倡导的以彻底的暴力革命推翻和打碎旧的国家机器,建立无产阶级的革命专政的国家的光辉思想。而1949年中华人民共和国的成立,不仅意味着新民主主义革命的胜利和社会主义革命的开启,也表明以毛泽东同志为主要代表的中国共产党人对建立人民共和国这一伟大革命目标的几十年坚守终于结出了累累硕果。

第二节 过程性解读革命与中国革命的阶段转变

在中国革命的实践进程中,革命的阶段问题具有特别重大的意义。之所以如此,主要是因为它直接关系到如何正确认识和把握资产阶级民主革命和社会主义革命的相互关系。正是在这一问题上,"左"倾和右倾机会主义从对立的两极跌入了共同的深渊并由此对中国革命造成了极大危害。在我党领导人中,毛泽东不仅较早完成了关于这一问题的实践自觉,而且他也极其重视从理论层面深化对这一问题的反思。早在1933年,他就在给彭德怀的信中建议,列宁的《社会民主党在民主革命中的两种策略》这本书"要在大革命时读着,就不会犯错误"。此后不久又致信彭德怀说,看了《共产主义运动中的"左派"幼稚病》才会知道,"左"与右同样有危害性。毛泽东所援引的列宁两本论著,其中所谈论的一个重要思想即是资产阶级民主革命和社会主义革命以及相互关系等问题。这一

① 参见《毛泽东选集》第四卷,人民出版社1991年版,第1375页。

思想不仅在上述两本论著之中有论述,而且也体现在《国家与革命》等文本之中。以这些文本为核心,构成了列宁以过程的观点解读俄国革命的系统思想,这一思想以及蕴含其中的科学方法论对中国共产党人的革命观产生了极为重大而深刻的影响。

一、《国家与革命》视域中的革命过程论

作为一个深谙马克思主义革命辩证法的哲学家,列宁极为重视以发展和联系的基本原则认识和改造世界。根据他的概括,马克思主义的辩证法是“最完备最深刻最无片面性的关于发展的学说”①。在写于1914年11月的《卡尔·马克思》一文中,他详尽地引述了恩格斯关于世界是“过程的集合体”的论断,并具体揭示了马克思主义辩证法发展学说的若干特征②,包括发展是否定之否定,是螺旋式进行的,是飞跃式的、革命的,是渐进过程的中断,是量转化为质,发展的内因来自事物内部各种力量和趋势的矛盾或冲突,相互联系的事物形成统一的有规律的世界运动的过程等。对于世人尤为关注的国家与革命问题,他更是注重以过程的观点展开系统深入的探究,通过对世情、国情尤其是俄国革命经验教训的分析总结,在《社会民主党在民主革命中的两种策略》、《国家与革命》、《共产主义运动中的“左派”幼稚病》等论著中实现了不断革命论和革命阶段论的有机统一,为后人确立了以过程解读革命的科学方法论。

在马克思主义的理论逻辑中,社会主义必然取代资本主义,这是历史发展的规律。正如列宁在《国家与革命》第五章所概括的:“马克思的全部理论,就是运用最彻底、最完整、最周密、内容最丰富的发展论去考察现代资本主义。自然,他也就要运用这个理论去考察资本主义的即将到来

---

① 《列宁选集》第2卷,人民出版社2012年版,第310页。

② 参见《列宁选集》第2卷,人民出版社2012年版,第423页。

的崩溃和未来共产主义的未来的发展”①。在领导无产阶级进行革命的进程中，马克思恩格斯和列宁等人深刻认识到，社会主义取代资本主义的社会革命是一个具体的历史的过程，因各国国情的区别必然会经历不同的发展阶段、形成不同的类型。例如在西欧资本主义发达国家，有可能直接进行无产阶级的社会主义革命，而在殖民地半殖民地等落后国家，则首先需要进行资产阶级民主革命并在此基础上进一步发展到社会主义革命。在 19 世纪末展开的有关俄国资本主义发展命运的大争论之中，列宁就具体揭示了俄国资本主义发展的客观现实并在此基础上形成了有关俄国资本主义民主革命的思想。对此，列宁在撰写于 1905 年 6 月至 7 月间的《社会民主党在民主革命中的两种策略》一著中作了精辟阐述。在他看来，俄国经济发展的客观条件与广大革命群众的思想觉悟状况，决定了俄国革命的资产阶级性质，但这种资产阶级革命也为无产阶级后来更坚决地进行革命奠定了基础。当然，在这个过程中，最关键的就是不能丢失革命的领导权。随着世情和国情的重大变化，列宁对革命发展阶段以及各阶段之间相互关系问题的认识也在与时俱进，总体趋势是开始突出强调由资产阶级民主革命向社会主义革命的过渡，这一思想比较早地体现在领导 1905 年俄国革命的过程中。而在俄国二月革命之后的 1917 年 4 月 4 日至 5 日，列宁在总结革命经验的基础上撰写了《论无产阶级在这次革命中的任务》一文，他进一步将马克思主义的革命原则与俄国具体实践相结合并指出：“俄国当前形势的特点是从革命的第一阶段向革命的第二阶段过渡，第一阶段由于无产阶级的觉悟和组织程度不够，政权落到了资产阶级手中，第二阶段则应当使政权转到无产阶级和贫苦农民手中。”②在这里，列宁再次强调了革命的两个阶段的性质，并揭示了从第一

① 《列宁选集》第 3 卷，人民出版社 2012 年版，第 186 页。

② 《列宁选集》第 3 卷，人民出版社 2012 年版，第 14 页。

个阶段向第二个阶段过渡的历史必然性。在他看来,在第二阶段,“我们的直接任务并不是‘实施’社会主义,而只是立刻过渡到由工人代表苏维埃监督社会的产品生产和分配”①。列宁关于第二阶段革命的设想在此后不久的《国家与革命》中得到了更加系统深入的阐释。

如果说,在《国家与革命》之前,列宁以过程的观点解读俄国革命还主要围绕资产阶级民主革命和社会主义革命两个阶段问题展开的话;那么,《国家与革命》就在此问题上完成了论域的转换,它将重点投向“从资本主义向共产主义的过渡”即“无产阶级专政”或“新型民主的(对无产者和一般穷人是民主的)新型专政的(对资产阶级是专政的)国家”的问题②。这一转换是从多个方面具体体现出来的,其中对马克思有关“工人阶级不能简单地掌握现成的国家机器,并运用它来达到自己的目的”的深入解读可以被理解为是无产阶级专政问题的基础性认识。换言之,第二阶段的革命即无产阶级专政的前提是“工人阶级应当打碎、摧毁现成的国家机器,而不只是简单地夺取这个机器”,列宁甚至认为,“‘把官僚军事国家机器打碎’这几个字,已经简要地表明了马克思主义关于无产阶级在革命中对待国家方面的任务问题的主要教训”。③ 在此基础上,列宁依据马克思的《哥达纲领批判》进一步分析指出,从资本主义社会到共产主义社会必然会经历一个过渡期,这个时期的国家形式只能是无产阶级的革命专政。这个革命必须是新型民主和新型专政的辩证统一,《国家与革命》的大量篇幅也正是围绕这一问题展开。

在《国家与革命》中,列宁坚持以过程的观点解读革命,不仅体现在有关无产阶级专政问题的大量论述之中,而且也体现为他对马克思社会发展阶段理论的进一步具体化。马克思在《哥达纲领批判》中曾设想,无

① 《列宁选集》第3卷,人民出版社2012年版,第16页。

② 《列宁选集》第3卷,人民出版社2012年版,第140页。

③ 《列宁选集》第3卷,人民出版社2012年版,第142、143页。

产阶级夺取政权以后的社会发展大致会经过三个阶段:第一阶段,即从资本主义社会到共产主义的过渡时期;第二阶段,即共产主义社会的第一阶段或低级阶段;第三阶段,即共产主义社会的高级阶段。在《国家与革命》的第五章,列宁详尽地阐述了马克思的上述观点和坚持马克思的阶段划分,认为过渡时期只能是无产阶级的专政国家,第一阶段也就是社会主义社会,未来的共产主义社会即是各尽所能、按需分配的社会,到了第三阶段,随着阶级和政党消灭,国家也随之消亡。这表明,列宁在国家、革命等问题上彻底坚持了马克思主义的辩证发展观,也为以毛泽东同志为主要代表的中国共产党人立足中国国情、科学划分革命阶段、坚持革命到底提供了科学的思想武器。

二、革命阶段问题的凸显与中国革命上下篇的提出

对中国共产党人而言,革命阶段问题具有特别重大的意义。自 1921 年建党之日起,我们党就带领中国人民进行改造中国的伟大社会革命。但是从 1921 年到 1935 年,在这 14 年间,既经历了轰轰烈烈、红红火火的光荣岁月,但也有过“两起两落”的痛苦历程。在前进道路上,我们党之所以会跌跟斗、犯错误、走弯路,有诸多主观和客观的原因,其中一个非常关键的因素是对革命性质和革命阶段等问题的判断出了重大偏差。对此,毛泽东在基于列宁经典研读之后的深刻分析,并特意解释说,如果早一点看到列宁的这些经典,中国革命就不会犯那么大的错误。长征到达延安以后,他开始更加系统深入地反思中国国革命的经验教训。在撰写于 1935 年 12 月 27 日的《论反对帝国主义的策略》一文中,他指出 1927 年革命的失败主要是错误的思想路线问题。之所以没有能够制定正确的革命战略和策略,则是由于陈独秀等党的领导人对中国革命的阶段和性质问题的错误认识,他们坚持中国的“二次革命论”,机械地将资产阶级民主革命和社会主义革命割裂开来,固执地认为在资产阶级民主革命时

期必须由资产阶级及其代表国民党掌握革命的领导权,搞一切联合、否认斗争的绝对主义。如上所述,这一问题列宁在《社会民主党在民主革命中的两种策略》中有非常精辟的阐述。在毛泽东看来,很遗憾我们党没有能够在第一时间研读这一论著。在纠正陈独秀右倾错误之后,我们党在开展武装斗争过程中却又连续犯了三次“左”倾错误,而且错误的程度一次比一次严重。对此,毛泽东在《论反对帝国主义的策略》中继续分析指出,在中国现阶段,革命力量的不平衡状态是一个严重的问题,因此革命必须建立广泛的统一战线,反对关门主义。但是“左”倾教条主义者却与此截然相反,这些教条主义者认为,“革命的力量是要纯粹又纯粹,革命的道路是要笔直又笔直。圣经上载了的才是对的。民族资产阶级是全部永世反革命了,对于富农,是一步也退让不得。对于黄色工会,只有同它拼命。……知识分子只有三天的革命性,招收他们是危险的。因此,结论:关门主义是唯一的法宝,统一战线是机会主义的策略”①。对此,毛泽东认为,这种教条主义观点和策略就是照抄照搬列宁教条和俄国经验,期求在中国搞“一次革命论”,毕其功于一役。他们没有准确认识到中国革命的性质和阶段,即资产阶级的民主革命,在中国搞了一切打倒的绝对主义。后来他又在1941年9月10日的《反对主观主义和宗派主义》一文中略带总结性地指出:“在苏维埃运动后期,五中全会的精神,提倡搞社会主义革命,否认革命发展不平衡,认为当时的斗争是两条道路的决战,这些都比立三路线‘左’倾在政治上表现得更完备。”②

通过政治路线和思想路线高度的反思总结,毛泽东进一步坚定了早在1928年他就已经明确提出的观点,这就是他在《中国的红色政权为什么能够存在?》一文中所强调的,中国革命必须由无产阶级领导才能完

① 《毛泽东选集》第一卷,人民出版社1991年版,第154—155页。

② 《毛泽东文集》第二卷,人民出版社1993年版,第372页。

成,革命的内容包括推翻帝国主义及其军阀的统治,实行土地革命,消灭豪绅阶级对农民的封建的剥削。不仅如此,他还由此进一步提炼总结出了分析革命阶段、判断革命性质的科学方法论。根据毛泽东的分析,"左"、右倾机会主义之所以会在革命性质和革命阶段问题上犯错误,最根本的就是因为"他们的一切革命图样,不论是大的和小的,总的和分的,都不根据于客观实际和不符合客观实际……他们的图样不是科学的,而是主观随意的,是一塌糊涂的"①。在《驳第三次"左"倾路线》一文中,针对"左"倾路线混同两种革命、将社会主义革命的政策简单粗暴地用之于民主革命阶段、采取极端狭隘的关门主义与极端冒险的盲动主义等做法,毛泽东非常气愤地说道:"这是毁灭无产阶级领导作用的办法,这是毁灭革命的办法啊!"②他指出,分析中国特点,划分革命的不同阶段,制定有针对性的革命政策,开展不同特点不同形式的斗争,"这是极复杂的政治科学的一整套,中国共产党人如不学会这一整套政治科学,是无法胜利的"③。为此,就要根据实际情况,加以调查研究,形成关于国内阶级关系、关于国内民族关系、关于国际各国相互间的关系等的正确认识。只有在掌握这些具体的实际情况的基础上,才能把马克思列宁主义具体地历史地运用到中国革命中,实现马克思列宁主义在中国的具体化。1942 年 3 月 30 日,在《如何研究党史》一文中他还以列宁为例,进一步总结指出:"列宁把马克思主义的立场、观点、方法与俄国革命的具体实践结合起来……只有一般的理论,不用于中国的实际,打不得敌人。但如果把理论用到实际上去,用马克思主义的立场、观点、方法来解决中国问题,创造些新的东西,这样就用得了。"④

① 《毛泽东文集》第二卷,人民出版社 1993 年版,第 344 页。
② 《毛泽东文集》第二卷,人民出版社 1993 年版,第 342 页。
③ 《毛泽东文集》第二卷,人民出版社 1993 年版,第 341 页。
④ 《毛泽东文集》第二卷,人民出版社 1993 年版,第 408 页。

根据毛泽东在《实践论》中的分析，列宁的这种结合的方法，其实质就是用具体的历史的眼光看问题，既用过程的即历史的也用具体的观点判断革命阶段、揭示革命性质、制定革命政策。在毛泽东的全部革命生涯中，坚持以历史的具体的眼光看问题是他一以贯之的根本立场和方法，在划分革命阶段的问题上他同样如此。早在1928年的《井冈山的斗争》中他就指出："中国现时确实还是处于资产阶级民权革命的阶段。……必定要经过这样的民权主义革命，方能造成过渡到社会主义的真正基础。"①1935年又在《论反对日本帝国主义的策略》中指出："中国革命的现时阶段依然是资产阶级民主主义性质的革命，不是无产阶级社会主义性质的革命，这是十分明显的。……革命的转变，那是将来的事。在将来，民主主义的革命必然要转变为社会主义的革命。何时转变，应以是否具备了转变的条件为标准，时间会要相当地长。"②此后类似的论述大量地见之于一系列论著之中，包括1939年9月24日在与斯诺的谈话中毛泽东提到的"两篇文章"重要思想，他这样说道："我们永远是社会革命论者，永远不是改良主义者。中国革命，有两篇文章，上篇和下篇。无产阶级同资产阶级一道，进行民族民主革命，这是文章的上篇，我们现在正在做这一篇文章，并且一定要做好这一篇文章。但是，文章还有一篇，就是它的下篇，就是无产阶级领导农民，进行社会主义革命。这一篇文章，我们是一定要做的，并且也一定要做好的。目前是民族民主革命，发展到一定的阶段，就会转变为社会主义革命。这种可能性是会要变为现实性的。不过，文章的上篇如果不做好，下篇是没有法子着手做的。"③这表明，在毛泽东看来，中国革命的阶段问题已经破题，接下来的问题就是带领中国人民如何书写好这两篇大文章。

---

① 《毛泽东选集》第一卷，人民出版社1991年版，第77页。
② 《毛泽东选集》第一卷，人民出版社1991年版，第160页。
③ 《毛泽东文集》第二卷，人民出版社1993年版，第243页。

三、中国革命上下篇的创造性书写

如上所述，在总结中国革命“两起两落”的经验教训的基础上，以毛泽东同志为主要代表的中国共产党人在中国革命的阶段划分、性质判定等问题上破了题，明确提出了做好中国革命两篇文章的时代课题。从马克思主义思想史的角度分析，中国共产党人在这一问题上的认识并未超越马克思和列宁的相关论述。进而言之，毛泽东等人在这一问题上的卓越贡献在于，他们在坚持列宁以过程的观点解读革命的方法论的基础上，进一步立足中国国情对中国革命的阶段、革命的性质等问题展开了具体的考察分析，既在上篇文章的书写中创造性地走出了一条新民主主义的革命道路，又完成了从上篇文章到下篇文章的创造性转化，探索出了一条具有中国特色的社会主义革命的道路，从而在理论和实践两个维度丰富和发展了马克思列宁主义的革命转变论。

关于中国革命的上篇即资产阶级民主革命的书写，以毛泽东同志为主要代表的中国共产党人有很多创新之处，前述各章已有不少叙述，在这里我们作一简要概述。首先需要指出的是，这种创新，关键得益于中国共产党人对不断变化的中国国情的具体的深刻的洞察。正如1940年7月13日毛泽东在《目前时局与党的政策》一文中所指出的：我们“应该用活泼的辩证法的观点，去注意一切变化”，如此就能发现，“我们是处在战争与革命的新时代”。① 众所周知，在人类思想史中，列宁的一个创新贡献就是提出了战争与革命这一时代主题。在这里，毛泽东延续了列宁的分析框架，但又进一步使用了一个“新”字。就战争与革命的时代总特征而言，没有发生重大的变化；但是对于中国的战争与中国的革命而言，它又具有了新的特点、新的类型。例如，在土地革命战争时期，与马克思恩格

① 《毛泽东文集》第二卷，人民出版社1993年版，第291、292页。

斯所处的西欧不同,也同列宁领导的俄国革命有别,中国共产党就必须根据中国革命需要,开展土地革命等。但是,中国变化了的国情要求中国的民主革命尤其要注重中国的农民和小资产阶级的问题,我们要建立的是工农共和国。到了抗日战争时期,中国社会各阶级的立场开始发生变化,民族革命的势力增强,民族反革命的势力减弱,因此,若要实现从工农共和国向人民共和国的转变,就要联合一切革命的动力,而"革命的动力,基本上依然是工人、农民和城市小资产阶级,现在则可能增加一个民族资产阶级"①。对于这一阶段,毛泽东在同斯诺的谈话中将其界定为"民族民主革命",目的就是要强调这一阶段的革命不仅要反对日本侵略,实现民族独立,而且也要改革政治、实现民主,否则就一定要亡国。此后在《中国革命和中国共产党》中他创造性地提出了新民主主义革命的理念,并具体勾画了新民主主义的政治、经济和文化等,将民主和民族革命在中国大地上完美地结合起来。

以毛泽东同志为主要代表的中国共产党人不仅创造性地书写了中国革命的上篇,而且也围绕从上篇到下篇的转变提出了许多光辉思想,推进了马克思列宁主义的革命转变论。从毛泽东的阅读史可以发现,为了探寻殖民地、半殖民地国家进行民主革命以及由民主革命向社会主义革命转变的道路问题,他一方面注重从《社会民主党在民主革命中的两种策略》、《国家与革命》和《共产主义运动中的"左派"幼稚病》等列宁经典的研读中获得思想智慧,另一方面也开始系统反思中国革命的经验教训。在此基础上,他在1935年12月的《论反对日本帝国主义的策略》中第一次明确阐述了关于革命转变问题的系统看法。在有关论述中,他既坚持了彻底革命的马克思主义革命精神,强调一定要实现从资产阶级民主革命到社会主义革命的转变;又立足中国国情具体分析了转变所需要的主客观条

① 《毛泽东选集》第一卷,人民出版社1991年版,第156、160页。

件,强调在这一问题上"像过去那样地过分的性急"必然导致革命失败,相反要重点关注是否具备转变的条件,条件不到不轻易谈变。考虑到中国的社会经济基础,这个过程要困难得多,也漫长得多。毛泽东关于革命转变问题的上述论断,对中国而言具有重大的思想启迪和方法引领的意义。

在此基础上,1937 年 5 月 8 日,毛泽东在中国共产党全国代表会议上作题为《为争取千百万群众进入抗日民族统一战线而斗争》的结论时指出:我们要做"两篇文章,上篇与下篇,只有上篇做好,下篇才能做好。坚决地领导民主革命,是争取社会主义胜利的条件。我们是为着社会主义而斗争,这是和任何革命的三民主义者不相同的。现在的努力是朝着将来的大目标的,失掉这个大目标,就不是共产党员了"①。毛泽东在这里还特别点出了我们党的革命转变论同列宁所批判的托洛茨基的"不断革命"论的区别,反对尾巴主义,但又反对冒险主义和急性病。尤其是要注意的是,为了获得这个漫长斗争的胜利,需要各个革命阶级的觉悟程度和组织程度的提高。在这两篇文章中,毛泽东突出强调了完成民主革命任务的基础性意义。随着抗战的全面爆发和中日矛盾上升成为中国社会的主要矛盾,以毛泽东同志为主要代表的中国共产党人将更大的精力投向了民族民主革命即新民主主义革命的理论构造和实践指导,其标志性成果是撰写于 1939 年 12 月的《中国革命和中国共产党》以及完成于 1940 年的《新民主主义论》,文章科学分析了中国新民主主义革命和旧民主主义革命的本质区别,认为"中国现阶段的革命所要造成的民主共和国,一定要是一个工人、农民和其他小资产阶级在其中占一定地位起一定作用的民主共和国","这种共和国的彻底完成,只有在无产阶级领导之下才有可能"。② 此后在党的七大上毛泽东又系统阐明了新民主主义革

① 《毛泽东选集》第一卷,人民出版社 1991 年版,第 276 页。
② 《毛泽东选集》第二卷,人民出版社 1991 年版,第 649 页。

命阶段的纲领。随着解放战争在全国胜利的大大加速，毛泽东在党的七届二中全会（1949 年 3 月）上提出了“由新民主主义社会转变为社会主义社会的发展方向”的重大课题，强调“在革命胜利以后，迅速地恢复和发展生产，对付国外的帝国主义，使中国稳步地由农业国转变为工业国，把中国建设成为一个伟大的社会主义国家”①。这也意味着《国家与革命》关于革命过渡、革命转变的理论开始走向具体实践，正如毛泽东在 1959 年《读苏联〈政治经济学教科书〉的谈话》中所总结的：“一九四九年中华人民共和国的建立，标志着新民主主义革命阶段的基本结束和社会主义革命阶段的开始。”②

当然，在反思这一历史之问时，毛泽东没有机械地照搬《国家与革命》的过渡时期理论：一方面，他始终坚持马克思列宁的革命阶段论，认为革命的过程注定漫长，绝非一朝一夕所能成就；另一方面，他又毫不动摇坚持马克思列宁的不断革命论，特别强调中国革命的两个阶段必须衔接，强调两个阶段之间的衔接与连续，断然拒绝横插一个资产阶级专政的阶段，必须实行列宁在《国家与革命》中重点阐述的无产阶级的革命专政。质言之，毛泽东关于革命转变的理论是着眼于中国具体实际的不断革命论和革命发展阶段论的有机统一，在新的历史时期推进了马克思列宁主义革命转变论的中国化发展。

第三节　整体性解读革命与中国共产党人的总体革命观

坚持马克思主义辩证法的联系观，整体性地认识和解决革命问题，是

① 《毛泽东选集》第四卷，人民出版社 1991 年版，第 1437 页。

② 《毛泽东文集》第八卷，人民出版社 1999 年版，第 113 页。

马克思恩格斯的思想传统,也是列宁的认识和实践法宝。这种整体性的视域,从主体角度观察,可以区分为自我、政党、民族和世界等;就时间视角分析,有历史、现实和未来等不同阶段之别;在领域范围内,则有经济、政治、文化、军事、科技等不同区隔;深入内涵探究,须回答对象、目标、动力、性质、道路、前途等问题;从手段或方法划分,有暴力革命与和平斗争等路径。在带领中国人民进行伟大社会革命的进程中,以毛泽东同志为主要代表的中国共产党人始终坚持以联系的观点和方法认识和解决中国革命的一系列重大问题,形成了具有中国特色的总体革命观,推进了马克思列宁主义革命观的中国化。

一、《国家与革命》视域中整体性解读革命的方法论

作为一部以革命解读国家问题的马克思主义政治哲学经典,《国家与革命》坚持以马克思主义的系统观点和方法解读世界和俄国革命,为世人确立了整体性解读革命的科学方法论。具体而言:

就革命的主体而言,列宁倡导无产阶级领导的由工人阶级和农民阶级组成的"人民革命"。根据他的分析,在马克思生活和战斗的欧洲,人民就是由无产阶级和农民两个阶级构成的,因此无产阶级政党领导工人和农民,打碎并摧毁旧的官僚军事国家机器,这就是人民的真正利益,这就是真正的"人民革命"。为此,俄国革命也必须要坚持马克思主义的"人民革命"观,把无产阶级和农民组成的广大人民群众作为社会革命的主体。这一论点鲜明地体现了革命主体问题上的整体性视野。

就革命的领域而言,《国家与革命》论及的范围是极为广泛的,包括政治领域中以军队、监狱等形式存在的旧的国家机器的打碎和推翻的问题以及新的无产阶级专政的革命国家的建立、巩固、发展和最后消亡等问题,这是属于政治上层建筑领域的革命;也包括国家以社会的名义占有生产资料,建立新的经济结构,大力发展生产力、提高人民生活水平等经济

领域的革命问题;还包括消除旧的习惯势力、打破迷信、提高文化管理水平等文化领域的革命问题等。在列宁看来,领域的不同,也就区分了革命的不同类型,例如政治革命、军事革命、技术革命和观念革命等。在列宁看来,推翻旧世界、建设一个新世界,不仅是一场伟大的政治革命,更是一场伟大的观念革命。因此,这场伟大的政治革命要求革命的主体积极开展一场伟大的观念革命。在写于1917年3月的《远方来信》中,列宁总结了俄国二月革命的奇迹之所以发生的重要原因,就在于它“根除了世代相传的偏见,唤醒了数百万工人和数千万农民去参加政治生活和政治斗争”①。在他看来,革命理念的培育、革命意志的磨炼,革命精神的弘扬,对于无产阶级革命至关紧要。他反复告诫俄国布尔什维克党人,马克思教导我们要打碎陈旧的国家机器,更鼓舞我们继承公社战士的革命意志与勇气,进而“成为所有被剥削劳动者在不要资产阶级并反对资产阶级而建设自己社会生活的事业中的导师、领导者和领袖”②。这表明,列宁不仅从领域区分的角度讨论了政治、军事、文化、经济等革命类型,也在马克思主义社会革命的框架内集中分析了包括革命理念、革命意志、革命勇气、革命情感等观念革命的内容,形成了融物质与精神革命为一体的整体性革命观。

就革命的性质而言,列宁在《国家与革命》中论述了社会革命和自我革命等重要问题。在他看来,无产阶级既要革社会之命,即推翻旧世界和建设新世界;也要革自己之命,即不断反思自己所犯的错误,提高自己的政治能力和认识水平。他明确提出,无产阶级的社会革命必然要经过一个过渡期,但是这一过渡的实现绝非易事,它要求无产阶级政党必须具备自我革命的强大魄力。众所周知,自我革命是马克思主义政党的本质属

① 《列宁选集》第3卷,人民出版社2012年版,第2页。

② 《列宁选集》第3卷,人民出版社2012年版,第132页。

性。在马克思看来,无产阶级革命与其他任何革命不同的地方,就在于"经常自己批判自己",从而使自己"更加强壮"。[①] 恩格斯也指出:"这种无情的自我批评引起了敌人极大的惊愕,并使他们产生这样一种感觉,一个能够这样做的党该具有多么大的内在力量啊……哪里还有另外一个政党敢于这样做呢?"[②]也正是在同一意义上,列宁指出:"自我批评对于任何一个富有朝气、生机勃勃的政党都是绝对必要的",唯有如此,无产阶级政党才能将自己锻造成为"唯一彻底革命的阶级",成为无产阶级的先锋队,带领广大人民群众投身于破坏和打碎旧的国家机器、建立无产阶级的革命专政的伟大历史运动。这也就意味着,在列宁看来,无产阶级必须通过不断地自我革命以提高自己和广大群众的水平从而促进伟大的社会革命进程。

就革命的路径或方法而言,列宁在《国家与革命》中集中阐述了有关暴力革命的思想,破除了在各种机会主义者心目中流行的议会迷信论等错误观点。关于这一方面的论述已有相当详尽的分析,此处不再赘述。总之,《国家与革命》是一部总体性书写革命观的马克思主义光辉经典。也正因此,它被世人誉为世界无产阶级革命的圣经。

二、中国共产党人的总体革命观

1957 年 1 月 3 日和 4 日,毛泽东在主持华东四省一市党委第一书记会议时高屋建瓴地总结了中国革命的光辉历程,根据他的分析,"我们的革命步骤是:一、夺取政权,把敌人打倒……二、土地改革。……三、再一次'土地革命',社会主义的,主要是实行生产资料集体所有制。……四、思想战线上政治战线上的社会主义革命。……五、技术革命。技术革命属于生产力、管理方法、操作方面的问题……思想战线上政治战线上的革

① 《马克思恩格斯全集》第 8 卷,人民出版社 1961 年版,第 125 页。

② 《马克思恩格斯选集》第 4 卷,人民出版社 2012 年版,第 614—615 页。

命仍旧有的,但重点放在技术革命”①。在这里,毛泽东坚持以列宁《国家与革命》的总体性视野观察中国革命,对中国共产党人的总体革命观进行了独具特色的精辟概括,从一个重要角度体现了中国共产党人对马克思列宁主义革命观的丰富和发展。

在毛泽东的分析视野中,中国共产党人的总体革命观首先体现为在更长的历史时空中坚持不断革命论和革命阶段论的统一。如前所述,马克思列宁视野中的无产阶级革命是不断革命和革命阶段的统一。但是因为时代所限,他们不可能对各个国家的革命阶段做出具体划分,也没有直接回应未来社会的革命问题。尤其是,由于斯大林在社会主义矛盾问题上的错误认识,导致建立在社会矛盾基础之上的社会革命失去了坚实与科学的理论支撑并由此造成阶级斗争的扩大化等。在此问题上,以毛泽东同志为主要代表的中国共产党人展现出了卓越的哲学智慧和政治能力。正如他在《矛盾论》中所指出的,矛盾具有普遍性,它无处不在、无时不在。在《矛盾论》中他还专门引用列宁的一个观点:“在社会主义条件下,对抗消失了,矛盾存在着。”②毛泽东指出,矛盾客观普遍的存在,决定革命的不可避免,因此必须“坚持马克思列宁主义的社会革命论”③。换言之,必须将马克思列宁主义的社会革命论贯穿人类社会各方面和全过程。例如在中国,中国共产党人相继展开了夺取政权、土地改革、土地革命、思想革命、政治革命以及技术革命等革命步骤或革命的阶段,这是对马克思列宁主义社会革命论的坚持。而到了社会主义社会,这一时期虽然没有阶级之间的对立,但还有技术革命、文化革命等其他形式的革命。不仅如此,“从社会主义过渡到共产主义是革命,从共产主义的这一个阶

① 《毛泽东年谱(1949—1976)》第三卷,中央文献出版社2013年版,第274页。

② 《列宁全集》第60卷,人民出版社1990年版,第281—282页。新的译文是:“在社会主义下,对抗将会消失,矛盾仍将存在。”

③ 《毛泽东选集》第一卷,人民出版社1991年版,第334页。

段过渡到另一个阶段,也是革命。共产主义一定会有很多的阶段,因此也一定会有很多的革命"①。在这里,矛盾辩证法的方法论武器以及历史经验的深刻总结,促使毛泽东在更长的历史时空彻底贯彻了不断革命和革命阶段相统一的总体性革命观,这是对马克思列宁主义革命观的重要发展。

在毛泽东的分析视野中,中国共产党人的总体革命观还体现为依据社会基本矛盾学说对中国革命类型、革命秩序等问题的精辟概括。关于革命的类型、革命的秩序等问题,人们可以依据不同的划分标准作出各不相同的规定。在这里,毛泽东根据马克思主义唯物史观关于社会基本矛盾的学说,提出了土地改革、土地革命等生产关系的革命,夺取政权、打倒敌人等政治上层建筑的革命,思想、意识形态的观念上层建筑的革命以及管理、技术、操作等生产力的革命。尤其是,通过总结中国革命的历史演进以及世界革命的历史,毛泽东揭示了中国和世界革命的基本规律,即"首先制造舆论,夺取政权,然后解决所有制问题,再大大发展生产力,这是一般规律","一切革命的历史都证明,并不是先有充分发展的新生产力,然后才改造落后的生产关系,而是要首先造成舆论,进行革命,夺取政权,才有可能消灭旧的生产关系。消灭了旧的生产关系,确立了新的生产关系,这样就为新的生产力的发展开辟了道路"。② 在他看来,不仅中国革命是如此,世界范围的革命也普遍遵循这一逻辑。③ 例如资本主义革命,就是"先把上层建筑改变了,生产关系搞好了,上了轨道了,才为生产力的大发展开辟了道路"。毛泽东关于革命类型、革命秩序的这一别开新面的概括,在历史逻辑和理论逻辑相统一的高度进一步丰富和发展了马克思列宁主义的总体革命观。

---

① 《毛泽东文集》第八卷,人民出版社 1999 年版,第 108—109 页。

② 《毛泽东文集》第八卷,人民出版社 1999 年版,第 132 页。

③ 参见《毛泽东文集》第八卷,人民出版社 1999 年版,第 131 页。

在毛泽东的分析视野中，中国共产党人的总体革命观还体现为基于物质和精神、理论和实践之辩证关系的把握而形成的自我革命论。在带领中国人民进行伟大社会革命的历程中，以毛泽东同志为主要代表的中国共产党人立足国情、党情和民情，创造性地发展了马克思列宁主义关于自我革命的思想。毛泽东关于自我革命的思想是一个内容极为丰富的科学体系，其核心是要解决改造主观世界的问题。在马克思列宁主义思想发展史中，正是毛泽东比较早地提出了改造主观世界的重大课题。1937年5月8日，在《为争取千百万群众进入抗日民族统一战线而斗争》一文中，毛泽东指出：无产阶级肩负着推翻黑暗的旧世界和建设光明的新世界的历史重任，为此尤为重要的是要解决干部问题，因为“指导伟大的革命，要有伟大的党，要有许多最好的干部……要有几百个最好的群众领袖，这些干部和领袖懂得马克思列宁主义，有政治远见，有工作能力，富于牺牲精神，能独立解决问题，在困难中不动摇，忠心耿耿地为民族、为阶级、为党而工作。……这些人不要自私自利，不要个人英雄主义和风头主义，不要懒惰和消极性，不要自高自大的宗派主义。……我们无疑地应该……把自己改造得更好一些，把自己提高到更高的革命水平”①。在这里，毛泽东已经明确提出了共产党员按照标准“把自己改造得更好一些”的课题。此后在写于同年的《实践论》中他更加明确地提出：“无产阶级和革命人民改造世界的斗争，包括实现下述的任务：改造客观世界，也改造自己的主观世界——改造自己的认识能力，改造主观世界同客观世界的关系。”②从我党的思想史考察，这是第一次如此明确提出改造主观世界、自我革命的课题。为科学回答这一时代课题，以毛泽东同志为主要代表的中国共产党人在理论和实践上展开了全方位的探讨，在改造主观世

① 《毛泽东选集》第一卷，人民出版社1991年版，第277页。

② 《毛泽东选集》第一卷，人民出版社1991年版，第296页。

界、自我革命问题上提出了一系列独具特色的理论成果。择其要者，我们概述以下两方面的内容。

其一，“改造自己的认识能力，改造主观世界同客观世界的关系”。这是毛泽东在《实践论》中明确提出的一个观点，用以规定改造主观世界、自我革命的具体内容。在毛泽东看来，自我革命的根本目的是不断提高自身的认识和实践能力，以更好地改造世界和改造中国。对于肩负重大历史使命的中国共产党人而言，这种能力的提升尤为必要和重要。但是就当时党的状况而言，“本领恐慌”是一个带有普遍性的问题，这一问题的解决又是一个系统工程，需要多方努力、综合施策，其中一项基础性工程就是要认真做好理论和实践、共性和个性相结合的文章。通过总结中国革命“两起两落”的经验教训，毛泽东在《实践论》中深刻地指出：在中国革命进程中表现出来的一切“唯心论和机械唯物论，机会主义和冒险主义，都是以主观和客观相分裂，以认识和实践相脱离为特征的”，因此为“反对一切离开具体历史的‘左’的或右的错误思想”，我们必须坚持“主观和客观、理论和实践、知和行的具体的历史的统一”的马克思列宁主义认识论。① 从主体的认识和实践的过程展开，就是要深入群众，深入基层，深入一线，亲身参加变革现实的实践的斗争，注重调查研究，在掌握大量丰富材料的基础上，展开“去粗取精、去伪存真、由此及彼、由表及里”的功夫，形成科学的理性认识用以指导革命实践并在其中得以检验、修正和发展。关于这一过程，毛泽东在 1941 年 8 月 1 日为我党制定的《中共中央关于调查研究的决定》中又作了进一步的概括，这就是通过系统的周密的社会调查以“了解情况与掌握政策”，认为这是领导机关的基本任务。为了做好结合这篇大文章，毛泽东在《矛盾论》中又进一步阐发了矛盾普遍性和特殊性的关系问题，认为对中国革命造成重大危害的教

① 《毛泽东选集》第一卷，人民出版社 1991 年版，第 295、296 页。

条主义“只是千篇一律地使用一种自以为不可改变的公式到处乱套……不了解诸种革命情况的区别,因而也不了解应当用不同的方法去解决不同的矛盾”①。为了扫除党内的主观主义特别是教条主义,毛泽东在《矛盾论》第一次明确地将共性和个性相互关系这一问题界定为矛盾问题的精髓,做到“由特殊到一般,又由一般到特殊”。在这一过程中,他特别强调了运用矛盾普遍性以分析矛盾特殊性的极端重要性,为此他专门援引了列宁的话:“马克思主义的活的灵魂,就在于具体地分析具体的情况。”②在此基础上又进一步指出要运用客观的、全面的、深入的方法从五个方面分析矛盾特殊性,强调“研究问题,忌带主观性、片面性和表面性”③。这就为广大党员干部改造主观世界提供了科学世界观和方法论。

其二,勇于批评与自我批评,善于总结经验尤其是失败的教训。是否能够科学地总结经验尤其是总结自己所犯的错误,对于改造主观世界、不断自我革命来说是尤为重大的问题。中国共产党的伟大,不在于它在前进道路上不犯错误,而在于能做到善于发现错误、勇于承认错误并积极改正错误,不断地推进自我革命。根据党史界一些学者的看法,1927 年的八七会议是“党在幼年时期的一次具有自我革命意义的会议”④。之所以如此,主要是因为在此次会议通过的《中国共产党中央执行委会告全党党员书》中明确宣告:“我们党公开承认并纠正错误,不含混不隐瞒,这并不是示弱,而正是证明中国共产主义运动的力量。”⑤这表明,幼年时期的共产党不仅担负起了领导中国人民进行社会革命的历史重任,而且还清醒地认识到了在前进道路上不断自我革命即“公开承认并纠正错误”的

① 《毛泽东选集》第一卷,人民出版社 1991 年版,第 310、311 页。

② 《列宁全集》第 39 卷,人民出版社 1986 年版,第 128 页。

③ 《毛泽东选集》第一卷,人民出版社 1991 年版,第 310、312 页。

④ 石仲泉:《中国共产党是勇于自我革命的政党》,《党建》2018 年第 7 期。

⑤ 《建党以来重要文献选编(1921—1949)》第四册,中央文献出版社 2011 年版,第 410—411 页。

极端重要性,并且将这一点作为中国共产主义运动具有强大力量的证明。此后,我们党始终致力于在同各种“左”倾和右倾错误作斗争的过程中不断总结经验教训、推进自我革命。关于这一问题,以毛泽东同志为主要代表的中国共产党人提出了一系列重要论述和实践举措。

1929 年 12 月,针对党内军内存在的各种错误思想,毛泽东在古田会议中提出了思想建党、政治建军、保持党的无产阶级先锋队性质等原则,为中国共产党的自我革命贡献了丰硕的理论成果。1937 年 7 月至 8 月间,毛泽东在《矛盾论》中强调指出:“共产党内的矛盾,用批评和自我批评的方法去解决。”①此后他又针对党内一度盛行的教条主义和经验主义(学理和事理要有机统一)展开了系统、全面、深刻的批判,尤其是从 1941 年 5 月开始,毛泽东领导我们党开展了反对主观主义以整顿学风、反对宗派主义以整顿党风、反对党八股以整顿文风的延安整风。按照“团结—批评—团结”的方式开展批评与自我批评,在全党进行了马克思列宁主义教育的运动,确立了实事求是的思想路线。1941 年 7 月,中共中央政治局通过《关于增强党性的决定》,强调要用自我批评的武器改造自己。在此基础上,毛泽东在 1945 年党的七大上首次提出党的三大作风,并且在党的七大通过的《中国共产党章程》中第一次将“批评和自我批评”写进党章。在党的七大召开期间,毛泽东在各种讲话中,还特别系统地阐述了我们党“学习好自己所犯错误的后果”的方法论。根据他的论述,总结经验和教训,学习好自己所犯的错误,关键是要善于发现并勇于承认自己所犯的错误,正确地看待错误,科学地分析错误以及积极地改正错误。在前进道路上,由于主客观条件的各种局限,主体犯错误具有客观必然性,人总是在实践、认识、再实践、再认识中不断前进的。要做到尽快改正错误,首先要做到具体地分析错误,特别是探寻犯错误的原因,注重从内因

① 《毛泽东选集》第一卷,人民出版社 1991 年版,第 311 页。

和外因相统一、个人和环境相结合的方法论高度加以分析，在此基础上才能更好地做到主动地、积极地改正错误。为了让全党牢记，毛泽东在党的七大期间反复强调坚持真理、修正错误。此后在党的七届二中全会上毛泽东又告诫全党，务必始终发扬“批评和自我批评这个马克思列宁主义的武器”①，不断改造主观世界。

总之，在带领全国人民进行伟大革命的历史进程中，以毛泽东同志为主要代表的中国共产党人沿着《国家与革命》开辟的以革命解读国家的科学方法论，立足中国国情创造性地回答了中国革命的主体、对象、性质、任务、前途、道路等一系列重大问题。在此基础上，又进一步运用过程性和整体性的视野考察中国革命，将马克思列宁主义的不断革命论和革命阶段论推向了新的理论和实践高度，尤其是创造性地发展了以自我革命为核心的总体性革命观，极大地推进了马克思列宁主义革命观的中国化。

① 《毛泽东选集》第四卷，人民出版社 1991 年版，第 1438—1439 页。

第六章

《国家与革命》的叙述方法及其中国启迪:毛泽东的分析

正如前述各章所论,《国家与革命》的汉译传播是同马克思列宁主义中国化的历史进程同频共振、相映成辉的,因而其传播的广度、深度和力度,也必然要以在中国大地上孕育产生的理论和实践成果作为最根本的判别标准。以毛泽东同志为主要代表的中国共产党人,在深入研读《国家与革命》中接续列宁的思想传统,书写了《中国革命和中国共产党》、《新民主主义论》、《论联合政府》、《论人民民主专政》、《论十大关系》等中国版的《国家与革命》,实现了马克思主义阶级观、国家观、革命观的中国化,完成了中国人民站起来并走向富起来和强起来的历史使命。在本章,我们将以毛泽东的《国家与革命》研读和传播为中心线索,具体分析中国共产党人是如何概括和接续《国家与革命》的叙述风格和方法论特征,成功开辟出马克思列宁主义中国化的创新之路。关于《国家与革命》等列宁文本的叙述风格,1958 年 4 月 6 日毛泽东曾在武汉会议上这样分析道:列宁的作品,特别是革命时期的著作,生动活泼。"他说理透彻,把心交给人,说真话,不吞吞吐吐,即使同敌人斗争也是如此。"[①]他的这段评语,言简意赅地道出了以《国家与革命》为代表的列宁文本的方法论特

① 《毛泽东与读书学习》,中央文献出版社 2004 年版,第 13 页。

征。其要义有三:一是“把心交给人”,它是能够与人民群众交心的经典,说的是体现真挚情感的话,反映了人民群众的需要、情感、利益和觉悟,从根本上回答了为了谁、依靠谁等立场和价值观问题;二是“说理透彻”,它说的是马克思主义普遍真理同俄国实际相结合的大道理,说的是运用对立统一、阶级分析等方法获得的能够用来指导俄国革命实际的政略、战略、策略等,说的是直截了当、简明扼要、通俗易懂的大白话,因而既是精辟透彻,又是生动活泼的,切实解决了如何让党的路线、方针、政策走进群众、组织群众、调动群众的创造性转化问题;三是“说真话”,“不吞吞吐吐”,它说的是符合俄国和世界发展实际的大实话,说的是问题导向和目标导向相统一的大真话,说的是让敌人或对手明明白白又无可奈何的战略或“阳谋”。在这里,毛泽东以他所概括的列宁式文风精准且形象地描绘了《国家与革命》等列宁文本的叙述风格,中国共产党人也在艰苦卓绝的革命斗争实践中弘扬、传承列宁的这一叙述方法论,成功实现了马克思列宁主义与中国革命实际的创造性结合。

第一节　毛泽东研读《国家与革命》的思想历程

对于酷爱读书的毛泽东而言,研读以《国家与革命》为代表的列宁文本是其一生中最为快乐幸福的事情之一。正如毛泽东自己所言,他特别喜爱读列宁的著作,自己是先学列宁的东西,后读马克思恩格斯的书。据在1966—1976年间为毛泽东做图书服务和管理工作的徐中远回忆,《国家与革命》和《“左派”幼稚病》“是毛泽东几十年里读了又读、读了多遍的马列经典著作。直到生命的最后几年,他老人家对这两本光辉著作还爱不释手,时常翻阅”①。在漫长的革命生涯中,毛泽东为何一直钟情于

① 徐中远:《毛泽东晚年读书纪实》,中央文献出版社2012年版,第17页。

《国家与革命》的研读?他是如何研读的?在本节,我们将简要概述毛泽东研读《国家与革命》的思想历程。

一、毛泽东研读《国家与革命》的主要缘由

毛泽东为什么终身不倦、读而不厌列宁的《国家与革命》?直接原因是列宁的思想与中国革命的实际问题更为密切。据徐中远分析,"最主要的就是他欲从列宁的著作中寻求殖民地、半殖民地国家进行民主革命以及由民主革命向社会主义革命转变的理论,从列宁的著作中学习和吸取指导中国斗争的经验和启示"①。对此,陈晋也有相似分析,在他看来,这是因为毛泽东"主要从马恩著作中汲取马克思主义的基本理念和思想方法,而更多地从列宁和斯大林的著作中,去获取中国革命和建设能够参考和运用的重要战略、政策和策略思想。原因是列宁以及斯大林所看到和经历的,比马克思、恩格斯更进了一层,其理论更扩大和更具体化了,和中国的实际联系更紧密"②。当然,毛泽东自己也有许多非常精辟的分析。1941 年,在《改造我们的学习》中,毛泽东在总结我们党的历史经验的基础上就指出,我们"要有目的地去研究马克思列宁主义的理论,要使马克思列宁主义的理论和中国革命的实际运动结合起来,是为着解决中国革命的理论问题和策略问题而去从它找立场、找观点、找方法的"。为此,"我们看列宁、斯大林他们是如何把马克思主义的普遍真理和苏联革命的具体实践互相结合又从而发展马克思主义的,就可以知道我们在中国是应该如何地工作了"。③ 中华人民共和国成立后,在庆祝十月革命胜利 40 周年大会上,他又立足更宏大的国际视野,一针见血地指出"在十月革命以后,各国无产阶级的革命家如果忽视或者不认真研究俄国革命的

① 徐中远:《毛泽东晚年读书纪实》,中央文献出版社 2012 年版,第 18 页。
② 陈晋:《毛泽东阅读史》,生活·读书·新知三联书店 2014 年版,第 4 页。
③ 《毛泽东选集》第三卷,人民出版社 1991 年版,第 801、803 页。

经验,不认真研究苏联无产阶级专政和社会主义建设的经验,并且按照本国的具体条件,有分析地、创造性地利用这些经验,那末,他就不能通晓作为马克思主义发展阶段的列宁主义,就不能正确地解决本国的革命和建设的问题。那末,他就会或者陷入教条主义的错误,或者陷入修正主义的错误"①。这表明,在毛泽东的阅读视野中,《国家与革命》等文本就是列宁立足俄国具体实际,运用马克思主义立场、观点和方法,回答俄国革命一系列重大战略、策略问题因而能够指导各国革命的经典文本。

关于这一认识,1959 年底,毛泽东在读苏联《政治经济学教科书》时也曾从一个更新的角度做过阐发,这个角度就是作为思想理论的哲学世界观、方法论同作为实践理念的革命战略、策略的历史和逻辑联系。根据毛泽东的分析,"只有马克思和恩格斯,没有列宁,不写出《两个策略》等著作,就不能解决 1905 年和以后出现的新问题。单有 1908 年的《唯物主义和经验批判主义》,还不足以对付十月革命前后发生的新问题。适应这个时期革命的需要,列宁就写了《帝国主义论》《国家与革命》等著作"②。简言之,《国家与革命》等文本就是列宁将马克思主义普遍原理包括他自己的哲学理论用来分析和解决俄国实际问题,制定俄国革命的理论和策略的行动指南。正是基于这样的观察,他曾这样高度肯定列宁对马克思主义的理论和实践贡献:"列宁主义学说发展了马克思主义。在哪些地方发展了呢? 一、在世界观(就是唯物论和辩证法)方面发展了它;二、在革命的理论,革命的策略,党、阶级斗争和无产阶级专政等许多问题上发展了它。列宁有关于世界观的学说,关于无产阶级专政的学说,还有关于社会主义建设的学说。列宁有七年的社会主义建设的实践,这是马克思所没有的'。"③1959 年 2 月 14 日,在会见智利《最后一点钟》报

① 《毛泽东年谱(1949—1976)》第三卷,中央文献出版社 2013 年版,第 236—237 页。
② 《毛泽东文集》第八卷,人民出版社 1999 年版,第 109 页。
③ 《毛泽东年谱(1949—1976)》第六卷,中央文献出版社 2013 年版,第 289 页。

社社长马特时他又进一步对列宁的理论贡献进行了总结,认为"世界观是辩证唯物主义,这是共产党的理论基础。无产阶级专政与阶级斗争的学说是革命的理论,即运用这个世界观来观察与解决革命问题的理论。马列主义应包含三部分说:一、马列主义的哲学,这是理论基础;二、马列主义的经济学,这是用马列主义的观点来考察经济现象的学说;三、马列主义的革命学说,比如关于阶级斗争、政党、无产阶级专政等的学说。这三部分不能分割,而应视为马列主义的三个有机联系的组成部分"①。这些论述深刻表明,毛泽东是将《国家与革命》等经典文本上升到作为一个有机整体的马克思列宁主义思想体系的组成部分加以认识和把握的,相对于《唯物主义和经验批判主义》、《谈谈辩证法问题》等着重于纯哲学理论的思想论争,列宁赋予《国家与革命》的重要使命是解决革命的理论和策略问题。对于缺乏革命和建设经验的中国共产党而言,建立在科学世界观和方法论基础之上的革命理论和革命策略等,无疑具有更为紧迫更为现实的意义。阅读《国家与革命》的这一诉求或理念,也深刻地影响到了此后毛泽东和中国共产党人对经典文本的阅读体验,形成了独具中国共产党人特色的经典研读风格。

二、毛泽东研读《国家与革命》的主要经历

毛泽东最早何时接触到《国家与革命》,目前尚无确切史料可以证明。但对于自小就立志要"读奇书",治学之道要"涉其新",追求"胸中日月常新美"的年轻毛泽东而言,在十月革命之后的短时间里,通过阅读相关的报纸杂志和进步书籍了解和进一步研读作为俄国革命导师列宁的著作及其理论观点,寻找改造中国与世界的"主义",是一件再正常不过的事情了。1920年,他除了通过研读《共产党宣言》、《阶级斗争》和《社会

① 《毛泽东年谱(1949—1976)》第三卷,中央文献出版社2013年版,第591页。

主义史》三本书认识马克思主义之外，还向广大读者大力推荐了《马克思〈资本论〉入门》、《新俄国研究》、《劳农政府与中国》、《科学的社会主义》等，其中很多著作或者为《国家与革命》提供了理论资源或者本身就是以《国家与革命》为自身的思想资源。1920年9月，他组织了湖南俄罗斯研究会，确定以“研究俄罗斯一切事情为宗旨”。不仅如此，他还经常性地学习和研读上海《共产党》月刊上的文章，经他推荐，湖南《大公报》转载了其中的《俄国共产党的历史》、《列宁的历史》、《劳农制度研究》等文章。1921年1月初，在新民学会新年大会上，毛泽东提出了改造中国与世界的五种主义，包括社会改良主义、社会民主主义、激烈方法的共产主义即列宁的主义、温和方法的共产主义和无政府主义。最后他的结论是：“激烈方法的共产主义，即所谓劳农主义，用阶级专政的方法，是可以预计效果的，故最宜采用。”①这表明，这一时期的毛泽东已经通过多种途径大致了解了列宁在《国家与革命》等论著中包含的劳农主义、阶级专政、阶级斗争等核心论点。不仅如此，作为上海《共产党人》月刊的忠实读者，他也很有可能读到了刊登在《共产党人》月刊上由沈雁冰翻译的《国家与革命》摘译文。

毛泽东第一次明确提到《国家与革命》是在大革命时期的1926年6月初，此时的他在广州主持第六届农民运动讲习所并讲授“中国农民问题”。在谈到国家问题时他说道：列宁著有《国家与革命》一书，把国家说得很清楚，历来的国家机关都掌握在少数人的统治阶级手里。“国家于革命后，一切制度都要改变的。巴黎公社所组织的政府，其失败原因之一，即不改旧制度”“国家是一个阶级拿了压迫另一个阶级的工具。我们的革命民众若将政权夺在手中时，对反革命者要用专制的手段，不客气地压迫反革命者，使他革命化；若不能革命化了，或赐以惨暴的手段，正所以

① 《毛泽东年谱(1893—1949)》上卷，中央文献出版社2013年版，第76—77页。

巩固革命政府也”①。重新建设一切的中国现在的国民政府,若夺了政权,必定改革一切的,重新建设的。这里毛泽东所阅读到的《国家与革命》中的论点,其来源大致有三:一是1921年5月发表于《共产党人》月刊的沈雁冰译文,二是1923年发表于上海《觉悟》副刊第1至3版的柯柏年译文,三是时人所译的介绍列宁主义、科学社会主义的各类读本。毛泽东的这段概述,阐释了《国家与革命》的核心主题即国家与革命的问题,简述了列宁关于国家本质的观点,总结了巴黎公社的经验教训,特别突出地阐明改变旧制度的伟大意义。尤其是结合中国革命的具体实际,强调革命的主体即革命民众要通过改变旧制度,夺取政权,并用专制手段促使反革命者革命化以巩固革命政权。在毛泽东笔下,《国家与革命》就是一本解决中国革命主题、主体、道路、手段、目的等重大问题的实践手册。更重要的是,他还特别注重活学活用《国家与革命》等经典文本的重要观点和方法来认识和解决中国革命战略和策略等一系列重大问题。在1925年12月1日《革命》第四期发表的《中国社会各阶级的分析》,1926年1月1日在《中国农民》第一期发表的《中国农民中各阶级的分析及其对于革命的态度》,1926年3月18日在《纪念巴黎公社应注意的几点》的讲演以及1927年3—4月发表于《战士》周报第三十五、三十六期合刊上的《湖南农民运动考察报告》等文章中,毛泽东运用《国家与革命》有关阶级、国家、革命、专政等论点,立足中国国情,具体考察了中国的农民、阶级、暴力革命等一系列重大问题。而“革命不是请客吃饭,不是做文章,不是绘画绣花,革命是暴动,是一个阶级推翻一个阶级的暴烈的行动”这类经典断语,则可以被理解为是列宁在《国家与革命》中重点阐发的暴力革命论的中国版表述。

据现有资料可以判断,继大革命时期接触到《国家与革命》以来,在

① 《毛泽东年谱(1893—1949)》上卷,中央文献出版社2013年版,第163—164页。

此后的革命和建设岁月中，毛泽东始终没有中断过这一经典的研读。例如，1929年11月28日，他分别致信中央和李立三，认为自己“知识饥荒到十分”，还说“另请购书一批”①。此处虽然没有出现《国家与革命》，但是所列书单中斯大林的《列宁主义概论》和瞿秋白的《俄国革命运动史》就包括了《国家与革命》的大量重要思想。1932年4月打下漳州找到了好几担书，其中就包括《反杜林论》和列宁的《两种策略》与《“左派”幼稚病》等。虽然彭德怀、曾志等忆者没有明确提到《国家与革命》，但其中列宁这两本有关反对两种错误倾向的重要论著，与《国家与革命》之间的联系是十分紧密的。1965年8月5日，毛泽东也曾感慨地说：“1932年（秋）开始，我没有工作，就从漳州以及其他地方搜集来的书籍中，把有关马恩列斯的书统统地找了出来，不全不够的就向一些同志借。我就埋头读马列著作，差不多整天看，读了这本，又看那本，有时还交替地看，扎扎实实下功夫，硬是读了两年书。”②由于1929年《国家与革命》全译本已经问世，此时出现在毛泽东的读书视野中应该是很有可能的。而且据张闻天夫人刘英回忆，“毛主席在长征路上读马列书很起劲。看书的时候，别人不能打扰他，他不说话，专心阅读，还不停地在书上打杠杠。有时通宵地读。红军到了毛儿盖，没有东西吃，肚子饿，但他读马列书仍不间断，有《两个策略》、《“左派”幼稚病》、《国家与革命》等”③。

据陈晋考证，长征胜利到了陕北后，毛泽东收到了王林通过在北平的关系购买的一批书，其中就包括《国家与革命》，他阅读期间还做了大量标注。目前保留下来的一本毛泽东读过的《国家与革命》上面，写有“1946年4月22日起读”、“内战前夕”等字样，上面有很多圈画。在“阶级社会与国家”这一章，几乎每句话的旁边都画着杠杠，关于暴力革命的

① 《毛泽东年谱（1893—1949）》上卷，中央文献出版社2013年版，第288页。

② 黄少群：《毛泽东在中央苏区时期受到排挤之后》，《党的文献》2009年第3期。

③ 高海萍、张云燕编著：《毛泽东的书单》，新华出版社2014年版，第89页。

观点是“马克思恩格斯全部学说的基础”这一段，杠杠画得最粗，圈圈画得最多。① 在抗日战争和解放战争时期，毛泽东研读《国家与革命》等列宁经典，最重要的缘由是要解决中国革命的一系列重大问题，例如如何认识和划分中国社会的阶级，如何判断中国革命的领导和依靠力量等，如何反对中国革命进程中经常会发生的“左”倾盲动和右倾保守两条错误路线，开展两条路线的斗争，如何用革命的暴力推翻旧的国家机器，建立一个什么样的新中国以及如何建立，等等。要正确解决这些问题，当然需要以马克思主义基本理论为指导，但在当时的李德、博古等人看来，毛泽东的马克思列宁主义知识是很肤浅的，甚至有不少曲解。② 例如，在李德、博古这些教条主义者的视角里，毛泽东常常讲无产阶级，但他所理解的无产阶级不仅仅是产业工人，而且包括所有最贫穷的阶层。他的阶级划分，不是从文本里社会生产的一定历史地位及其同生产资料的一定的关系出发，而是从收入和生活水准出发。他们把毛泽东的这种阶级概念的创新运用说成是“对马克思主义阶级概念的庸俗歪曲”。身处这一环境，面对如此难题，集中精力研读马列的理论经典，从其中寻找关于殖民地、半殖民地国家进行革命以及民主革命向社会主义革命转变的理论，学习和汲取马克思主义哲学世界观和方法论就成为以毛泽东同志为主要代表的中国共产党人的自觉选择。1937 年 5 月 3 日，毛泽东说：“在全党中提高马克思列宁主义的理论水平是完全必要的，因为只有这种理论，才是引导中国革命走向胜利的指南针。”③1938 年 10 月 14 日，他又指出：“普遍地深入地研究马克思列宁主义的理论的任务，对于我们，是一个亟待解决并须着重地致力才能解决的大问题。”④

---

① 参见陈晋：《毛泽东阅读史》，生活 · 读书 · 新知三联书店 2014 年版，第 147 页。

② 参见陈晋：《毛泽东阅读史》，生活 · 读书 · 新知三联书店 2014 年版，第 70 页。

③ 《毛泽东选集》第一卷，人民出版社 1991 年版，第 264 页。

④ 《毛泽东选集》第二卷，人民出版社 1991 年版，第 533 页。

对于集革命家、理论家、政治家、军事家、战略家于一身的毛泽东而言,他对马克思列宁主义经典的研读更重视学以致用。研读《国家与革命》,他聚焦的是中国革命和建设,力求打造具有中国作风和中国气派的《国家与革命》,科学回答建立一个什么样的新中国,如何建立新中国等大是大非问题。在这一时期,他在《目前时局与党的政策》、《驳第三次"左"倾路线》、《如何研究中共党史》等文中,依据《国家与革命》等文本的基本思想具体分析说:"一切革命的基本问题是政权问题",而今天的中国又处在战争与革命的新时代,应该用发展与变化的辩证法观点,研究具体的历史的实际。对此,首先就要向经典作家学习,做深入细致的调查研究工作,"首先就要了解中国是个什么东西(中国的过去、现在及将来)"①。"为要认识中国现存社会的性质是什么,就必须对中国社会对过去状况与现在状况加以科学的具体的分析,懂得它既不同于独立的封建社会,也不同于独立的资本主义社会,然后才可作出综合的结论,说它是一个半殖民地的(半独立的)半封建的社会。又如要认识现时中国革命的性质是什么,就必须从中国社会是特殊的半殖民地半封建的社会这一点出发,加以科学的分析,懂得它既不同于没有民族压迫只有封建压迫而无产阶级又未觉悟的国家……也不同于由于无产阶级觉悟而在推翻封建阶级之后社会条件与政治条件容许实行社会主义制度,如像十月革命时的俄国那样,是由无产阶级领导推翻资产阶级专政、建立无产阶级专政的革命,然后才可作出综合的结论,说现时的中国革命是无产阶级领导的反帝反封建的建立各个革命阶级联合专政的新民主主义的革命以及现存中国社会的性质究竟是怎样的。"②毛泽东关于国家与革命的上述观点,既遵循了列宁《国家与革命》的基本理论逻辑,同时又紧密结合中国实

① 《毛泽东文集》第二卷,人民出版社 1993 年版,第 378 页。

② 《毛泽东文集》第二卷,人民出版社 1993 年版,第 345—346 页。

际，用他的话，就是要“以中国做中心，把屁股坐在中国身上”。“列宁把马克思主义的立场、观点、方法与俄国革命的具体实践结合起来，创造了一个布尔什维主义，用这个理论和策略搞了二月革命、十月革命……我们要把马、恩、列、斯的方法用到中国来，在中国创造出一些新的东西。”①具体要创造哪些“新的东西”？就是要用于建筑中国革命这个房子的“图样”，“不但须有一个大图样，总图样，还须有许多小图样，分图样。而这些图样不是别的，就是我们在中国革命实践中所得来的关于客观实际情况的能动的反映（关于国内阶级关系、关于国内民族关系，关于国际各国相互间的关系，以及关于国际各国与中国相互间的关系等等情况的能动的反映）”②。这些总图样和分图样，主要体现在抗日战争和解放战争时期毛泽东所撰写的《中国革命和中国共产党》、《新民主主义论》、《论联合政府》、《论人民民主专政》等有关中国阶级、中国国家、中国革命的经典文本之中，在一定意义上它们可以被理解为是《国家与革命》的中国版，是马克思主义阶级观、国家观和革命观的中国表述。

当然，毛泽东对列宁《国家与革命》的中国研读、中国运用和中国发展，绝不仅仅局限于上述经典文本，它也体现在这一时期他对一系列重大理论和实践问题的思考和探索之中。例如，1938 年 2 月，在《同合众社记者王公达的谈话》中，他就重点介绍了中国共产党人对新时期国家与革命等问题的思考，这些问题包括：为什么要同代表不同阶级利益的其他政党“合作建立新国家”，什么是共产党主张的“民主共和国”，等等。③ 1939 年 9 月 24 日，在《同美国记者斯诺的谈话》中，回答了斯诺有关中国是不是一个民主国家，政府的阶级基础是否有变化，中国共产党是否放弃了社会革命等的问题。毛泽东指出，中国还不是一个民主国家，一个民主

① 《毛泽东文集》第二卷，人民出版社 1993 年版，第 407—408 页。

② 《毛泽东文集》第二卷，人民出版社 1993 年版，第 344 页。

③ 参见《毛泽东文集》第二卷，人民出版社 1993 年版，第 102 页。

政府的基础主要地应该放在也将不能不放在中产阶级与广大的农民阶级之上。共产党虽然取消了苏维埃,采行三民主义,停止没收地主的土地,但"我们永远是社会革命论者,永远不是改良主义者。中国革命,有两篇文章,上篇和下篇。无产阶级同资产阶级一道,进行民族民主革命,这是文章的上篇,我们现在正在做这一篇文章,并且一定要做好这一篇文章。但是,文章还有一篇,就是它的下篇,就是无产阶级领导农民,进行社会主义革命。这一篇文章,我们是一定要做的,并且也一定要做好的。目前是民族民主革命,发展到一定的阶段,就会转变为社会主义革命。这种可能性是会要变为现实性的。不过,文章的上篇如果不做好,下篇是没有法子着手做的"①。这些思想后来在《中国革命与中国共产党》、《新民主主义论》和《论人民民主专政》等文中得到了更进一步阐发,大大推进了马克思主义唯物史观的中国化。

毛泽东不仅自己带头学《国家与革命》等经典文本,他也大力倡导在党内和革命队伍内部学习。毛泽东亲自规定干部要学习几本马克思主义的哲学和经济学著作。为了加强这方面的工作,1938 年 5 月设立了专门编译马列著作的机构,此后又创办了解放社领导和组织相关的出版与发行工作。此前的 1932 年,莫斯科苏联外国工人出版社出版了中文版《列宁选集》第 12 卷,《国家与革命》被全文收入该卷第 1—163 页,后由延安解放社于 1937 年 7 月和 1938 年 1 月重印出版,1938 年 3 月还以中国出版社的名义、署名莫师古翻印出版了莫斯科外文出版社出版的单行本《国家与革命》②。1942 年 9 月 12 日,毛泽东又写信给负责宣传工作的凯丰说:"中央须设一个大的编译部……大批翻译马、恩、列、斯及苏联书籍。"③这一时期,解放社出版了一大批马恩列斯的经典文本,为广大党员

① 《毛泽东文集》第二卷,人民出版社 1993 年版,第 243 页。

② 参见王仿子:《出版生涯七十年》,上海百家出版社 2010 年版,第 63 页。

③ 《毛泽东文集》第二卷,人民出版社 1993 年版,第 441 页。

干部向经典学习提供了较好的便利条件。1943 年 8 月,解放社出版了博古翻译的《国家与革命》中译本;1947 年,莫斯科外国文书籍出版局出版了苍木(陈昌浩)译校的《国家与革命》中译本。1949 年,党的七届二中全会决定干部要学习 12 本著作,其中包括《国家与革命》,毛泽东在这个读书目录上还加上了"干部必读"四个字。在一个较长的时期内,这 12 本书一直是干部学习马列主义的基本著作。革命胜利之际强调学习《国家与革命》,显然是要提高广大党员干部对马克思列宁主义国家观的认识,为党的七届二中全会提出的"我们还将建设一个新世界"做好思想理论准备。

中华人民共和国成立后,以毛泽东同志为主要代表的中国共产党人开始用新眼光、新问题研读《国家与革命》,这些问题包括阶级斗争和无产阶级专政、社会主义民主政治建设、社会主义发展的历史阶段尤其是社会主义向共产主义的过渡、国家的消亡等。据徐中远所忆,毛泽东读《国家与革命》都是用放大镜认认真真、仔仔细细、一字一句地读。① 1956 年 11 月 30 日,毛泽东召集刘少奇等人开会,准备就铁托演说写文章,其基本论点是:"十月革命是各国必经的道路,这就是阶级斗争、推翻旧政权、进行革命、建设新政权、实行无产阶级专政,这就是马列主义的总路线","民主和专政都是上层建筑,它们是手段,而不是目的,是为基础服务的,是基础的工具"。② 可谓是对《国家与革命》基本论点的精辟概括,这也表明他研读《国家与革命》主要关注的是社会主义和共产主义两个不同发展阶段、国家消亡等理论。此后,"他在读 1964 年出版的大字本《国家与革命》时,在关于'从资本主义向共产主义的过渡'、'共产主义社会的第一阶段'、'共产主义社会的高级阶段'等章节,也都画满了直线、曲线、

① 参见徐中远:《毛泽东晚年读书纪实》,中央文献出版社 2012 年版,第 465 页。
② 《毛泽东年谱(1949—1976)》第三卷,中央文献出版社 2013 年版,第 39 页。

圈、双圈等符号,这说明了他当时关心的问题”①。1962年3月20日,他同罗瑞卿谈话,强调“要懂得一些马列主义,要认真读几本马列主义的书”。他要罗瑞卿回北京后去找陈伯达,商量开出一个学习马列著作的书目来。1964年2月15日,毛泽东阅中央宣传部关于组织高级干部学习马恩列斯经典著作的报告并批示:“三十本书,大字,线装,分册”“每部印一万份、两万份或者三万份好吗?我急于想看这种大字书。”(30本书,包括马克思著作8本,恩格斯著作3本,列宁著作11本,其中包括《国家与革命》,斯大林著作5本,普列汉诺夫著作3本)②为了更好地帮助广大党员干部研读《国家与革命》等马列经典,1965年,毛泽东提出要为包括《国家与革命》在内的马列主义经典著作写序、作注,1965年12月重新提出写序问题,强调写序要结合中国革命的实践经验。1970年9月27日,毛泽东阅周恩来关于党的高级干部读书问题的报告并批示:“九本略多,第一次宜少,大本书宜选读(如反杜林)。”③报告中选的9本著作是:《共产党宣言》、《哥达纲领批判》、《反杜林论》、《费尔巴哈论》、《帝国主义论》、《国家与革命》、《无产阶级革命和叛徒考茨基》、《共产主义运动中的“左派”幼稚病》、《论马克思、恩格斯及马克思主义》等。11月6日,中共中央发出经毛泽东审阅的关于高级干部学习问题的通知,所列书目为《共产党宣言》、《哥达纲领批判》、《法兰西内战》、《反杜林论》、《唯物主义和经验批判主义》、《国家与革命》以及《实践论》、《矛盾论》、《关于正确处理人民内部矛盾的问题》、《在中国共产党全国宣传工作会议上的讲话》、《人的正确思想是从哪里来的》。

---

① 徐中远:《毛泽东晚年读书纪实》,中央文献出版社2012年版,第465页。

② 参见《毛泽东年谱(1949—1976)》第五卷,中央文献出版社2013年版,第317页。

③ 《毛泽东年谱(1949—1976)》第六卷,中央文献出版社2013年版,第340页。

第二节 “说理透彻”的叙述方法及其中国启迪

“说理透彻”,是以毛泽东同志为主要代表的中国共产党人阅读《国家与革命》等列宁文本的重要感受。具体展开,列宁在《国家与革命》等文本中的“说理透彻”主要表现为以下四个方面的特征:它说的是直面问题、具有鲜明针对性之理;说的是植根学理、具有科学真理性之理;说的是着眼转化,具有实践操作性之理;说的是分析矛盾,具有思想深刻性之理。

一、坚持直面问题,富有鲜明的针对性

坚持问题导向,以批判的眼光审视一切,说管用的有针对性的话,这是《国家与革命》等列宁文本留给毛泽东等人的一个深刻烙印。“序言”一开篇,列宁即开门见山,指出国家这个问题“有特别重大的意义”。尤其是在世界大战期间,国际的无产阶级革命“对于国家的关系这个问题,已成为有重要的实际意义的问题了”①。但在这个问题上,无论在理论还是实践中都存在大量的模糊乃至错误的认识,“国家崇拜”“国家迷信”等观念盛行于各种理论思潮和实践运动之中,对各国工人运动的良性发展造成了巨大的冲击和破坏。也正为此,列宁为自己确立了在“马克思对于国家的学说与无产阶级在革命中的任务”这一重大问题上正本清源的历史使命。在此后展开的第一章中,列宁将这一问题具体细分为国家的起源、国家的本质、国家的形式、国家的功能、国家的衰亡等,然后在第二、三、四、五章以国家问题为内核集中讨论阶级争斗、暴力革命、无产阶级专

① 上海中外研究学会翻译:《国家与革命》,上海中外研究学会印行 1929 年版,第2 页。

政、共产主义的两个形态等。在这些问题的分析中,列宁既有正面的透彻剖析,更有对一切论敌毫不留情的批判,这种揭露和批判贯穿于文本的各方面和全过程。

例如,在论及恩格斯有关国家调和冲突的观点时,列宁一针见血地指出,在这个问题上存在两条曲解和修改路线:一是资产阶级尤其是小资产阶级的学者,认为国家是调和阶级冲突的机关。实际上,马克思恩格斯思想的实质是坚持国家是一个阶级的统治机关,而且不能和它的对抗阶级调和的机关。二是考茨基派的修正马克思主义,他们没有从马克思恩格斯有关国家是阶级矛盾不可调和的产物这个观点得出进一步的结论,"被压迫阶级之解放,不但非有暴力革命,而且非把统治阶级所设立而使国家与社会分离的政府机关破坏,是不可能的"。这个结论"是马克思从革命问题之具体的历史的分析上所下的一种论断"。① 不仅如此,列宁还在文中最后专辟一章,讨论"被机会主义者所糟蹋的马克思主义",其中具体解剖了普列汉诺夫与无政府主义者的论战、考茨基与机会主义者的论战、考茨基与班纳科克的辩论等三个问题,认为"国家对于社会革命,和社会革命对于国家的关系问题,同一般的革命问题一样,也是第二国际最著名的理论家所完全忽略的"②,也正因为这种规避或忽略,滋养了机会主义的生命。现在,"时候已经到了,我们应得破坏旧的国家机关,另用新的来代替它,使工人们的政治统治去造成社会主义改造的基础"③。

《国家与革命》这种鲜明问题导向的方法论特征,实质上也是以毛泽

① 上海中外研究学会翻译:《国家与革命》,上海中外研究学会印行 1929 年版,第 10 页。

② 上海中外研究学会翻译:《国家与革命》,上海中外研究学会印行 1929 年版,第 173 页。

③ 上海中外研究学会翻译:《国家与革命》,上海中外研究学会印行 1929 年版,第 203—204 页。

东同志为主要代表的中国共产党人全部理论和实践活动的显著风格。从1925年的《中国社会各阶级的分析》中开篇提出谁是敌人谁是朋友之问，到1936年的《中国革命战争的战略问题》中第一章即议“如何研究战争”和1939年的《〈共产党人〉发刊词》回答“我们今天要怎样建设我们的党？”①，再到1940年的《新民主主义论》开篇即提出“中国向何处去”等，问题导向贯穿中国革命的全过程。

二、坚持植根学理、展现科学的真理性

坚持植根学理，注重在历史和现实、理论和实际的结合中创造性阐释经典作家的观点，既说老话又说新话，这是《国家与革命》等列宁文本给毛泽东等人的又一个深刻印象。在《国家与革命》中，列宁大量援引了马克思的《哲学之贫困》、《共产党宣言》、《拿破仑第三政变记》、《法兰西内战》、《哥达纲领批判》以及恩格斯的《家庭，私有制和国家的起源》、《反杜林论》、《居住问题》、《论权威》、《爱尔福特纲领草案的批评》等诸多重要文献的观点。而且在每章开头，他几乎都要以马克思恩格斯的某一经典为据展开分析，例如第一章讨论“阶级社会与国家”，他就以《家庭、私有制和国家的起源》为思想资源。用他的话来说，就是要“在马克思和恩格斯的著作中尽量地摘取很多的文句来做证明”，把“马克思和恩格斯的著作中，论及国家问题的全部分必须尽可能的充分摘录出来，以便读者对于科学社会主义之创造者的理论及其发展，得到一个独立完整的概念”②。从而促使马克思恩格斯立足唯物史观对国家问题的解剖，对于国家之意义及其历史的任务之基本观念能够“很明切地描写出来”。

---

① 《毛泽东选集》第二卷，人民出版社1991年版，第613页。

② 上海中外研究学会翻译：《国家与革命》，上海中外研究学会印行1929年版，第6—7页。

在《国家与革命》中,列宁之所以要这样寻章摘句、条分缕析,是因为在列宁看来,马克思提出的一系列重要观点"不是根据逻辑的推论,而是根据事变的实际发展"而得出的真理性认识。例如在消灭国家机器这个问题上,马克思在1852年还没有具体提出用什么东西来代替的问题,这一点上,列宁认为"马克思绝对没有一点乌托邦思想的痕迹,他丝毫没有要发明或幻想一个'新的社会'。他绝对不是这样的。他把从旧社会诞生新社会,从前者的形式过渡到后者的形式,作为一个科学的历史发展的过程来研究。他利用无产阶级群众运动的实际经验,而竭力设法去从这经验中取得实际的教训"①。简言之,在列宁看来,在马克思恩格斯文本中得以系统表述的马克思主义立场、观点和方法都是科学的真理性认识,是世界工人运动的行动指南。马克思的方法也就是一切马克思主义者都要遵循的原则,即要立足不断变化着的客观实际创造性解读经典作家的思想,做到不忘老祖宗又能说新话。

例如,在如何理解恩格斯有关"国家衰亡"理论的问题上,列宁就为我们树立了创新解读、"说理透彻"的典范。在一般的流行观念看来,国家既然是衰亡的,那就应该熄灭革命,只需展开迟缓、平稳和不断的社会变迁即可。列宁认为,这是对马克思主义最粗鲁的曲解。如何才能更全面更深刻地把握恩格斯的思想?列宁结合历史和现实的实际具体分析到:第一,恩格斯所说的国家衰亡,是指社会主义革命之后,无产阶级国家之遗骸而言的,衰亡的是无产阶级国家;第二,国家是压迫的特殊力量,因此资产阶级的压迫力量必然要被无产阶级专政所代替,必须要"以无产阶级革命来破坏资产阶级的国家";第三,无产阶级国家政权是最完满的"德谟克拉西",只能够自然衰亡。第四,恩格斯关于暴力革命的论断"同

① 上海中外研究学会翻译:《国家与革命》,上海中外研究学会印行1929年版,第80页。

国家底衰亡是不能分离地溶合成一个和谐的整体的”。[①] 列宁的上述分析凸显了马克思主义国家观的革命性、彻底性品格,没有丢老祖宗,又说了许多新话。

这一风格也体现在以毛泽东同志为主要代表的中国共产党人的全部理论和实践活动之中。众所周知,毛泽东的《新民主主义论》、《论联合政府》、《论人民民主专政》等文献就全面继承了马克思主义经典作家有关阶级观、国家观、革命观的核心思想,同时他又紧密结合中国革命实际作出了一系列创造性的发展。关于对待马克思列宁主义经典的科学方法论,毛泽东在不同时期曾从不同角度作过深刻思考。为批判教条主义、经验主义,他提出了科学看待经典、看待理论、看待理论家的一系列思想创见;为破除迷信、解放思想,他鼓励广大党员干部对经典既要尊重又不迷信。在毛泽东看来,既要说老话,更要说新话,唯有如此,才能做到说理透彻。

三、坚持着眼转化,具有实践的操作性

坚持着眼转化,注重把高度抽象的思想理论转化为人民群众能够理解、掌握和运用的方针、政策和方法等,使之具有实践层面的可操作性,说的是管用的能用的话,这是《国家与革命》等列宁文本给毛泽东等人的第三个深刻印象。作为集思想家和革命家于一身的无产阶级政党领袖,列宁在革命生涯中极为重视马克思主义立场和观点的俄国转化问题,这不仅需要解决马克思主义同俄国实际相结合的原则性问题,更重要的是必须回答俄国革命的主体、对象、路径、方法等战略、策略层面的问题。列宁的大多数文本也是出于这一目的而撰写的,而《国家与革命》更是其中的佼佼者。这一文本集中探讨唯物史观的一个核心问题即国家的起源、本

---

① 上海中外研究学会翻译:《国家与革命》,上海中外研究学会印行 1929 年版,第 31 页。

质、功能、形式、消亡等;但它不同于一般的国家观,它不是满足于纯理论层面的逻辑推演,而是将这一核心问题同无产阶级革命和无产阶级专政这一重大的现实课题紧密结合起来。如果说国家问题是该文本的出发点,则革命问题就是该文本的落脚点。国家与革命相贯通的分析逻辑,贯穿该文本的各章诸问题,二者有机结合、高度统一,共同塑造了这一文本鲜明独特的风格。也正因此,它合乎逻辑地成为世界无产阶级革命的行动纲领。

值得注意的是,列宁在《国家与革命》文本中不仅在叙述方法上将国家与革命紧紧联结起来,而且进一步就革命这一时代课题从方法论角度作了许多战略和策略层面的透彻阐发。例如在革命道路问题上,是走暴力革命还是和平改良之路,这是列宁同第二国际机会主义斗争的一个焦点问题。他详尽地引述并结合历史实际精辟阐发了马克思恩格斯的相关论述特别是那些被机会主义者误解乃至曲解的论点,在此基础上得出结论认为:“不经过一次暴力革命,要以无产阶级的国家来代替资产阶级的统治是不可能的”,“用这一种关于暴力革命的观点,而且惟有用这一种观点来有系统地训练民众,是必要的,——马克思,恩格斯全部学说的基础,就在于此”。① 这些论述既透彻地概述了马克思主义的革命理论,也为各国工人阶级探讨一条适合时代特点和各国国情的革命之路提供了基本遵循。在列宁看来,马克思就是将革命理论和行动策略有机结合的典范。例如,在有关巴黎公社的总结性文献中,马克思就非常注重“分析这个经验,从经验中学得策略上的教训,重新审察自己理论上的基础,这些便是马克思自己所认定的任务”②。而在毛泽东看来,列宁的文本也是以

---

① 上海中外研究学会翻译:《国家与革命》,上海中外研究学会印行 1929 年版,第 34—35 页。

② 上海中外研究学会翻译:《国家与革命》,上海中外研究学会印行 1929 年版,第 59 页。

马克思为典范,实现了理论和策略的创新结合。

《国家与革命》等文本所贯通的理论和方针、战略和策略相结合的方法论,也全方位地体现在以毛泽东同志为主要代表的中国共产党人的全部理论和实践活动之中。不仅如此,毛泽东还沿着列宁开辟的道路继续前行,进一步总结出了制定科学的路线、方针、政策、策略所必须遵循的科学方法论。1963 年 8 月 3 日,在接见南非共产党主席马克斯时他说道:一个革命党,"单有一个纲领是不够的,还要有具体政策。各方面的政策,讲到具体政策,这就复杂了,这要由自己解决,任何人不能代替解决。要经过长期斗争,才能找到合适的政策"①。政策如何得到?需要经过自己的长期斗争,绝对不能依靠他人,也绝非轻轻松松所能获得。1962 年 4 月 9 日,在最高国务会议第十八次会议第二次会议上他又进一步具体分析,制定科学的具体政策,调查研究、群众路线、民主集中制,缺一不可;1958 年 5 月 17 日,在八大二次会议第二次会议上的讲话中他再一次说道:"我们现在非常需要看列宁的著作,他讲民主集中制,讲党同群众的关系,讲得非常好。"②在他看来,要制定路线方针政策,要坚持群众路线和民主集中制,就必须回到列宁,回看列宁的著作,这就是毛泽东的结论。

四、坚持矛盾分析,彰显思想的深刻性

坚持矛盾分析,注重在全面掌握材料的基础上抓住重点,说的是着眼其特点又着眼其发展的唯物辩证的话,体现出了思想的深刻性。在撰写《国家与革命》之前的 1915 年前后,列宁曾经用了几年的时间用心钻研古希腊以来的许多思想家尤其是黑格尔和马克思的哲学辩证法思想,其

① 《毛泽东年谱(1949—1976)》第五卷,中央文献出版社 2013 年版,第 245—246 页。

② 《毛泽东年谱(1949—1976)》第三卷,中央文献出版社 2013 年版,第 351 页。

目的之一就是要揭露第二国际机会主义以辩证法之名行诡辩论之实的本质,这一风格也鲜明地体现在《国家与革命》等文本的写作之中。在第一章讨论"国家的衰亡与暴力革命"问题时,列宁集中从方法论高度揭示了机会主义的实质。在他看来,"把折衷主义来代替辩证法,这是欺骗民众最妥当的方法……可事实上它并没有贡献任何的社会发展过程的革命观念"①。列宁认为,折衷主义"似乎是顾及到各方面的,顾及到一切的发展趋势,以及一切的矛盾势力等等",看起来似乎面面俱到,什么都说到了,但他们忘记分析社会发展过程中的"革命观念",没有用对立统一、阶级斗争的方法去揭示社会中各阶级的矛盾关系,因而他们不可能得出无产阶级革命和无产阶级专政的结论。列宁认为,"只有把承认阶级争夺扩大到承认'无产阶级专政'的人,才是真正的马克思主义者"。②

实际上,坚持运用矛盾或阶级分析的方法阐述马克思主义国家观,去揭露一切机会主义的错误实质,是贯穿《国家与革命》全文的一个显著特征。例如在德谟克拉西即民主问题上,列宁强调,"德谟克拉西是在形式上承认一切公民的平等,就是说,一切公民都有平等的权利,来决定国家的建设和国家的行政"③。"德谟克拉西在工人阶级反对资本家的解放争斗中是有极伟大的意义的",因为"德谟克拉西包含着平等的意义。如果我们能够从消灭阶级的意义上去了解平等,则无产阶级为平等与平等的口号而争斗有何等重大之意义。也就不言而喻了"。这就是说,"德谟克拉西"的伟大意义要在消灭阶级的层面上去了解和把握,这是马克思主

① 上海中外研究学会翻译:《国家与革命》,上海中外研究学会印行 1929 年版,第 33—34 页。

② 上海中外研究学会翻译:《国家与革命》,上海中外研究学会印行 1929 年版,第 55 页。

③ 上海中外研究学会翻译:《国家与革命》,上海中外研究学会印行 1929 年版,第 167 页。

义认识民主的出发点;在此基础上,列宁紧接着又指出:"但是德谟克拉西却绝不是一个不可超越的界限;它只是从封建到资本主义和从资本主义到共产主义的进化过程中的阶段之一。"这就告诉我们,民主绝非永恒,它只是社会发展的一个阶段,有其历史界限,要用具体的历史的眼光去审视;不仅如此,我们也不能把民主神圣化,因为民主的平等只是一种形式的平等,在社会主义和共产主义发展阶段,必须要进一步实现从形式平等到实际平等的过渡。总之,列宁认为,"德谟克拉西是一种国家的形式——是它的各种形式中之一。因此,同一般的国家一样,它也是一种强力加于人类之有组织,有系统的实施"。① 在这里,列宁以民主问题为例,为我们科学运用对立统一、阶级斗争理论分析问题树立了光辉榜样。

对于贯穿在列宁文本中的对立统一、阶级斗争的方法论,毛泽东是极为看重的。1941 年 9 月 13 日,在《关于农村调查》一文中,他总结的方法的第一条就是:"对立统一,阶级斗争,是我们办事的两个出发点","我们一定要把握住这方面的观点,这种观点,就是对立统一和阶级斗争"。②第二条为"详细地占有材料,抓住要点。材料是要搜集得愈多愈好,但一定要抓住要点或特点"③。1965 年在李达主编的《马克思主义哲学大纲》上册第三章第一节"两种对立的发展观"中批注:"辩证法的核心是对立统一规律","旧哲学传下来的几个规律并列的方法不妥,这在列宁已基本上解决了,我们的任务是加以解释和发挥"。④《矛盾论》、《论十大关系》、《关于正确处理人民内部矛盾的问题》等文献,就是毛泽东结合中国实际多对立统一、阶级斗争这一方法所作的解释和发挥。需要注意的是,

---

① 上海中外研究学会翻译:《国家与革命》,上海中外研究学会印行 1929 年版,第 167 页。

② 《毛泽东文集》第二卷,人民出版社 1993 年版,第 380—381 页。

③ 《毛泽东文集》第二卷,人民出版社 1993 年版,第 382 页。

④ 《毛泽东年谱(1949—1976)》第五卷,中央文献出版社 2013 年版,第 550 页。

在领导革命和建设的进程中,毛泽东始终强调的是作为整体的对立统一和阶级斗争,他也是自觉从二者有机统一的高度分析社会历史发展和各国具体实践。从《毛泽东选集》第一卷第一篇的《中国社会各阶级的分析》到第四卷最后一篇《唯心史观的破产》,贯穿始终的都是“矛盾—阶级—革命”的分析逻辑。对此,1959 年底和 1960 年初在读苏联《政治经济学教科书》的谈话中他曾总结指出:“矛盾、斗争、分解是绝对的,统一、一致、团结是相对的,有条件的。有了这样的观点,就能够正确认识我们的社会和其他社会;没有这样的观点,认识就停滞、僵化。”①1964 年 2 月 9 日,在会见威尔科克斯等人时他又从历史发展的宏观高度作了总结:“任何社会无论今天和将来,都是一分为二,总是由矛盾推动社会发展。在现在,是阶级斗争推动社会前进。我们的社会主义不是已经十四年了吗? 但是还是阶级斗争在推动我们的社会前进”,“社会是复杂的,一百万年或一千万年以后,还是有正确和错误,社会结构也是分成几百个阶段或几千个阶段前进的”。② 归根到底,毛泽东重视的是“阶级的国家,阶级的哲学,阶级的科学”③,换言之,也即斗争的国家、斗争的哲学等。在 1959 年底和 1960 年初在读苏联《政治经济学教科书》的谈话中,他甚至依据世界历史尤其是俄国和中国革命的基本经验,进一步从对立统一、阶级斗争相统一的高度对生产力和生产关系、经济基础和上层建筑的矛盾关系做了更新层次的思考。他认为,“从世界的历史来看,资产阶级工业革命,不是在资产阶级建立自己的国家以前,而是在这以后;资本主义的生产关系的大发展,也不是在上层建筑革命以前,而是在这以后。都是先把上层建筑改变了,生产关系搞好了,上了轨道了,才为生产力的大发展开辟了道路,为物质基础的增强准备了条件。当然,生产关系的革

① 《毛泽东文集》第八卷,人民出版社 1999 年版,第 131 页。

② 《毛泽东年谱(1949—1976)》第五卷,中央文献出版社 2013 年版,第 313—314 页。

③ 《毛泽东文集》第八卷,人民出版社 1999 年版,第 138 页。

命,是生产力的一定发展所引起的。但是,生产力的大发展,总是在生产关系改变以后”,“一切革命的历史都证明,并不是先有充分发展的新生产力,然后才改造落后的生产关系,而是要首先造成舆论,进行革命,夺取政权,才有可能消灭旧的生产关系。消灭了旧的生产关系,确立了新的生产关系,这样就为新的生产力的发展开辟了道路”。[①] 在这里,毛泽东向世人展现了运用对立统一、阶级斗争的方法透彻说理、说透彻理的榜样。

第三节　“说真话,不吞吞吐吐”的叙述方法及其中国启迪

“说真话,不吞吞吐吐,即使同敌人斗争也是如此”,是以毛泽东同志为主要代表的中国共产党人阅读《国家与革命》等列宁文本的又一感受。在毛泽东等人心目中,无论是面对战友、朋友还是敌人,列宁都是一个敢于也善于在错综复杂、千变万化的矛盾问题面前始终说真话的无产阶级革命的伟大领袖。具体而言,在《国家与革命》中,列宁说的是勇于直面矛盾的真实的话,它透过纷繁复杂的诸多现象尤其是假象,在主观和客观的有机统一中准确揭示了不断变化的世情、国情和民情;说的是科学对敌的斗争的话,它致力于理论的创新转化,在一般和个别的有机结合中制定革命战略和策略,向世人公开亮明且能彻底战胜敌人的科学论述;说的是积极修正错误的反思的话,它超越了各种利益羁绊,在个人和集体的有机统一中认真解剖自我,勇于自我革命。

① 《毛泽东文集》第八卷,人民出版社1999年版,第131—132页。

一、勇于面对矛盾，在主观和客观的统一中揭示世情、国情和民情

说真话，从宏观角度分析，首先需要面向客观存在的世界，如实且及时地反映大千世界的实情。但是，客观存在的世界纷繁复杂且千变万化，尤其是人类生活的世界又是一个深刻且将越来越多打上人之烙印的社会存在，它表现出假象和真相、实体和关系、物质和精神、存量和变量、历史和现实、现象和本质、优势和劣势等一系列矛盾关系，能不能如实地反映实情绝非易事。在这个问题上，列宁有一系列方法论层面的思考。如上所述，在《国家与革命》中，列宁揭露了第二国际机会主义者以折衷主义代替辩证法以此欺骗民众的惯常手法，这种手法表面看起来照顾了各方面、各种发展趋势甚至各种矛盾势力，但其根本上却恰恰忘记了马克思主义辩证法的实质。早在《国家与革命》撰写之前的 1915 年，列宁即在《谈谈辩证法问题》一文中开宗明义地指出，统一物之分为两个部分以及对它的矛盾着的部分的认识，是辩证法的实质。此后在十月革命胜利后所写的《再论工会、目前局势及托洛茨基同志和布哈林同志的错误》一文中进一步指出，要"真正地认识事物，就必须把握住、研究清楚它的一切方面、一切联系和'中介'。我们永远也不会完全做到这一点，但是，全面性这一要求可以使我们防止犯错误和防止僵化"①。在列宁看来，要真正地认识事物，揭示世界的实情，就必须坚持运用对立统一即矛盾的观点和方法，善于在对立面的统一中把握对立面，探索新的"中介"把"一切方面"或要素"联系"起来，创造性地化解矛盾。具体到阶级社会，就是要用阶级和阶级斗争的观点和方法分析阶级社会的诸种矛盾关系并以此来解决各种阶级矛盾。在这里，阶级斗争或无产阶级革命发挥了举足轻重的

---

① 《列宁全集》第 40 卷，人民出版社 1986 年版，第 291 页。

“中介”之功。

《国家与革命》中,列宁首先将自己的分析视野置入因帝国主义战争而加速和增强的由垄断资本主义向国家垄断资本主义的转变过程,这是该时代极为重大的一次社会转变。因这一转变,资本和国家的联合体同劳动群众之间的矛盾对立愈发尖锐和根本。但在列宁看来,对于无产阶级政党而言,仅仅看到这一点是远远不够的。我们还必须将观察的视野投向国际范围的人民群众因日益严重的剥削和压迫而不断奋起的抗争实践,正是这一伟大的抗争,为破解资本和国家的联合体同劳动群众之间的矛盾关系提供了科学的路径。如何在劳动和资本国家的对立统一中把握对立的两个方面?最根本的路径或方法就是无产阶级革命和无产阶级专政。正是在这一问题上,彻底暴露了工人运动中各种机会主义者的种种虚伪嘴脸以及他们所代表的阶级利益。列宁认为,只有坚持阶级和阶级斗争的观点,才能在阶级社会将矛盾分析方法贯彻到底;也只有坚持阶级和阶级斗争的观点,才能基于无产阶级的根本利益真实地反映世情、国情和民情,找到无产阶级革命的正确道路。

在中国革命和建设的伟大历程中,坚持运用对立统一和阶级斗争的观点和方法分析世情、国情和民情,也是以毛泽东同志为主要代表的中国共产党人始终遵循的方法论。毛泽东认为:“对立统一的法则,对各种事物都是适用的。这样来研究问题、看问题,就有了一贯的完整的世界观和方法论。”①而“在阶级社会中,每一个人都在一定的阶级地位中生活,各种思想无不打上阶级的烙印”②。他还强调,“讲历史不拿阶级斗争观点讲,就讲不通”③。可以说,在对立统一和阶级斗争的有机结合中分析世界和中国,是贯穿毛泽东革命和建设全部生涯的一个显著方法论特征。

---

① 《毛泽东文集》第八卷,人民出版社 1999 年版,第 106 页。

② 《毛泽东选集》第一卷,人民出版社 1991 年版,第 283 页。

③ 《毛泽东的读书生活》,生活·读书·新知三联书店 2010 年版,第 220 页。

在中国社会各阶级尤其是资产阶级和农民阶级的分析中是如此,在革命斗争尤其是革命战争形势的分析中是如此,在中国国情的宏观判断中也是如此。例如在中国的农民问题上,毛泽东就极端注重从各种矛盾关系的联系和发展中去认识和解决。他首先从农民问题与中国革命的矛盾关系入手展开分析,认为"中国的问题始终是农民同盟军的问题","不抓农民就没有政治";然后他进一步着眼农民内部各阶层的矛盾关系展开分析,强调实行依靠贫农、联合中农、中立富农的政策,认为不能简单地倡导"贫雇农坐天下"的口号;接着他又围绕农民与工人阶级的矛盾关系进行分析,指出工人阶级是领导阶级,这一点绝不能含糊,要用无产阶级的观点看待农民问题。立足这样的观点看农民,就不能把社会发展的希望寄托在旧式农民身上,否则革命就没有希望。中国革命重要的问题是教育农民,把农民组织起来。组织起来,不是要固守农民的本来面貌,而是改造农民。这就表明,坚持矛盾的普遍联系和永恒发展,坚持对立统一和阶级斗争相统一,是以毛泽东同志为主要代表的中国共产党人认识和解决中国革命的核心问题即农民问题的科学方法论,这是对列宁"说真话,不吞吞吐吐"方法论的创造性贡献。

二、科学对敌斗争,在一般和个别的结合中制定革命战略和策略

说真话,从中观角度而言,就要善于实现理论向实践的创造性转化,敢于向敌人亮明自己的底牌以及实现目标的道路和战略,然后把无可奈何的对手彻底击倒。在毛泽东看来,列宁面对敌人时同样坦坦荡荡,始终坚持说真话。这种真话,一方面表现为在敌人面前公然宣告自己及其所在的政党要代表最广大的被剥削被压迫的劳动群众的根本利益,对自己的阶级立场根本不藏着掖着。另一方面,在列宁那里,说真话,更多且更显著地还体现为他敢于更善于向世人包括无产阶级的敌人亮明自己政党

的战略和策略,光明正大地向全世界昭示自己的目标、道路和方略。这种真话,它乃是立足于理论和实践、历史和现实、一般和个别、国际与国内、统治阶级与被统治阶级、优势与劣势等错综复杂的矛盾关系的科学分析以及辩证结合,在此基础上制定出的适合国情的革命战略和策略,这是在世情、国情、民情和党情问题上坚持说真话的历史必然和逻辑必然。《国家与革命》就是这样一部向世人尤其是向敌人亮明革命党人的斗争方略、坚持说真话的经典文献;也正为此,它成为世界无产阶级革命的经典文本,同时也被一切资产阶级及其反动派所攻击。

像列宁的其他许多著作一样,《国家与革命》在字里行间时时处处向世人清楚表明了无产阶级政党在国家问题上的奋斗目标,就是要打碎旧的国家政权、建立一个新的无产阶级专政的国家,并由此经过两个阶段的发展逐渐推进国家的衰亡。这对于长期沉浸在"国家崇拜""国家迷信"之迷雾中的资产阶级学者而言,无异于晴天霹雳。当然,《国家与革命》的真话决不仅仅局限于目标层面的阶级国家观,更重要也更多篇幅的是聚焦国家问题从历史和现实、理论和实践相统一的高度对无产阶级革命观的系统阐发。具体包括:为何革命问题上的国家起源、国家本质等原因的论述;谁来革命问题上的无产阶级、工人先锋队、农民同盟军等主体的界定;革谁的命问题上的封建阶级、资产阶级、旧的国家政权等对象的判别;如何革命问题上的暴力革命、议会斗争等路径的探讨;革命成果如何巩固和发展问题上的继续革命和两个阶段等新的预见;等等。通过《国家与革命》的阅读,世人可以清清楚楚、明明白白地知晓无产阶级政党及其所代表的阶级的全部革命方略。面对这一方略,一切反动派和机会主义者却又无可奈何,因为这是历史之必然、时代之趋势和人民之呼唤。

列宁这样一种敢于向敌人亮明自己的战略和策略、坦坦荡荡说真话的方法论传统,在以毛泽东同志为主要代表的中国共产党人那里得到了进一步的发扬光大。在不同历史时期,毛泽东曾几次把这种方法论用中国语言创造性地表述为“阳谋”,他也是在一系列重大问题上坚持说真话的伟大战略家。例如,1938 年 5 月,经过将近一年的观察和思考,毛泽东撰写了《论持久战》这一光辉文献。这一论著首先批驳了“亡国论”和“速胜论”两种错误论调,认为中国的抗战必然是持久战;然后具体分析了持久战的三个阶段以及贯穿三个阶段的总方针和各阶段的具体战略、策略;进而结合战争和政治、进攻和防御、持久和速决、内线和外线等矛盾关系的剖析,讨论了战争主体的主动性、灵活性和计划性的问题,分析了运动战、游击战、阵地战、消耗战、歼灭战等战争形式;最后指出“兵民是胜利之本”,中国必胜,日本必败,这是人心所向、历史大势。《论持久战》光明正大地告诉敌人,中国必胜,中国又是如何取胜,第一步干什么,接下来干什么,最后会怎样,如此等等,这可谓是毛泽东面对敌人始终坚持说真话的“大阳谋”。在历史重大时刻针对重大问题说出的这种真话,具有无坚不摧的理论和实践伟力。毛泽东不仅面对敌人说真话,而且还坚持在朋友面前说出他们一时难以接受的真话,力求通过对话、沟通,消除一些重大问题上的误解和曲解。例如,对于《国家与革命》中列宁所阐发的一个极为重要的观点,即暴力革命、武装斗争的思想,毛泽东就几次在外国朋友面前坚持了自己的立场和观点。1956 年 3 月 14 日,越南劳动党总书记长征和印度尼西亚共产党总书记艾地向毛泽东提出:《战争和战略问题》一文中有关革命的中心任务和最高形式是武装夺取政权的观点是否是普遍的和绝对的?毛泽东回答说:那不单是说中国的问题,也包括外国;不但指过去,也包括现在。在这个问题上英国共产党的波立特同志提出要修改,我们不同意。要不要武装斗争,不是我们单方面能决定的,我们并不是资产阶级的参谋长。我们可以而且要这样说,我们要争取和平进到社会主义。但还要说,即使一时不说也要这样考虑问题:当资产阶级用武装来进攻我们的时候,我们就要被迫进行武装斗争来取得革命胜利。恩格斯生前曾经说过,在特定的条件下,英、美也可以和平进到社会主义。

但到20世纪，到帝国主义时代，美国和英国都成为帝国主义国家，情况就不同了，列宁就不再那样说了。自然，也可以设想，今后会有少数国家，在整个力量对比发生了根本变化的条件之下，可能不再经过国内的武装斗争而和平取得革命的胜利。力量的因素是很重要的，它包括武装力量。"在资产阶级掌握国家机关和军队的国家，我们如果只作和平取得革命胜利的打算，那是要吃亏的。"①在这里，毛泽东不仅在根本上坚持了列宁《国家与革命》的核心观点，而且还彻底贯彻了列宁《国家与革命》中说真话的方法论传统。

三、积极修正错误，在个人和集体的统一中推进自我革命

说真话，从微观角度分析，就是要超越各种利益羁绊，善于发现并勇于承认自我走过的弯路、犯过的错误，认真反思其中的经验教训，以利更好更健康地前行。简言之，说真话，就是要勇于承认自己理论和实践中的失误和错误，始终做到坚持真理、修正错误。就《国家与革命》而言，对这一问题虽然没有更多具体的直接的讨论和阐发，但勇于自我革命的精神品质却贯穿文本始终。

例如，在第三章第四节，列宁具体引述了恩格斯1891年6月29日写给考茨基的《爱尔福特纲领草案的批评》，认为"恩格斯何等用心，何等深思来研究最近资本主义之发展的种种状态，同时他又多么能干的在某种程度内，能够预言我们的帝国主义时代的种种问题"②。在这里，列宁是在间接告诉读者，经过晚年对资本主义发展之最新状态的何等用心、何等深思的研究，恩格斯实际上已经在一定程度上修正了他们自己过去对资本主义的看法。具体而言，正如恩格斯所描述的，"假使

① 《毛泽东年谱（1949—1976）》第二卷，中央文献出版社2014年版，第546—547页。

② 上海中外研究学会翻译：《国家与革命》，上海中外研究学会印行1929年版，第112页。

我们观察从股份公司到统治并垄断许多整个的工业部门的托拉斯时，那末我们就可以看到，不但私人的生产停止了，而且缺乏整个计划的那种缺点也消灭了"[①]。在列宁看来，马克思恩格斯正是勇于自我革命的无产阶级革命导师，他们勇于承认也积极修正自己理论和实践中的错误，在如何认识资本主义的新变化问题上是如此，在其他一切问题上也都是如此。

再如，在讨论马克思恩格斯关于巴黎公社经验教训的总结时，列宁特别强调指出，根据马克思恩格斯的分析，巴黎公社为了防止其工作人员由社会公仆蜕变为社会主人，设置了包括普选、低薪、监督等一系列制度体制安排。在讨论共产主义初级阶段问题时，列宁又分析指出，在这一社会形态，"还不能实现公道与平等；贫富的差别，不公平的差别还依然存在的，但是人剥削人已经是不可能了，因为那时要把生产工具，工厂，机器，土地等等攫夺来据为私有财产是不可能的"[②]。在这个阶段，还存在资产阶级权利，"这是一个缺点"，"但是这在共产主义的初期形态中是不可免的，因为，只要我们不陷于乌托邦思想，我们就不能空想，以为推倒了资本主义之后，人们就立刻会知道，去为社会劳动而不需要任何的法规；实际上，资本主义的消灭并不是立刻就把这种变迁的经济基础设置好了的"。[③] 在列宁看来，"资产阶级权利"这些在共产主义初级形态中所必然存在的缺点不仅从一个方面规定了这个社会的发展水平，也极大地影响到生活于其中的所有人包括国家政权的行使者。也正是这些经济基础层面存在的客观缺陷，使得作为革命者的自破批评、自我革命变得

① 上海中外研究学会翻译:《国家与革命》，上海中外研究学会印行 1929 年版，第 113 页。

② 上海中外研究学会翻译:《国家与革命》，上海中外研究学会印行 1929 年版，第 155 页。

③ 上海中外研究学会翻译:《国家与革命》，上海中外研究学会印行 1929 年版，第 158 页。

尤为重要。

马克思恩格斯和列宁所大力倡导的自我革命精神在以毛泽东同志为主要代表的中国共产党人身上得到了进一步的发扬光大。早在1920年11月26日,青年毛泽东在致罗学瓒同学的信中就指出,改造中国和改造世界,每一个体必须要警惕四种迷,即"拿感情来论事"的感情迷,"以部分概全体"的空间迷,"以一时概永久"的时间迷,"以主观概客观"的主观迷。1937年的《实践论》在我党思想史上第一次明确提出"改造主观世界"的话题,延安整风又集中在全党范围开展反对"三风"、实行两条路线的斗争,尤其强调反对主观主义以整顿学风,包括反对教条主义和经验主义。1941年9月10日,在《反对主观主义和宗派主义》一文中,毛泽东深刻总结了我们党的历史经验教训,认为"过去我们党很长时期为主观主义所统治",在此基础上具体分析了主观主义的主要来源,包括中国的传统、外国的传统、科学的不发达以及广大小资产阶级的存在等,然后从十六个角度提出了克服主观主义的办法,强调要勇于从原则上开展斗争,认真研究马恩列斯的思想方法论,以《联共党史》为学习的中心,宣传创造性的马克思主义,使中国革命丰富的实际马克思主义化。① 之后1941年9月13日,毛泽东在《关于农村调查》一文中,以列宁为例重点阐述了反对经验主义的问题。而在1942年4月20日,他在《关于整顿三风》一文中指出"要把反对主观主义这件事搞得彻底,一定要搞好……一定要干到底,一定要整顿三风,来一个彻底的思想转变"。许多同志"轻视马列主义,这一点给一定要讲清楚,不要轻视它,要写笔记,要讨论,要反省。……批评和自我批评是一个整体,缺一不可。但作为领导者,对自己的批评是主要的。干工作要有一个重心,重心在自己,自己正确的东西便要把它扩大,不正确的东西便把它清除、取消。要使我们所有的学生、干

① 参见《毛泽东文集》第二卷,人民出版社1993年版,第372—375页。

部都了解,在整顿三风时重心在自己”。①

总之,在毛泽东看来,干革命,一定要向列宁学习,不断改造主观自己,善于批评尤其是自我批评,对待自己的错误、失误要敢于说真话、大胆说真话。正是在此基础上,“列宁把马克思主义的立场、观点、方法与俄国革命的具体实践结合起来,创造了一个布尔什维主义,用这个理论和策略搞了二月革命、十月革命……我们要把马、恩、列、斯的方法用到中国来,在中国创造出一些新的东西。只有一般的理论,不用于中国的实际,打不得敌人。但如果把理论用到实际上去,用马克思主义的立场、观点、方法来解决中国问题,创造些新的东西,这样就用得了”②。也只有这样,才能真正做到像列宁那样做一个战斗唯物主义者,彻底的说真话。

① 《毛泽东文集》第二卷,人民出版社1993年版,第414、418页。

② 《毛泽东文集》第二卷,人民出版社1993年版,第408页。

第七章

《国家与革命》的时代价值再认识

前述各章，从马克思列宁主义中国化的视角，选取若干重要人物、重要文献和重要观点，具体考察了《国家与革命》汉译传播的具体过程及其历史意义。当今中国，开启了新时代新征程。在前进道路上，我们的发展环境面临着深刻复杂变化，发展不平衡不充分的问题仍然突出。如何攻坚克难，推进国家治理体系和治理能力现代化，实现中华民族伟大复兴？从世界观和方法论层面论，我们可以借鉴列宁在《国家与革命》中的思想，立足变化了的时代特征和人民需求，运用贯穿于《国家与革命》之中的立场、观点和方法，勇于开展自我革命和社会革命，坚持以新时代的革命观科学解读和丰富发展中国特色社会主义的国家观，在推进国家治理体系和治理能力现代化即推进中国式的现代化的实践进程中书写中国版的《国家与革命》，创造中国式现代化新道路和人类文明新形态，这是时代赋予我们的神圣责任。为此，我们认为有必要对百年来《国家与革命》的价值评估进行再认识，在一系列重大问题上澄清是非、正本清源和开拓创新，像列宁那样，不断推进马克思主义的中国化和时代化。

第一节 《国家与革命》同马克思主义国家观的坚持和发展

对《国家与革命》时代价值的再认识,首先有必要搞清楚的一个问题是该文本与马克思恩格斯思想之间的内在关系,其要害是列宁在《国家与革命》中是坚持还是背离了马克思恩格斯的国家观,这是一个极为重大的理论和实践课题。在国际共产主义阵营,相当长时期内对这一问题的认识是坚定不移的,这种评判以毛泽东对列宁有关坚持和发展马克思主义的经典论述为集中代表。近年来,关于该问题的探索开始不断拓展和深入,有不少学者沿循历史发展的逻辑具体考察从马克思经列宁到毛泽东的马克思主义国家观的逻辑进程,探索列宁在国家观的研究范式上对马克思恩格斯相关分析框架的丰富发展①,这一研究为当今时代科学对待马克思主义提供了列宁的方法论范本。与此相反,西方资本主义国家的一些学者则更热衷于从各个角度入手,利用各种片断展示《国家与革命》同马克思和恩格斯相关思想之间的差异乃至对立,并由此得出《国家与革命》误读乃至背离马克思恩格斯国家观的论点。抛开其政治立场不论,究其方法论而言,其实质是抽象地而非辩证地理解马克思恩格斯的国家观,对列宁的《国家与革命》搞片言只语、断章取义。下面我们结合有关论点的剖析,探索和总结《国家与革命》所蕴含的马克思主义的科学方法论,以期为新时代推进马克思主义中国化和时代化有所助益。

---

① 相关文章主要有:龚培:《从马克思到毛泽东:马克思主义国家观的逻辑进程》,《武汉理工大学学报》2020 年第 5 期;何萍:《列宁国家理论的研究范式:重读〈国家与革命〉——为纪念十月革命胜利 100 周年而作》,《中国地质大学学报》2016 年第 6 期。

一、《国家与革命》是否体现了列宁同马克思的国家观分裂?

由《国家与革命》的阅读而窥见列宁同马克思在国家观问题上的思想分离乃至分裂,这是许多西方学者的一个所谓心得,其主要代表人物是诺曼·莱文。该学者在《列宁〈国家与革命〉再讨论》等文章中提出,列宁的国家观失之于"两个理论黑洞","他没有对国家与市民社会的区别投入足够的关注,而且他对马克思的治理原则视而不见",由此造成两人的思想分裂。

莱文所指的第一个理论黑洞是说,列宁既没有读过马克思的《黑格尔法哲学批判》、《1844 年经济学哲学手稿》等体现马克思有关"市民社会—国家/治理"理论的文献,也对《论犹太人问题》中马克思确立的"市民社会—国家/治理"问题的分析框架缺乏兴趣和深入研究。其结果是马克思的这一理论"在列宁 1917 年写作的《国家与革命》——这是他的政治理论代表作——中完全消失了"。这一理论黑洞使得列宁不能理解马克思的政治哲学,难以提出一个能够承接马克思思想的政治理论。"当马克思与黑格尔分道扬镳时,列宁在政治理论问题上也与马克思分道扬镳了"。

莱文所说的第二个理论黑洞是说,列宁对马克思 1871 年《法兰西内战》和《哥达纲领批判》等文献中有关社会治理的思想视而不见。莱文认为,马克思心目中的巴黎公社与市民社会非常相似,他把公社看作是无产阶级革命的最后阶段。马克思虽然号召消灭阶级,但没有号召消除劳动分工,由此也就需要市民社会,需要立法来消除由于劳动分工而产生的人们之间的不平等。正是在公社问题上,"马克思与列宁的根本性差异在这里展开了:马克思重视市民社会对自身的治理,而列宁则把共产主义看作是一种处于所有治理阶段以后的状态,看作是一个消除了市民社会立法以后的、只剩下核算和管理规则的社会状态”①。在这个阶段,“习惯将会胜过治理,胜过不同能力之间的差异性”。列宁认为通过消除差异可以实现经济与社会的和谐,但“由于忽视了市民社会的存在,列宁遭受了巨大的失败。列宁忽略市民社会时,他便制造了社会立法或治理的真空”,“没有了市民社会的立法,唯一能够解决矛盾的方法将是取消矛盾的存在”,由此“列宁自己断了自己的后路”。② 在莱文看来,两个理论黑洞造成了马克思与列宁在政治理论上的分裂,马克思思想的缺失迫使列宁转向恩格斯以寻求他的政治理论,“列宁的《国家与革命》与其说是马克思与列宁思想的综合体,不如更准确地说是恩格斯与列宁思想的综合体”③。

应该承认,在西方众多有关“列宁学”的研究成果中,莱文有关国家观问题上列宁同马克思的思想“分裂说”是颇具代表性的。如果这一论点成立,则列宁的《国家与革命》无疑就是马克思主义的离经叛道之作,也就无从谈起它在马克思主义发展史上的地位及其时代价值。因此,在这个问题上必须旗帜鲜明。确实,正如莱文所分析的,在写作《国家与革命》期间,列宁没有也无从读到尚未问世的马克思青年时期的一些重要论著,在一定程度上有可能影响到列宁对青年马克思包括“市民社会—国家/治理”分析框架在内的一些思想的把握。但是,这并不意味着列宁不了解或不掌握青年马克思有关“市民社会—国家/治理”的理论。关于“市民社会”的表述,马克思在此后的革命生涯中虽然不常用,但并未绝迹。例如,在1859年的《〈政治经济学批判〉序言》中,马克思在回顾自己的学术经历时,曾这样总结道:法的关系正像国家的形式一样,它们根源

① [美]诺罗·莱文、林浩超:《列宁〈国家与革命〉再讨论》,《武汉大学学报》(人文科学版)2013年第6期。

② [美]诺罗·莱文、林浩超:《列宁〈国家与革命〉再讨论》,《武汉大学学报》(人文科学版)2013年第6期。

③ [美]诺罗·莱文、林浩超:《列宁〈国家与革命〉再讨论》,《武汉大学学报》(人文科学版)2013年第6期。

于物质的生活关系，这种物质的生活关系的总和，黑格尔按照 18 世纪的英国人和法国人的先例，概括为“市民社会”，而对市民社会的解剖应该到政治经济学中去寻求。在 1914 年 11 月撰写的《卡尔·马克思》一文中，列宁大段引用了马克思《序言》中的经典表述，概述了唯物主义历史观的基本观点和方法。所以，列宁不去重点关注莱文所说的“市民社会—国家/治理”分析框架，同他没有研读马克思青年时期的一些作品并无关系。至于莱文所说的列宁对“市民社会—国家/治理”分析框架缺乏兴趣和深入研究，也只是一种现象层面的描述，并没有触及问题的根本。列宁之所以没有运用诸如“市民社会”这样的概念去分析国家、治理等问题，本质上是因为马克思本人已经超越了青年时期的这一认识和分析框架。在马克思看来，黑格尔所说的“市民社会”无非就是物质的生活关系的总和，对它的进一步解剖需要到政治经济学中寻找。由此，马克思发现并揭示了人类社会生产力与生产关系、经济基础与上层建筑的矛盾运动，认为正是上述社会基本矛盾运动推动人类社会从低级形态向高级形态不断演进。自从揭示了人类社会基本矛盾运动规律以后，立足整体性地社会基本矛盾学说考察国家、法、意识形态等上层建筑以及其他一切问题，就成为马克思恩格斯分析全部社会运动的最为根本也最为锐利的思想武器。列宁在其全部革命生涯包括《国家与革命》的叙述中，继承并发扬的正是马克思恩格斯的这一分析传统。就此而言，莱文所说的《国家与革命》所暴露的列宁的“理论黑洞”，无非是被马克思所超越了的认识框架，它恰恰体现了列宁对马克思思想的科学传承。

莱文所谓的第二个“理论黑洞”，即列宁因忽略市民社会而制造了社会治理的真空，同样是对马克思和列宁国家观的误读和曲解。其一，如果像莱文所说的那样，列宁忽略了市民社会，那也只是忽略了这个带有黑格尔哲学色彩的概念。列宁丝毫没有忽略马克思赋予这个概念的真义即物质生活关系的总和，他的全部结论正是立足于对不断变化着的物质生活关系总和的具体分析。例如在《国家与革命》的第五章第一节,列宁就明确指出,在如何分析共产主义的问题上,“马克思首先扫除了哥达纲领在国家同社会的相互关系问题上造成的糊涂观念”,他透过现代国家的种种纷繁形式揭示了它们都是“建立在现代资产阶级社会的基础之上”的共同特点。① 列宁此处所指的“社会”即马克思在《〈政治经济学批判〉序言》中所说的物质的生活关系的总和。其二,马克思所重视的社会治理,究其实质指的是分析和解决纷繁复杂且千变万化的社会矛盾,在阶级社会则主要体现为阶级矛盾,其根本解决方式即列宁在《卡尔·马克思》一文中所阐述的“阶级斗争”和“无产阶级阶级斗争的策略”等。就此而言,马克思的社会治理就是社会革命,在阶级社会则主要表现为阶级斗争。在此意义上,列宁在《国家与革命》中可谓彻底继承了马克思的社会治理思想传统,莱文认为列宁制造了社会治理的真空纯属无稽之谈。其三,莱文完全曲解了马克思有关巴黎公社、共产主义发展阶段等重要论述。马克思从两个“终于发现”的高度赞颂了巴黎公社的伟大历史意义,在他看来,巴黎公社乃是多数被剥削被压迫的人民群众镇压和管理少数压迫者,以及工人、群众自我管理的历史创举。在《哥达纲领批判》中,马克思又“对社会主义社会必须怎样管理的问题作了冷静的估计”②,强调工人群众的自我管理。对马克思的这一思想,列宁曾具体阐释道,这一时期,“如果真是所有的人都参加国家管理,那么资本主义就不能支持下去。而资本主义的发展又为真是‘所有的人’能够参加国家管理创造了前提”③。到了共产主义高级阶段,马克思认为,“那时有哪些同现在的国家职能相类似的社会职能保留下来呢?这个问题只能科学地回答”④。列

① 《列宁选集》第3卷,人民出版社2012年版,第187页。

② 《列宁选集》第3卷,人民出版社2012年版,第193页。

③ 《列宁选集》第3卷,人民出版社2012年版,第201页。

④ 《马克思恩格斯文集》第3卷,人民出版社2009年版,第444—445页。

宁继承了马克思的分析传统，他没有简单地对未来共产主义高级阶段的社会职能作出具体描述，认为这样的问题要留给未来的新人。当然，他也设想过，未来社会劳动对立将消失，习惯会代替监督等等。但是，列宁在《国家与革命》中关于未来社会的描述大多源自马克思，例如“脑力劳动和体力劳动的对立也随之消失”①正是马克思的预言。由此可以发现，莱文依据是否倡导消除劳动分工来划分并割裂马克思与列宁的国家思想，是对两位经典作家思想的严重误读。因为无论是对马克思还是列宁而言，巴黎公社抑或共产主义初级阶段中劳动分工都是一个客观存在；而在共产主义高级阶段，马克思和列宁均坚持脑力劳动和体力劳动对立的消失。在列宁看来，未来的共产主义社会阶级消亡了，对抗消失了，但是矛盾仍将存在。只要人类存在，始终将会面对生产力和生产关系、经济基础和上层建筑的社会基本矛盾运动，而不断处理和化解各种新形态的社会矛盾关系，恰恰是马克思列宁所理解的社会治理。就此而言，莱文所谓的《国家与革命》的两个“理论黑洞”皆非事实，它所坚持运用的恰恰是马克思以一贯之的历史唯物主义的分析传统。

二、《国家与革命》是否存在列宁同恩格斯国家观的内在矛盾？

在《国家与革命》的讨论热潮中，一些学者不仅热衷于发现其中所谓列宁同马克思国家观的分裂，而且也倾心于揭露所谓列宁同恩格斯国家观的内在矛盾，其主要代表有泰克西埃和日本共产党理论家不破哲三等人。

例如，在《马克思恩格斯论革命与民主》一书的第四部分，泰克西埃专门解读了《国家与革命》的第一章。他认为，在第一章，列宁具体引述

① 《马克思恩格斯文集》第 3 卷，人民出版社 2009 年版，第 435—436 页。

了恩格斯在《家庭、私有制和国家的起源》中一段有关国家问题的重要论述:“国家是社会在一定发展阶段上的产物……把冲突保持在‘秩序’的范围以内;这种从社会中产生但又自居于社会之上并且日益同社会相异化的力量,就是国家。”①恩格斯的这一论述实际上内含着国家既有统治职能又有公共管理的社会职能的思想,但是列宁的解读仅仅关注到了国家的阶级统治或阶级镇压职能。泰克西埃认为,对于恩格斯非常丰富的国家论述,列宁只是片面强化了其中一个论点而忽略了另外一个重要论点,这就暴露了列宁的国家观同恩格斯国家观之间的内在矛盾。又如,在《国家与革命》的第一章第三节结尾,列宁引述了恩格斯在《家庭、私有制和国家的起源》中所阐述的国家不可避免地消失的观点。泰克西埃认为,列宁误读了恩格斯的观点,认为要用无产阶级革命来消灭资产阶级的国家,自行消亡的是革命以后的国家残余。

与泰克西埃等人一样,不破哲三也非常关注列宁同马克思恩格斯在国家观问题上的内在矛盾。2001 年他出版了《历史地解读〈国家与革命〉》一书,其中既谈到了列宁与马克思在“工人阶级不能简单地掌握现成的国家机器,并运用它来达到自己的目的”这一论点上的认识矛盾,也具体分析了在如何对待“民主共和制”问题上列宁同恩格斯的思想分歧。不破哲三认为,《国家与革命》扩大了通过暴力革命摧毁国家机器的范围,且坚持这种暴力革命不可避免。实际上,正如恩格斯在 1892 年所明确指出的,大约 40 年来他和马克思对民主共和国的观点是一致的,他们坚持不懈地为民主共和国而奋斗。不仅如此,不破哲三还具体讨论了恩格斯关于爱尔福特纲领草案的批判的通信中的重要观点,而这封信恰恰也是列宁《国家与革命》重点阐述的。在不破哲三看来,恩格斯的观点恰恰是对列宁观点的否定。

---

① 《马克思恩格斯文集》第 4 卷,人民出版社 2009 年版,第 189 页。

泰克西埃和不破哲三等人发现的所谓列宁同恩格斯在国家观问题上的内在矛盾,恰恰暴露了他们在对待马克思主义问题上的抽象的教条主义立场和形而上学方法。首先应该承认,他们对相关文献的爬梳、分析确实很精细,发现了如上所述的那些列宁同恩格斯在表述和理解层面的不一致。但是,他们却由这种不一致而进一步得出两人在国家观问题上存在内在矛盾的结论,这就有失偏颇了。而且,这些所谓的不一致,如果从辩证法这一马克思主义的核心来看的话,列宁恰恰是继承和发展了马克思主义,如矛盾不平衡原则的提出。众所周知,对于国家的考察可以从诸多不同角度入手,例如政治学、社会学、人类学、政治经济学、法学、政治哲学等。恩格斯在《家庭、私有制和国家的起源》中,着重从人类学和政治哲学的角度考察了国家的起源,揭示了其功能和本质,这是一种现象和本质相统一的分析视野。泰克西埃仅仅看到或强调了恩格斯所考察的国家的一般性社会职能,这种职能是任何一个思想家都可以轻易发现的。列宁对恩格斯相关论述的解读,恰恰指出了恩格斯不同于或高于一般思想家的国家观,他没有停留在恩格斯有关国家问题的现象描述,没有驻足于国家所具有的站在社会之上、抑制冲突、保持秩序等社会职能的分析,他紧紧抓住社会陷入不可解决的自我矛盾,社会分裂为不可调和的对立面、各阶级在经济利益上的互相冲突等,凸显国家作为统治阶级的暴力机关、压迫工具等本质的阶级属性,由此进一步推导出无产阶级为了求得解放,必须通过暴力革命推翻旧的国家政权的革命结论。这就是《国家与革命》的革命方法,这是一种直指本质的方法。它所针对的就是列宁文中重点批判的折衷主义的思维方法:在列宁看来,对于国家观这样一个重大政治理论问题,一定要尖锐犀利、单刀直入,透过现象抓住本质和要害,以点带面,什么话都讲到了,什么问题都顾及了,但最要紧的最本质的没有抓住,等于白抓。在当时阶级斗争日益尖锐的时代背景下,就是要紧紧抓住有关国家起源、国家本质问题上的马克思主义真义。除了列宁所强调的这一点,恩格斯有关国家定义的其他表述,都是表面的、形式的,功能层面的,要搞清楚国家的本质,就是要回答国家在根本上代表谁的利益,这是大是大非问题。而不破哲三所发现的所谓列宁同恩格斯之间在议会制民主共和国问题上的思想分歧,也必须从这个视角加以考察,即要搞清楚马克思恩格斯在这一问题上的本质性分析以及具体对策性考量,不能以他们对某一时期某一国家的政策性分析取代他们在这一问题上的原则性立场。对于马克思恩格斯的学生而言,需要继承的是蕴含于他们思想之中的立场、观点和方法,在一系列重大问题上不仅要跟着说,更重要的是接着说。面对变化了的具体世情、国情,只有像列宁那样,在国家观问题上敢于和善于讲出揭示本质、突出重点、适应时代的新话,才是对马克思主义的科学引述、辩证阐述和创新发展。

这样一种分析方法同样适用于列宁对恩格斯有关"消灭作为国家的国家"思想的解读。诚如泰克西埃所分析的,恩格斯在《反杜林论》中只是提到了无产阶级将取得国家政权并利用这个国家政权实施生产资料社会化,由此也就消灭了一切阶级差别和阶级对立,也消灭了作为国家的国家。至于说这个"作为国家的国家"到底是个什么样的"国家",在这段文字中恩格斯并没有指明。列宁在《国家与革命》中所做的恰恰是沿着马克思恩格斯的思想接着说,他根据他们的思想逻辑以及时代特征,进一步揭示了"消灭作为国家的国家"的具体过程。这就是:以无产阶级革命消灭资产阶级的国家,建立一个无产阶级专政的国家,实现生产资料社会化,大力发展生产力,提高广大人民的思想觉悟,由此一步一步地促使无产阶级国家残余逐渐消亡。在这里,所体现的决不是泰克西埃所言的列宁同恩格斯在国家观问题上的所谓内在矛盾,而是恩格斯有关国家消亡思想的逻辑的合理发展和历史的具体展开。也正因此,我们认为,列宁的《国家与革命》是科学对待马克思主义的典范。正如1885年4月23日恩格斯致信查苏利奇所指出的,"马克思的历史理论是任何坚定不移和始终一贯的革命策略的基本条件；为了找到这种策略，需要的只是把这一理论应用于本国的经济条件和政治条件”①。对待马克思恩格斯的思想，一定要像列宁那样，把正确理论与具体实际紧密结合起来，结合不同国家的历史和现实情况加以创造性地运用和发展。

第二节 《国家与革命》同社会主义革命和建设的方法论指导

上述第一节，我们主要是在理论层面围绕《国家与革命》是否背离马克思恩格斯国家观这一问题，展开其时代价值的分析；就实践层面而论，相关的评价则主要围绕《国家与革命》与世界社会主义革命和建设的关系问题展开。在这一问题上，相当多的论者均认为这一论著对俄国、中国和世界范围的社会主义革命和建设都产生了极为重大的实践指导作用。例如，苏联学者阿里夏诺夫在《论列宁著〈国家与革命〉》中就明确指出，这一著作“是在一九一七年十月革命前夕的具体条件下，为建立无产阶级国家而斗争的实际纲领；它是优越无比的战斗行动的指南”②。我国学者则更加明确地揭示了这一论著对十月革命和世界革命的意义，认为它“对于俄国十月社会主义革命的胜利和世界革命的开展，都有伟大的指导意义和作用”③。不仅如此，有不少论者还认为，这一论著也对推进新时代国家治理体系和治理能力现代化有重要的指导意义，有研究者进而

① 《马克思恩格斯选集》第 4 卷，人民出版社 2012 年版，第 574 页。

② ［苏联］阿里夏诺夫：《论列宁著〈国家与革命〉》，明河译，五十年代出版社 1952 年版，第 3 页。

③ 李光灿：《学习列宁的国家学说——介绍列宁著〈国家与革命〉一书》，《法学研究》1955 年第 2 期。

概括提出了我国《国家与革命》研究中从“国家、革命、专政”的研读模式发展到“国家、建设、民主”的研读模式的逻辑进程。当然，在《国家与革命》之实践价值的评价中，也不乏一些质疑、批判之声。例如，关于《国家与革命》同十月革命的关系问题，有学者对这部著作是否从理论上武装广大群众、保证十月革命的胜利等观点提出了质疑，认为《国家与革命》“是否起过这种作用呢？值得怀疑”①。此外，还有学者提出，《国家与革命》无论是对十月革命后的俄国社会主义实践还是对中国的社会主义现代化建设都产生了消极的影响。这些看法直接关系到对《国家与革命》的实践或时代价值的再认识，事关重大，有必要作些具体分析。

一、《国家与革命》是否从理论上武装了党员群众、保证十月革命的胜利？

如何认识《国家与革命》同十月革命的关系？它是否对这一重大历史事件发挥了重要的理论指导作用？对此提出质疑的学者的主要根据是，这一论著直到1918年即十月革命胜利后才公开出版，在这之前，最多也只有季诺维也夫和加米涅夫看过，而这两人恰恰是反对武装起义的。很显然，在他们看来，1918年发表的《国家与革命》是不可能指导1917年的十月革命的。

很显然，这些学者之所以能得出这一结论，从方法论而言主要是因为过分偏执于文本发表的时间而忽略了其他更加重要的因素。单纯从时间角度分析，出版于1918年的《国家与革命》不可能对发生于1917年的十月革命产生什么影响。但是，对某一文本及其相关重要思想之时代价值的分析，最需要关注的是文本作者的身体力行以及他的社会影响力。如果作者本人对该文本高度重视，他必定会把这一文本以及其中的相关思

① 郑异凡:《关注经典著作的发表时间》,《博览群书》2003年第11期。

想烙印在自己头脑之中并将相关思想投射到自己的其他论著之中,这些论著既可以是理论性的文章,但更多的是指导性的纲领、政策等,由此来影响、号召和组织阶级队伍,形成整体力量;不仅如此,作为政党领袖,他还会把这一文本的观点和方法运用于革命实践之中,使该文本的思想在广阔的空间场域中弥漫、扩散、渗透,影响越来越大的区域和越来越多的人群。

正如诺曼·莱文所说,"列宁本身就是一个庞杂的历史性存在,他一生的活动覆盖了以下几个方面:(1)作为革命家的列宁;(2)作为哲学家的列宁;(3)作为列宁主义的布尔什维克政党奠基人的列宁;(4)作为政治理论家的列宁"①。作为集革命家、哲学家、政党领袖和政治理论家于一身的列宁,他始终关注的是革命理论和革命实践的有机结合。对此,意大利学者科莱蒂也明确指出:列宁写作《国家与革命》,"是为了决定在不断发展的革命中要做的事情。他是一个现实主义者,他不依靠'灵感'去进行政治即兴创造,而是渴望采取行动。他对于自己正在做的事情具有充分的自觉。《国家与革命》就是在这样的时刻由这样的人写成的"②。而泰克西埃则直截了当地指出,《国家与革命》这部著作"包含能为列宁的党指出如何面对与国家有关的革命任务的理论"③。

历史的考察可以发现,这一论著中与国家有关的革命任务的理论是通过多种途径作用于俄国党和广大群众的。途径之一是,将《国家与革命》中的相关思想贯穿到一系列论著之中,这些论著有:载于 1917 年 9 月 26 日和 27 日的《工人之路报》第 20 号和第 21 号上的《革命的任务》;载

① [美]诺罗·莱文、林浩超:《列宁〈国家与革命〉再讨论》,《武汉大学学报》(人文科学版)2013 年第 6 期。

② 张翼星编著:《列宁哲学思想的历史命运》,重庆出版社 1992 年版,第 486 页。

③ [法]泰克西埃:《马克思恩格斯论革命与民主》,社会科学文献出版社 2012 年版,第 193 页。

于1917年10月《启蒙》杂志第1—2期合刊上的《布尔什维克能保持国家政权吗?》等文章。途径之二是,将《国家与革命》中的无产阶级革命和无产阶级专政的理论直接转化成指导革命的政策主张。这些主张可见于当时列宁写给俄国社会民主工党(布)中央委员会的信以及有关的会议文献之中。途径之三是,通过《国家与革命》的理论研究,转变过去的看法并与党内其他同志达成思想共识,以更好地指导俄国革命。一个明显的例子是:列宁原来认为"炸毁国家"是无政府主义的口号,并为此指责过布哈林。后来他看到恩格斯在《法兰西内战》导言中关于"炸毁"的提法,特意在旁边写道:"注意:'炸毁旧的国家政权并以新的来代替它'。"①于是在党的第六次代表大会上,他委托夫人克鲁普斯卡娅转告布哈林,同他的分歧不存在了。在这里,不仅体现了列宁在思想理论上勇于自我革命的勇气,更重要的是,两位党的领袖就有关革命道路的重大问题所形成的思想共识为更好地开展革命实践提供了科学的理论指导。

当然,在《国家与革命》同十月革命的关系问题上,更多的质疑、指责是认为,这一论著所蕴含的非马克思主义的国家观尤其是国家问题上的乌托邦思想,促使在落后的俄国诞生了一个注定要夭折的"早产儿"。由于这一观点已经为列宁在《论我国革命》、《无产阶级革命和叛徒考茨基》等论著中从理论层面所尖锐解剖,特别是已经为中国共产党人的伟大实践所彻底批驳,此处就不再赘言了。

二、《国家与革命》如何为俄国社会主义建设提供理论指导?

相对于《国家与革命》同世界革命的关系问题,该论著同世界社会主义建设的关系问题则要复杂得多。在这一问题上,学者们的共识是,《国家与革命》无论是对列宁和斯大林领导的俄、苏社会主义建设还是对毛

① 《列宁全集》第31卷,人民出版社1985年版,第190页。

泽东领导的中国社会主义建设都发挥了非常重要的作用。但是,随着各国社会主义建设实践中诸多弊病的逐渐暴露,尤其是苏联解体、东欧剧变,促使相当多的学者开始反思检讨《国家与革命》的传统评价,认为《国家与革命》带给世界各国社会主义现代化建设的影响是多重的、复杂的、不断变化的,很多时候甚至是负面的。这种负面或消极影响在路线、政策层面主要表现为革命后无产阶级政党在认识和处理资产阶级权利、生产资料所有制、阶级专政、民主政治、社会过渡、国家管理、产品分配等系列问题上走的弯路。众所周知,对于这些有关国家革命和建设的路线、政策层面的理论设计和具体实践,列宁本人始终坚持一种开放的、革命的态度,他随时注意根据变化了的实际适时做出调整。也正因此,《列宁的一生》的作者,美国人路易斯·费希尔称列宁"出色地把坚定不移的教条主义同实践中的灵活性结合了起来,他是一块花岗岩同蟒蛇的混合体"①。像列宁一样,中国共产党人也丝毫没有避讳自身在认识和运用《国家与革命》等经典时所犯的教条主义错误,在艰巨复杂的革命和建设实践中做到随时坚持真理、随时修正错误。对于这些路线和政策性失误同《国家与革命》之间的理论关联,人们已经有相当深刻的认识和反思,此处不再赘述。在这里,我们所要关注的是,如何更好地反思总结《国家与革命》这一经典对社会主义现代化建设的方法论指导,相较于路线制定、政策设计的理论指导而言,方法论的引领尤为重要也更为根本。为此,我们首先考察一下《国家与革命》对俄苏社会主义建设的方法论意义。

众所周知,十月革命之后,列宁和布尔什维克党依据《国家与革命》中的相关思想提出,俄国革命首先要打倒中世纪制度的残余,消灭君主制、等级制、土地私人占有制、废除宗教等,即进行资产阶级民主革命或民

---

① [美]路易斯·费希尔:《列宁的一生》(下),彭卓吾译,北京图书馆出版社2002年版,第693页。

主改造,这“是无产阶级革命即社会主义革命的副产品。……前一革命可以转变为后一革命。……后一革命可以巩固前一革命的事业。斗争,只有斗争,才能决定后一革命能比前一革命超出多远”①。但问题的关键是如何确定这一转变的时机。还是依据《国家与革命》中有关过渡的理论,在十月革命胜利后列宁领导俄国马上开始了向社会主义革命的直接过渡,认为“我们有幸能够开始建设苏维埃国家,从而开创全世界历史的新时代,由一个新阶级实行统治的时代。这个阶级在一切资本主义国家里是受压迫的,如今却到处都在走向新的生活,去战胜资产阶级,建立无产阶级专政”②。费希尔认为列宁破坏了两个革命,犯了所谓的“历史性错误”。相较于费希尔的简单评价,列宁对此的反思更深刻。在他看来,这一时期,“我们每个人都犯过急躁的毛病”,“我们为热情的浪潮所激励,我们首先激发了人民的一般政治热情,然后又激发了他们的军事热情,我们曾计划依靠这种热情直接实现……同样伟大的经济任务。我们计划用无产阶级国家直接下命令的办法在一个小农国家里按共产主义原则来调整国家的产品生产和分配。现实生活说明我们错了。为了做好向共产主义过渡的准备(经过多年的工作来准备),需要经过国家资本主义和社会主义这些过渡阶段。不是直接凭热情,而要借助于伟大革命所产生的热情,靠个人利益,靠同个人利益的结合,靠经济核算”③。在这里,列宁分析了建设中直接过渡、急于求成的原因,主要有片面依靠政治、军事热情去搞经济建设,计划用国家直接下命令的办法来调整社会生产和分配,忽视社会发展阶段的不可超越性等。应该说,列宁剖析的这些因素在《国家与革命》等论著中都或多或少有所体现,比如调动群众积极性、国家直接下命令、社会发展阶段的过渡等。为更好推行“新经济政策”,

---

① 《列宁全集》第42卷,人民出版社1987年版,第172页。

② 《列宁全集》第42卷,人民出版社1987年版,第173页。

③ 《列宁全集》第42卷,人民出版社1987年版,第176—177页。

列宁在方法论层面反复倡导“不要急躁”“宁肯慢一些、但要好一些”等重要论断，体现了他对社会主义现代化建设方法论的深层思考。

需要进一步指出的是，在俄国建设的具体实践中，列宁还敏锐地察觉到了《国家与革命》的一些论断同俄国具体实际之间的矛盾，从而引发他对理论和实践相互关系问题的深层反思，以破解理论是否以及如何更好地指导社会主义建设这一时代课题。没有革命的理论，就没有革命的运动，这是列宁和布尔什维克党的信条。《国家与革命》等论著为十月革命提供了科学的理论指导，那么它又该如何指导前无古人的社会主义建设？这是摆在布尔什维克党人面前亟待解决的一个重大课题。1918 年 3 月，党的第七次代表大会召开，什么是社会主义，如何建设社会主义，这是包括布哈林在内的许多人非常关注的问题。根据《国家与革命》所阐发的马克思主义国家观，布哈林意图让列宁把社会主义描述成一种没有国家的社会并以此开展具体行动。对此，列宁表示拒绝并指出：“我们目前是绝对主张要有国家的，至于说要论述国家不复存在的、充分发展了的社会主义，那只能谈谈那时将实现各尽所能、按需分配的原则，别的就什么也想不出来了。但是，这些还是遥远的事。现在说这些，就等于什么也没有说，除非是说基础还很薄弱。”①列宁还警告说：“提前宣布国家的消亡将违背历史的前景。”②在这里，列宁彻底坚持了一切从现实出发的唯物主义立场，对布哈林等人照抄照搬《国家与革命》以及其他经典论著中的论断表示了坚决反对；但尽管如此，在这一问题上，列宁还是引证并坚持《国家与革命》的观点，认为在无产阶级夺取政权以后，国家将立即开始消亡，理论和现实之间的张力就是以如此尖锐的形式呈现在世人面前。类似理论和现实的矛盾还有不少，例如，在《国家与革命》中，列宁曾断

① 《列宁全集》第 34 卷，人民出版社 2017 年版，第 60 页。
② 《列宁全集》第 34 卷，人民出版社 2017 年版，第 61 页。

言,民主国家是不可能的;但是在革命胜利后他又强调,苏维埃政权是新型的国家,是无产阶级专政的形式,我们为民主制提出了不同的任务。再如,在《国家与革命》中,列宁提出,今后的国家管理是由计算、登记和检查这样一些最简单的、任何一个识字的人都能胜任的手续构成的,因此要建立全国范围内的、能使居民亲自进行作为社会主义进一步发展基础的社会会计、统计和监督;但是基于当时的俄国实际,列宁又清醒地认识到:"难道每个工人都知道如何管理国家吗?有实际经验的人都知道这是神话。"①在工人当中谁来参加管理?整个俄国只有几千个人。"要管理,就需要有一支经过锻炼的共产主义革命者的大军,这样的大军是有的,这就是党。"②面对这样一些矛盾怎么办?作为马克思主义的坚定信仰者,列宁没有动摇国家观问题上的根本规定,包括阶级国家的本质属性、暴力革命的一般道路、国家消亡及其经济基础等,这些理论构成了《国家与革命》的基本内容。在这意义上,我们认为列宁无论在理论还是实践层面都没有背离《国家与革命》的立场、观点和方法。当然,现实生活中不断凸显的理论和实践的矛盾也使列宁深刻地认识到,伴随着从革命到建设的推进,理论本身也要与时俱进,机械套用适用以往时代的某些论断而不根据变化了的条件作相应的理论变革,理论与实践之间的矛盾就将愈益扩大和深化,理论在实践面前也将碰得头破血流。为此,他经常告诫俄国布尔什维克党人,理论是灰色的,而生活之树常青。在列宁看来,《国家与革命》对实际的方法论指导并不仅仅局限在这一论著本身基于当时的现实而指出的阶级分析、暴力革命、直接过渡等,更重要的是渗透在文本之中的坚持一切从客观实际出发而不是从空虚的理论命题出发的唯物主义方法论和矛盾分析、抓住重点等辩证方法,对于现代化建设而言,这是

① 《列宁全集》第40卷,人民出版社2017年版,第253页。
② 《列宁全集》第40卷,人民出版社2017年版,第253页。

更为根本也更为重要的方法论指导。

三、《国家与革命》如何为中国社会主义建设提供理论指导?

在《国家与革命》是否为中国社会主义革命提供理论指导这一问题上,国际国内不存在大的争议,因为这种理论指导从毛泽东所撰写的《论人民民主专政》等一系列重要论著以及中国共产党领导中国人民进行的伟大革命实践之中,都有清晰的表征。人们议论较多的是,《国家与革命》对中国社会主义现代化建设的意义或价值该如何评估。进而言之,应该如何评价在中国社会主义现代化建设问题上《国家与革命》对我们的影响。关于这一问题,美国学者斯塔尔在《毛泽东的政治哲学》一书中基于众多思想的总结提出了自己的一些判断,也为我们深化思考《国家与革命》的中国价值问题提供了一定的借鉴。

斯塔尔首先概括了以毛泽东同志为主要代表的中国共产党人对待《国家与革命》等经典的基本立场。在他看来,"毋庸置疑,毛泽东认为自己是从对马克思和列宁思想的理解出发并在由此而形成的思想框架内工作的",但"无论如何,正像他一生所展示的那样,毛泽东日益敏锐地认识到他所从事的革命、这一革命的社会环境以及他生活和工作的历史时期的独特性质。对马克思和列宁的思想合乎正统或不合乎正统的修正是什么,这是一个必须在政治基础层面才能最终得以解答的问题"。① 概言之,根据斯塔尔的判断,无论是在革命还是建设时期,毛泽东对待《国家与革命》等列宁经典的原则立场都是基于中国国情的坚持和发展,他对这些论著做出了"合乎正统的修正"和"不合乎正统的修正",具体而言包括如下方面。

其一,毛泽东坚持和发展了《国家与革命》的国家发展观。众所周

① [美]约翰·布赖恩·斯塔尔:《毛泽东的政治哲学》,曹志伟、王晴波译,中国人民大学出版社 2013 年版,"前言"第 2 页。

知，列宁在《国家与革命》所倡导和坚持的是一种阶级和发展维度的国家观，作为本质上具有阶级属性的国家是一个历史过程，它将经历诸多发展阶段并最终趋向消亡。根据斯塔尔的分析，"毛泽东的政治思想从根本上讲是发展的。我们看到，这种思想的基础，随时间流逝而发生积极的或进步的变化，从而使矛盾和斗争获得正确的处理和解决"①。他还引用毛泽东的"停止的论点，悲观的论点，无所作为和骄傲自满的论点，都是错误的。其所以是错误，因为这些论点，不符合大约一百万年以来人类社会发展的历史事实，也不符合迄今为止我们所知道的自然界的历史事实"②等重要论述来论证这一点。不仅如此，斯塔尔还重点将毛泽东有关国家发展的思想同有关矛盾斗争的论断结合起来，认为毛泽东有关矛盾的观点构成了国家发展的根本动力，在此基础上毛泽东又进一步推进了《国家与革命》的革命观，形成了"无产阶级专政下继续革命"等理论。在斯塔尔看来，毛泽东有关国家发展的论断是建立在他的矛盾哲学的基础之上的，正如毛泽东所言："不平衡是普遍的客观规律。从不平衡到平衡，又从平衡到不平衡，循环不已，永远如此，但是每一循环都进到高的一级。不平衡是经常的，绝对的；而平衡是暂时的，相对的。""各种突变、'飞跃'"，"都是一种革命，都要通过斗争，'无冲突论'是形而上学的"。这就意味着，包括国家在内的任何事物要实现飞跃和发展，必须经过斗争和革命。在毛泽东那里，"他感兴趣的是经济、社会和政治发展的问题，因此，这些问题所产生的矛盾、冲突辩证法，就构成了他的政治思想的核心观念，其他政治观点都是围绕这一固定的观点而形成的"③。也正是因为

---

① [美]约翰·布赖恩·斯塔尔：《毛泽东的政治哲学》，曹志伟、王晴波译，中国人民大学出版社2013年版，第191页。

② 《毛泽东著作选读》下册，人民出版社1986年版，第845页。

③ [美]约翰·布赖恩·斯塔尔：《毛泽东的政治哲学》，曹志伟、王晴波译，中国人民大学出版社2013年版，第31页。

如此,美国著名的毛泽东思想研究者施拉姆认为,毛泽东是一个“天然的列宁主义者”,因为毛泽东出自本能地接受了列宁强调政治斗争的思想和革命组织的原则。与列宁研究国家问题是为了突出革命诉求一样,毛泽东研究社会经济、政治、文化的发展,同样突出了革命导向。斯塔尔认为,毛泽东心目中的社会主义社会是一个不断发展的过程,它必须不断或继续革命。之所以如此,从反面讲,是为防止社会主义社会中出现倒退和产生资产阶级的问题;从正面讲,唯有如此才能不断促进社会和人的进步。在毛泽东看来,一个崭新的社会制度要从旧制度的基地上建立起来,它就必须清除这个基地,反映旧制度的旧思想的残余,总是长期地留在人们的头脑里,不愿意轻易地退走的,必须不断或继续革命。应该说,斯塔尔的上述分析将毛泽东有关阶级斗争的理论同发展的国家观结合起来并进一步将国家问题同哲学矛盾思想统一起来,对我们深化认识这一问题有一定的启迪。

其二,毛泽东坚持和发展了《国家与革命》的无产阶级专政理论。无产阶级专政理论是人们讨论《国家与革命》的中国价值时无法忽略的一个重大问题,但一般的分析比较多地集中于无产阶级专政理论同马克思主义的关系、无产阶级专政对人民民主和对敌人独裁的双重职能、无产阶级专政的国家属性等问题。斯塔尔的分析既涉及上述问题,同时又将研究视角进一步拓展到无产阶级专政同政党权威的确立及其合法性,无产阶级专政的经济、政治职能及其局限等问题。他首先对无产阶级专政问题作了思想史的描述,认为在马克思主义发展史上,相对于马克思、恩格斯、列宁而言,毛泽东非常引人注目地将无产阶级专政建筑在哲学矛盾观的基础之上,反对 1936 年斯大林提出的苏联社会实质上已不存在矛盾的观点。斯塔尔认为,毛泽东的这一判断与列宁关于在社会主义社会,对抗将消失,矛盾仍将存在的论断是高度一致的;进言之,列宁的论断为毛泽东的分析奠定了哲学理论基础。斯塔尔还进一步考察了列宁和毛泽东两人在无产阶级专政与党的合法性权威的关系问题上的一致性。根据列宁《国家与革命》的论述,“体现合法性权威的权力就是无产阶级专政。在列宁看来,国家是一个阶级压迫另一个阶级的工具。一旦无产阶级打碎了资产阶级的国家机器,就会建立起自己的国家机器亦即自己的专政。尽管这一新的国家机器是合法的,但却是由无产阶级对其实行监督,而不是简单地因其作为国家结构的特性,才具有这种合法性。确实,只有当阶级斗争结束时,国家和强制才是不必要的,那时,国家就会自行消亡,它的非专政职能将为本质上是自由竞争的社会本身所吸收”。这就是说,社会主义革命胜利后建立的国家并不是因为其具有国家结构的特性就具有合法性,而是因为它本质上是无产阶级专政的国家。斯塔尔认为,在这个问题上,“毛泽东接受了列宁关于革命政党的合法性和权威的观点”,认为党的作用就是列宁所说的组织无产阶级进行阶级斗争,革命党只有其成员和领袖的立场、观点和方法正确时,才是合法的。“关键是党的立场,因为只有采取了无产阶级的立场,党才能够为‘全体人民’说话,这是一种产生于无产阶级的普遍特征的能力”①。斯塔尔由此得出结论认为,像列宁一样,毛泽东对党的合法性的论述同他认为在向共产主义社会过渡的整个时期中必须存在着无产阶级专政后形成的国家以加强党和阶级的合法性的观点是分不开的。

其三,毛泽东丰富发展了《国家与革命》关于资产阶级自发势力的论述。与无产阶级专政密切相连的是有关新生资产阶级的经济、政治基础即资产阶级自发势力问题。在《国家与革命》的相关研究中,学者们无不注意到了在“资产阶级法权”或“资产阶级权利”问题上毛泽东同列宁的思想联系,斯塔尔也关注到了这一现象并将它同新生资产阶级的产生问

① [美]约翰·布赖恩·斯塔尔:《毛泽东的政治哲学》,曹志伟、王晴波译,中国人民大学出版社 2013 年版,第 63 页。

题挂起钩来。他首先考察了“资产阶级法权”这一术语的思想演变,认为“毛泽东在逝世前不久论述产生资产阶级的经济原因时,再次提出了‘资产阶级法权’的问题。这一术语出自马克思的《哥达纲领批判》一书。在这本书中,马克思阐述了从这样一种事实中产生的不平等,即尽管各个劳动者的生产能力不同,但根据花费的时间,他们获得了同样数量的工资”。紧接着他又叙述了列宁的看法,认为“列宁在《国家与革命》一书中对这一概念作了如下概括:资产阶级法权是‘对不同等的人按不等量的劳动给予等量产品’”。对此毛泽东于 1958 年作了更加明晰的判断,即“通过致力于商品的生产和确立多级工资制过渡到社会主义,这本身就是可能导致两极分化和新剥削阶级产生的不公平制度的体现”①。通过这一思想史的考察,斯塔尔认为,根据列宁的判断,“新的资产阶级分子带有系统性地产生的唯一根源就是他所谓的‘资产阶级的自发势力’,这一点非常关键”。如果坚持这一判断,那么对新生资产阶级产生原因的解释就应集中在自发的资本主义这一经济因素上。但与列宁不同,毛泽东在这一问题上坚持的是一种矛盾不平衡论,他在重视经济因素的同时,还认为政治和意识形态在改变社会主义社会的阶级性质及阶级构成方面的作用不容忽视。② 也正因此,针对列宁反复警告过的资本主义自发倾向,毛泽东强调必须向广大的农民群众进行耐心的生动的(容易被他们理解的)宣传教育工作,同时展开组织改革、群众参与等治疗方法。应该说,相对于仅仅从阶级斗争的视角解释资产阶级法权问题而言,斯塔尔的分析视角更宏阔,也更具有理论价值。

其四,毛泽东丰富发展了《国家与革命》关于国家机构管理问题的论

---

① [美]约翰·布赖恩·斯塔尔:《毛泽东的政治哲学》,曹志伟、王晴波译,中国人民大学出版社 2013 年版,第 86—87 页。

② 参见[美]约翰·布赖恩·斯塔尔:《毛泽东的政治哲学》,曹志伟、王晴波译,中国人民大学出版社 2013 年版,第 70 页。

述。如何防止新生的社会主义国家政权的官僚化现象，是列宁和毛泽东共同关注的重大问题。斯塔尔认为，在这一问题上，列宁在《国家与革命》中关于巴黎公社问题的分析对毛泽东具有重要启迪。关于巴黎公社，根据马克思的分析，公社实行的直接的选举制和对官员的罢免制，独立的行政职能与立法职能相结合，不是由议会机关来行使，政府职员领取与工人相同的薪水等制度设计，在根本上依靠的是群众参与，以此来解决国家同社会的异化现象。列宁在《国家与革命》中坚持和发展了马克思的论述，“列宁认为，这些原则表明无产阶级直接掌握现存的国家机器是不可能的；接着，他还指出，重要的是巴黎公社社员们成功创建的是一种新型的政权形式：国家即组织成为统治阶级的无产阶级，或用马克思在《哥达纲领批判》中的一句话说，是‘无产阶级的革命专政’，作为改造他们自己的组织机构和制度的一种模式”①。斯塔尔认为，在这里，列宁实际上提出了两种相互矛盾的解决方案，即“参与”或“专政”。毛泽东在这个问题上的贡献就是深信实现这样一种制度安排是可能的，这主要体现在他关于参与和代表的思想之中，尤其是体现在他关于群众路线的一系列重要论述之中。为了反对官僚主义、干部腐败等，他非常重视群众的广泛动员问题，认为群众批评是一种潜在而有效的抑制和纠正党和国家机关僵化、腐化的手段。为了使群众批评发挥真正的效力，又必须进一步加强群众的权力。在他看来，改革国家机关的根本点在于建立与群众的联系，机构的改革必须与建立这种联系的需要相适应，而决不能有任何助长官僚主义的做法出现。在斯塔尔看来，毛泽东的做法是，减少每个人受组织腐蚀影响的时间，以这种方式让群众参与管理。应该说，斯塔尔在这个问题上的观察也是很有见地的。

---

① ［美］约翰·布赖恩·斯塔尔：《毛泽东的政治哲学》，曹志伟、王晴波译，中国人民大学出版社 2013 年版，第 133—134 页。

以上我们从四个角度概述了国外一些学者关于《国家与革命》对毛泽东有关社会主义革命和建设思想的重要影响的分析,从中可以发现,他们的观察既包括"国家、革命、专政"的视角,也涉及"国家、民主、治理"等问题,他们的思考当然存在很多片面性认识乃至错误,但就其分析视角以及相关论断而言,对我们深化认识《国家与革命》的中国价值问题,仍不乏重要的方法论启迪。

第三节 《国家与革命》同国家治理的现代化

对当代中国和世界而言,国家治理的现代化是再认识《国家与革命》时代价值的重要视域。如果说莱文、泰克西埃、费希尔、斯塔尔、不破哲三等人主要是从反面考察《国家与革命》在这一问题上的短板或缺陷的话;那么,21 世纪以来,国内许多学者则将重点转而梳理和论证该论著所蕴含的政党与国家、民主与专政、领导和群众、政府与社会、统治与治理等思想及其对国家治理现代化和创造人类文明新形态的意义。下面我们首先对这些梳理、论证作一总体概述,并在此基础上给出我们自己的观察和判断。

一、《国家与革命》为国家治理现代化提供何种助益?

改革开放特别是进入 21 世纪以来,国内许多学者从不同角度深入挖掘了《国家与革命》同国家治理现代化的关系问题,认为进一步拓展和深化《国家与革命》相关问题的研究,将有助于推进当代中国的国家治理现代化。与此同时,当代中国创造中国式现代化新道路和创造人类文明新形态的艰辛奋斗,又进一步推进了《国家与革命》的中国化和时代化进程。

学者们首先具体考察了《国家与革命》所蕴含的治理性逻辑，认为这一逻辑为国家治理现代化提供了理论支撑。例如，吴波、何娟在《列宁国家思想的三重逻辑——重读〈国家与革命〉》①中，具体分析了这一论著中所蕴含的“为了绝大多数人的利益”的人民性逻辑、“所有的人将轮流来管理”的治理性逻辑以及“消灭任何加在人们头上的暴力”的价值性逻辑，并认为这三重逻辑为当代中国完成从阶级性逻辑到人民性逻辑的转变，实现专政与民主的统一；完成从统治性逻辑到治理性逻辑的转变，注重作为公共权力之代表的国家的社会职能的发挥；完成从工具性逻辑到价值性逻辑的转变，为实现人的自由全面发展提供了方法论指引。黄龙在《双重视角下的马克思主义国家学说——〈国家与革命〉研读启示》②中，从批判性视角和历史性视角考察了该论著对传统国家的分析以及对未来国家的构想，认为列宁一方面对国家异化图景作了全景式的揭露，另一方面也对国家的社会职能作了合理的肯定，认为无产阶级需要运用国家的政治权威镇压资产阶级，维护无产阶级专政，需要运用国家的公共管理职能，维护无产阶级的社会利益，需要运用国家的民主形式，实现真正完全的民主。这些不同角度的分析，向世人展现了《国家与革命》这一文本的多重面向，为实现该论著同国家治理现代化这一时代主题的有机对接奠定了理论基础。也正是通过梳理、总结改革开放以来《国家与革命》研究的新进展，何萍等人提出，在《国家与革命》的研究进程中，存在着从“国家、革命、专政”向“国家、民主、治理”的逻辑转换的发展趋势。

在充分肯定《国家与革命》所蕴含的治理性逻辑的当代意义的基础之上，学者们进一步梳理和总结了该论著为国家治理现代化提供的一系

---

① 参见吴波、何娟：《列宁国家思想的三重逻辑——重读〈国家与革命〉》，《学习论坛》2019 年第 1 期。

② 参见黄龙：《双重视角下的马克思主义国家学说——〈国家与革命〉研读启示》，《人民论坛·学术前沿》2020 年第 6 期。

列具体指导。比较有代表性的文章主要有李捷的《从马克思恩格斯列宁到中国特色国家治理理论的跨越(之一)——马克思主义国家治理理论的由来与发展》①和顾玉兰的《科学阐释列宁国家理论及其当代价值》②等。根据李捷的分析,《国家与革命》对国家治理现代化的突出贡献是:其一,提出无产阶级革命所建立起来的新型社会主义国家应当是最完全的民主,即人民不仅独立地参加投票和选举,而且独立地参加日常管理。其二,提出了代表无产阶级民主意愿的机构,工兵代表苏维埃是新型社会主义国家机构,它具有六大显著特征,主要包括体现人民意志、同群众的密切联系、工农武装、先锋队的领导、深刻的改革等。其三,提出无产阶级管理国家必须大力提升文明水平,使国家管理建立在先进文明水平之上。其四,提出社会主义国家政权必须反对官僚主义,确保国家工作人员成为人民公仆。顾玉兰也认为,《国家与革命》不仅有助于我们进一步认清当代资本主义国家的实质,坚定中国特色社会主义必胜的信念,而且有助于顺利推进当代中国国家治理现代化。

探讨《国家与革命》同国家治理现代化的关系问题,"革命"是一个离不开的核心概念。中国传统的"革命"概念更多地指向改朝换代,很多西方学者对《国家与革命》的"革命"概念也经常是在彻底性变革的意义上加以认识,并将它同社会"治理"、"改良"等对立起来。很显然,要拓展并深化《国家与革命》对国家治理现代化的价值分析,"革命"问题上的正本清源势在必然。为此,何萍在《列宁国家理论的研究范式:重读〈国家与革命〉——为纪念十月革命胜利100周年而作》③一文中提出,《国家与革

---

① 参见李捷:《从马克思恩格斯列宁到中国特色国家治理理论的跨越(之一)——马克思主义国家治理理论的由来与发展》,《毛泽东思想研究》2020年第3期。

② 参见顾玉兰:《科学阐释列宁国家理论及其当代价值》,《马克思主义研究》2014年第12期。

③ 参见何萍:《列宁国家理论的研究范式:重读〈国家与革命〉——为纪念十月革命胜利100周年而作》,《中国地质大学学报》(社会科学版)2016年第6期。

命》中的“无产阶级革命”乃是理解和把握列宁国家观尤其是帝国主义国家问题的核心概念。作为国家概念的“无产阶级革命”具有三重内涵，它既是国家的政治要素，规定了帝国主义时代的国家性质，又规范着国家的权力关系，决定其变化的方向，还是建立无产阶级国家的活动。这三重内涵表明，革命是无产阶级国家的一个不可或缺的要素。列宁这样一个政治学范式的建构，超越了过去对革命概念的狭隘认识，将其上升成为规范国家性质和功能的一个带有根本性的概念，这对于我们加深认识革命与建设、革命与民主、民主和暴力等关系问题，进一步完善中国特色社会主义民主制度有重要的方法论启示。谢迪斌、袁亮在《论列宁〈国家与革命〉中革命概念的三重属性》①中提出，在人类社会发展的全过程，“革命”具有发展与进步的历史属性；在无产阶级夺取政权的过程中，“革命”具有暴力对抗的政治属性；在社会主义政权建立之后，“革命”具有和平调整的社会属性。在列宁看来，暴力革命非常重要，但它不能使社会立即进入按需分配的彻底平等阶段，要实现从按劳分配到按需分配，必须展开长期的社会革命，对无产阶级而言，尤其需要通过自我革命推动社会革命，探讨各种形式的民主，找到一种民主的最佳方式等。辛向阳在《列宁〈国家与革命〉的基本思想与新时代的国家与革命》②中，也具体展开了列宁“无产阶级革命”这一宏伟命题的立体描绘，尤其是重点叙述了有关社会革命、自我革命的思想。在《国家与革命》中，列宁关于无产阶级革命的解读是包括政治革命、经济革命、社会革命、自我革命在内的立体革命。中国当前正在进行的国家治理现代化，就是一场其范围、深度、规模、广度都极为宏大的伟大社会革命，是一种以广大人民群众为主体、让绝大

① 参见谢迪斌、袁亮：《论列宁〈国家与革命〉中革命概念的三重属性》，《当代世界与社会主义》2020年第6期。

② 参见辛向阳：《列宁〈国家与革命〉的基本思想与新时代的国家与革命》，《马克思主义研究》2019年第12期。

多数人能够真正实现其根本利益的革命,也是党和国家机构改革的自我革命,它必须以党的自我革命为基础。正如习近平总书记指出的"勇于自我革命,是我们党最鲜明的品格,也是我们党最大的优势。中国共产党的伟大不在于不犯错误,而在于从不讳疾忌医,敢于直面问题,勇于自我革命,具有极强的自我修复能力"①。因此,必须将国家治理现代化同社会革命、自我革命有机统一起来,将它们统一于中国特色社会主义实践之中,统一于坚持和完善中国特色社会主义制度之中。

总结 21 世纪以来《国家与革命》的研究,可以发现一个显著特征就是善于带着新眼光、新问题去读老经典,做到了常读常新、越读越新。这种"新",不仅体现在前述研究视角的逻辑转换,即从"国家、革命、专政"的逻辑转向"国家、民主、治理"的逻辑;更重要的是,通过这样一种新解读,对几十年内一直盛行的国际范围的《国家与革命》的误读乃至曲解作了澄清和批判,发挥了正本清源的作用,使"革命"、"斗争"等马克思列宁主义的经典概念在新的时空背景下具有更为广博、更符合时代进程的意义。作为实现无产阶级远大理想和发展目标的根本手段,革命具有强大的工具价值,能够不断推进国家治理体系现代化和治理能力现代化;作为社会主义国家一个不可或缺的政治要素,革命具有鲜明的规范意义,它决定着国家的基本性质、主要功能和发展趋势,而中国特色社会主义国家的革命本性也内在地要求国家治理不断现代化。上述双重角度的分析告诉我们,国家、革命、治理是高度统一的有机整体,对于当代中国的国家治理而言,一定要上升到无产阶级社会革命和自我革命的高度加以认识;对于无产阶级政党革命而言,又必须以国家治理现代化和创造人类文明新形态作为重要内容和衡量标准。在这个意义上可以说,《国家与革命》在当代中国开始了全新解读的历史新进程。

---

① 习近平:《论坚持全面深化改革》,中央文献出版社 2018 年版,第 325 页。

二、国家治理现代化呼唤《国家与革命》的中国化

通过上述各章的分析可以看到,《国家与革命》在中国革命、建设、改革的不同时期的译介、传播和运用,实质上就是这一论著不断中国化、时代化的与时俱进的过程。对此,习近平总书记在庆祝中国共产党成立100周年大会上作了精辟概述,他指出:在新民主主义革命时期,中国共产党团结带领中国人民推翻帝国主义、封建主义、官僚资本主义三座大山,建立人民当家作主的新中国,实现民族独立、人民解放;在社会主义革命和建设时期,中国共产党团结带领中国人民消灭封建剥削压迫制度,确立社会主义基本制度,推进社会主义建设,实现了中华民族有史以来最为广泛而深刻的社会变革;在改革开放和社会主义现代化建设时期,中国共产党团结带领中国人民开创、坚持、捍卫、发展中国特色社会主义,实现了从高度集中的计划经济体制到充满活力的社会主义市场经济体制、从封闭半封闭到全方位开放的历史性转变,实现了人民生活从温饱不足到总体小康、奔向全面小康的历史性跨越;党的十八大以来,中国特色社会主义进入新时代,我们坚持和加强党的全面领导,统筹推进“五位一体”总体布局、协调推进“四个全面”战略布局,坚持和完善中国特色社会主义制度、推进国家治理体系和治理能力现代化,坚持依规治党、形成比较完善的党内法规体系,党和国家事业取得历史性成就、发生历史性变革,为实现中华民族伟大复兴提供了更为完善的制度保证、更为坚实的物质基础、更为主动的精神力量。正是在这一波澜壮阔的历史进程中,中国共产党人在中国大地书写出了《新民主主义论》、《论联合政府》、《论人民民主专政》、《关于正确处理人民内部矛盾的问题》、《论十大关系》、《党和国家领导制度的改革》等中国版的《国家与革命》。在新时代,中国共产党人接力推进《国家与革命》的中国化和时代化,其主要思想成果集中体现为习近平新时代中国特色社会主义思想尤其是蕴含其中的中国化马克思

主义的人民观、国家观和革命观，其主要实践成果则集中体现为国家治理体系和治理能力的现代化进程。百年来民族独立、人民解放、国家富强的历程充分表明，中国人民不但善于破坏一个旧世界、也善于建设一个新世界，中国共产党带领中国人民在千疮百孔的一片废墟上历经千辛万苦“创造了中国式现代化新道路，创造了人类文明新形态”①。

当然，显而易见的一个事实是，国家治理的现代化、中国式现代化道路和人类文明新形态的创造，是一个艰巨漫长的历史过程。过去的百年，我们实现了国家和民族从站起来到富起来再走向强起来的宏伟目标；当今中国，又开启了全面建设社会主义现代化强国的新征程。在新的历史时期，我们的发展环境面临着深刻复杂变化，发展不平衡不充分的问题仍然突出，前进道路上面临重重风险和挑战。我们如何才能在治国理政的新的伟大实践中创造中国式现代化新道路和人类文明新形态，不断推进国家治理的现代化？在百年前，正是为了破解国家与革命这一攸关俄国社会发展的重大时代课题，列宁书写了《国家与革命》这一经典；在当代中国，我们还面临着如何更好处理国家与政党、群众与领导、政府与市场、国家与社会、民主与专政、活力与秩序、物质和精神、权力和权利、劳动与资本等一系列直接关系国家治理现代化和创造人类文明新形态的重大矛盾关系。党的十八大以来，以习近平同志为核心的党中央坚持以马克思主义世界观和方法论为指导，坚持以人民为中心，立足中国具体实际创造性地破解了上述重大矛盾关系问题，科学回答了国家治理体系和治理能力现代化的一系列重大问题，建构了具有鲜明人民性、时代性和原创性的中国化的马克思主义国家观、革命观等，在新时代书写了中国版的《国家与革命》。尤其是，在庆祝中国共产党成立 100 周年大会上，习近平总书

① 习近平：《在庆祝中国共产党成立 100 周年大会上的讲话》，人民出版社 2021 年版，第 13 页。

记提出"以史为鉴、开创未来"、"必须坚持中国共产党坚强领导"、"必须团结带领中国人民不断为美好生活而奋斗"、"必须继续推进马克思主义中国化"、"必须坚持和发展中国特色社会主义"、"必须加快国防和军队现代化"、"必须不断推动构建人类命运共同体"、"必须进行具有许多新的历史特点的伟大斗争"、"必须加强中华儿女大团结"以及"必须不断推进党的建设新的伟大工程"。这九个"必须",实质上就是新时代马克思主义国家观、革命观的精辟概括。习近平总书记关于中国化马克思主义的国家观、革命观的重要论述,国内已有许多分析和总结①,此处不再赘述。

我们认为,深入学习和贯彻落实习近平总书记关于国家治理现代化、创造中国式现代化新道路和人类文明新形态等重要论述,不断书写新时代中国版的《国家与革命》,尤须认识和掌握贯穿其中的马克思主义科学方法论,即整体性地把握以社会基本矛盾理论为核心的唯物史观,它也是坚持和完善中国特色社会主义制度,实现国家治理体系和治理能力现代化,创造中国式现代化道路和人类文明新形态必须遵循的基本方法。众所周知,马克思主义的唯物史观是一个由立场、观点和方法相贯通的博大精深的理论体系,马克思和恩格斯始终坚决拒斥对其作碎片化的理解,反对摘片言只语。在马克思主义发展史上,《国家与革命》就是列宁整体性地运用唯物史观尤其是社会基本矛盾理论考察和剖析时代、帝国主义国家和俄国革命等问题的经典之作。列宁发现考茨基等第二国际理论家们在考察帝国主义国家等重大问题时,只是简单搬用了政治经济学和人类学的研究范式,他们片面地将国家作为一个政治经济学或人类学意义上的问题,而不是政治哲学的问题,不注重从政治学角度加以研究,因而也

① 参见中共中央宣传部:《习近平新时代中国特色社会主义思想学习问答》,学习出版社、人民出版社 2021 年版;中共中央党校(国家行政学院):《习近平新时代中国特色社会主义思想基本问题》,人民出版社、中共中央党校出版社 2020 年版。

就不能揭示帝国主义国家的垄断性、暴力性等特征。列宁认为，从理论层面看，国家问题当然可以从生产力、生产关系等政治经济学角度加以考察，也可以从土地、人口、社会、阶级、阶层等社会学角度进行剖析，还可以从民主、专政、自由、治理、法制等政治学角度展开探讨，如此等等。但是在战争与革命时代考察帝国主义国家问题，则必须将政治经济学、人类学和政治学的研究范式进行综合，上升到政治哲学的高度，从整体性视角对其作出分析判断。为此，在《国家与革命》中，列宁选取了“革命”这一政治哲学的核心概念并赋予其以高度的总体性或复合性内涵，由此展开帝国主义时代国家问题的剖析。如前所述，“革命”概念经常是在手段或路径等狭义上被使用，而在《国家与革命》中，列宁却赋予这一概念以更加广博的内涵。列宁认为，无产阶级革命作为国家的政治要素，它规定着帝国主义时代的国家性质；无产阶级革命作为反映国家权力关系及其变换的概念，它规范着帝国主义时代下国家内外各阶级之间的剥削与被剥削、统治与被统治的关系；无产阶级革命作为一种伟大实践，它又体现为无产阶级国家的民主和专政等政治活动。由此可见，在《国家与革命》中，无产阶级革命是要素、关系以及活动的有机统一体，对其决不能单向度地从经济、政治或文化角度加以片面理解。也正因为“革命”是具有多重内涵的有机整体，所以它也就成了列宁考察帝国主义时代国家问题的核心概念和最为重要的视角，在此意义上，“国家”和“革命”是内在相连的统一整体，而《国家与革命》也就合乎逻辑地成为整体性考察和建构马克思主义国家观的典范之作。从这一视角观察可以发现，西方一些学者针对《国家与革命》所提出的列宁同马克思、恩格斯之间的所谓思想断裂或对立等论断，从方法论角度看正是由于他们坚持从所谓的“经济决定论”或“政治决定论”出发，对《国家与革命》摘片言只语、断章取义。

在此后的中国革命、建设和改革进程中，中国共产党人也始终坚持整体性地把握以社会基本矛盾理论为核心的唯物史观并运用它来分析一系列重大问题。例如1949年9月16日，毛泽东撰写了《唯心历史观的破产》一文并在此后编辑《毛泽东选集》时将其作为全卷的压轴之作。文章首先批驳了美国国务卿艾奇逊关于中国革命之所以发生的原因分析，即“试图从中国的经济状况和思想状况去说明”，认为人口太多了，饭少了，所以发生革命。毛泽东指出，中国革命之所以发生，根本上不是由于人太多，而是因为少数剥削阶级压迫、剥削大多数人民群众，革命加生产即能解决吃饭问题。“在共产党领导下，只要有了人，什么人间奇迹也可以造出来”①。在艾奇逊看来，中国革命之所以发生，还因为西方的新观念输入了中国，激起了骚动和不安，引起了革命。毛泽东一针见血地指出，不是什么西方思想的输入引起了骚动和不安，而是帝国主义的侵略引起了反抗。在反抗过程中，中国人民学得了马克思列宁主义，中国产生了共产党，这是开天辟地的大事变。“马克思列宁主义来到中国之所以发生这样大的作用，是因为中国的社会条件有了这种需要，是因为同中国人民革命的实践发生了联系，是因为被中国人民所掌握了。”②“自从中国人学会了马克思列宁主义以后，中国人在精神上就由被动转入主动。”③在这里，毛泽东针对艾奇逊所谓的经济、文化的单向度分析，为我们整体性把握和运用社会基本矛盾理论提供了光辉的典范。对这样一种整体性或综合性的观察分析法，美国学者斯塔尔在其《毛泽东的政治哲学》一书中也有描述。斯塔尔发现，在中华人民共和国成立后，毛泽东在讨论与政治发展有关的每一种矛盾即传统和现代、技术和政治、城市和乡村等矛盾的论述中，“意义深远的是，他确定的长远发展目标不涉及矛盾的一方最终压倒另一方。他确实使人清楚地看到，他认为，在这些矛盾中，矛盾的一方要比另一方面进步些。但他又认为，不那么进步的一方在任何情况下也都

---

① 《毛泽东选集》第四卷，人民出版社1991年版，第1512页。

② 《毛泽东选集》第四卷，人民出版社1991年版，第1515页。

③ 《毛泽东选集》第四卷，人民出版社1991年版，第1516页。

有自己积极的一面。因此,毛泽东的发展计划要求的是最终产生一种新的综合,这种综合既非纯传统的,也非纯现代的,而是包括了两方面的要素;既非纯技术的,也非纯政治的,而是两者兼而有之;既不是纯城市的,也不是纯乡村的,但兼容了两方面的因素。实现这种综合的方法,即经济和政治发展的过程,就是主动地鼓励斗争和冲突,积极地反对制度化"①。应该说,斯塔尔的这一观察所体现的正是贯穿于全部马克思主义发展史中的科学方法,即在对立面的统一中把握对立面、整体性地理解和运用马克思主义立场观点和方法。正是在总结马克思主义发展史尤其是中国共产党历史经验的基础上,习近平总书记概括指出:只有把生产力和生产关系的矛盾运动同经济基础和上层建筑的矛盾运动结合起来观察,把社会基本矛盾作为一个整体来观察,才能全面把握整个社会的基本面貌和发展方向。这一整体性视野,也是我们在新时代新征程中战胜一切风险挑战,在实践中不断创造中国式现代化道路,创造人类文明新形态,实现国家治理现代化,在理论上持续书写中国版的《国家与革命》必须遵循的科学方法论。

① [美]约翰·布赖恩·斯塔尔:《毛泽东的政治哲学》,曹志伟、王晴波译,中国人民大学出版社 2013 年版,第 207 页。

责任编辑：曹　歌
封面设计：胡欣欣
版式设计：王　婷

图书在版编目（CIP）数据

《国家与革命》的汉译传播及当代价值研究/何建华，高华梓 著. —北京：
人民出版社，2023.1
ISBN 978－7－01－025397－8

Ⅰ.①国…　Ⅱ.①何…②高…　Ⅲ.①《国家与革命》-列宁著作研究
Ⅳ.①A821.25

中国国家版本馆 CIP 数据核字（2023）第 014295 号

《国家与革命》的汉译传播及当代价值研究
GUOJIA YU GEMING DE HANYI CHUANBO JI DANGDAI JIAZHI YANJIU

何建华　高华梓　著

人民出版社 出版发行
（100706　北京市东城区隆福寺街 99 号）

北京中科印刷有限公司印刷　新华书店经销

2023 年 1 月第 1 版　2023 年 1 月北京第 1 次印刷
开本：710 毫米×1000 毫米 1/16　印张：16
字数：252 千字

ISBN 978－7－01－025397－8　定价：92.00 元

邮购地址 100706　北京市东城区隆福寺街 99 号
人民东方图书销售中心　电话（010）65250042　65289539